マーケティング・リサーチのわな

嫌いだけれど買う人たちの研究

古川一郎著

有斐閣

まえがき

　私たちは，「あなたは型にはまっていて面白くない」などといわれるとそんなことはないと反論したくなるが，実際にはそういわれても仕方がないくらい，型にはまった考え方をしてしまっていることが少なくない。マーケティング・リサーチにおいても，単純なモデルを複雑な人間に当てはめているにもかかわらず，その有効性が認められるのは，じつは人々の購買行動が型にはまっているからである。とはいえ，リサーチする側も，そうしたことを前提に型にはまった考え方をしていると，わなに陥ってしまうことがある。

　本書では，人々の購買行動を，相，場，文脈という枠組みによって捉えることで，中国人消費者に，"嫌いだけれど買う"という，言説と行為が矛盾する現象が生じた理由を，さまざまな実証データを用いて多角的に検討する。すなわちこれは，型通りのマーケティング・リサーチの考え方を当てはめて調査を行ってみたら，型破りの結果が観察された事例だといえる。しかし，皮肉にも，一連の検討から見えてきたのは，私たちの言説や行為が，自ら考えている以上に型（社会的規範，正当性，ルール，文化，制度）にはまっているということなのである。

　私自身，1978 年当時の自分の就職活動を振り返ってみると，そのことが実感される。同年は第 2 次オイルショックの影響で，経済は著しく落ち込んでいた。東京大学経済学部において，私は多くの同期とともにそのような状況で人生の岐路に立ち，職業の選択を迫られることとなった。当時，新卒採用にあたって企業は 10 月 1 日まで学生とまったく接触することがない。しかし結局，私は就職活動をわずか数日で終え，金融機関に就職する。周りの同期も，多くが同様の選択をした。ところが，読者もよく知っているように，その後，少なくない金融機関が失意の中で姿を消していった。当時の私たちの選択は，これほどリスクの高い業界にあえて就職するというものだったのだろうか。そんなことはない。私たちの多くは，銀行はリスクが小さくて未来はバラ色だと思っていた。天気予報を見て傘を持っていくかどうかを決めるように，私たちも多くの情報を分析し，友人同士で話し合い，知識を共有する中で，それぞれの銀

行の明るい将来を信じて職業を選択した。にもかかわらず、予想を裏切られた者は決して少なくなかったということなのである。

変化の兆しは当時でも見えていた。1970年代は、為替や金利が市場で自由に決まるようになり、間接金融から直接金融へと時代が大きく変わっていったのである。しかし、そうしたシグナルを銀行はつぶれないといった型にはまった枠組みで見ていたから、まったく見当はずれの予測をすることになり、間違った予測の下で選択を行ってしまったのである。今から振り返れば、明治維新以降の国策金融機関として誕生した東京銀行（横浜正金銀行）も日本興業銀行も、その役割を終えたがゆえに幕を閉じたと理解することができる。それは思考する型が時代の変化に応じて新しくなっているからである。金融を考えるときの認知対象も認知枠組みも、今では変わっている。

本書を読めば、私たちの言説や行為がいかに型にしばられているかわかるはずである。回帰分析やコンジョイント分析や共分散構造モデルといった線形モデルが、マーケティング・リサーチの世界で活用されているのは、予測力や結果の解釈可能性といった点で優れているからである。それは結局、人々が社会のルール、常識、文化、制度といった型に従って商品やサービスについて語り合い、消費行動を行っているからなのである。この"当たり前の事実"に、日常生活の中で気づくことは少ない。そのような明示的・暗黙的にルールを共有している人々の間では、教科書通りの作法でモデルを構築し、データを測定し、モデルにデータを当てはめた分析結果を解釈することは、それほど難しくはない。そして、たとえ予測が期待した精度を下回ったとしても、多くの場合は常識的な結果が得られ、計画されるマーケティング戦略の正当性を支持するようなレポートの作成に役立っているのである。

しかし、注意しなくてはならないのは、仮説を考え、モデルを構築する人自身が、そのようなルールに無意識的に制約を受けていることである。すなわち、本書で展開される事例は、このような常識に疑問を持つ必要性を示唆している。モデルの構築自体がそれを構想する人の社会的規範に依存している以上、観察対象となる人々の言説や行為がその社会的規範に従っていなければ、分析結果は「予想どおりに不合理」な結果に終わってしまう。"嫌いだけれど買う人たち"は、まさにこのことを教えてくれている。型が違う人々の言説や行為に、無理やり自分の型を当てはめても、うまくいくわけがないのである。

ICT の目覚ましい発展を受けて，AI，IoT，SNS といった新しい技術が日常生活に実装されるようになってきているが，このような生活環境の変化の中で，人々の言説や行為を支える新しい型が生まれてきていることを強く実感する。新しい型に昔の型を当てはめる危険性は増しているはずである。今日では，消費者のさまざまな行動をリアルタイムで観察することが可能になってきているが，データが潤沢になったからといって予測の精度が上がるとは限らない。何と何を，どのような評価ルールで比較検討したのかという文脈を観察する必要性が，これまであまり意識されてこなかった。とはいえ，仮にこれまで観察が難しかった文脈が観察できるようになったとしても，プライバシー問題などもあり，意思決定のプロセスを深く踏み込んで捕捉するためには，何らかの新しいデータ測定上の工夫が必要になろう。

　モノよりコトが重要になる中で，マーケティングを行う組織が文脈と選択の関係により強く関心を持つようになれば，人々の選択プロセス全体についての理解は深まるだろう。しかし，それでも観察対象者の新しい型を把握することはそれほど簡単ではない。同じ日本人であっても，世代や所得階層，生まれ育った地域や最終学歴の違いなど，日々，日常生活の中で蓄積された体験知の違いが，どの程度その人たちの型の差を生み出し，そしてどのように選択の違いとして顕著に表れるのか，まだ十分なデータや知見の蓄積はないからである。同じ分析結果を見ても，世代により解釈が大きく異なることがあるかもしれない。まして，異文化圏の人々に関する調査においてはなおさらそうだろう。

　鴨長明が「ゆく河の流れは絶えずして，しかも，もとの水にあらず」と書いたように，私たち日本人は古来変化を受け入れ楽しんできた。時代が変わっていくことが避けられない以上，そしてコミュニケーション，エネルギー，ロジスティクスのイノベーションが相互に依存しながら，私たちの社会を変えることが見通せる以上，マーケターが心がけなくてはならないことははっきりしている。それは，人々に寄り添い，新しい時代にあった新しい型を模索することである。マーケティングが新しい型を模索する中で，マーケティング・リサーチの技術もこのような要望に応えるべく進化していくことになるだろう。本書が，このような課題を考える際の一助になれば幸いである。

目　　次

iv

第1章

マーケティング・リサーチの役割

◈ はじめに

　やや唐突ではあるが，もし今日の社会で貨幣がなかったとしたら，どのような社会になるのだろうか。貨幣は虚構であるという。しかし，もしこの虚構がなかったら原始時代に戻ってしまうのではないか。ハラリ（2016）は世界的なベストセラーになった『サピエンス全史』の中で，人類（ホモ・サピエンス）が虚構を持てるようになったことが，現代社会の基盤を形成したことを，さまざまな事例により論じている。その中でも，貨幣，帝国，宗教の3つの虚構が，現在の私たちの社会を形成するために大きな役割を果たしているとしている。

　古来，この貨幣という虚構が時代を超えて受け継がれているのは，私たちはお互いに所有しているものを交換し合うことで，交換しない状態に比べてはるかに豊かな生活を実現できることを知っているからである。交換を通じて，より豊かな社会を築くことができることは，ロビンソン・クルーソーの生活を思い浮かべればすぐに理解できるだろう。現在の私たちの生活は，あまりにも便利になっているので，日常生活においてこのことを意識することはないかもしれない。しかし，私たちの周りで流通している膨大な量の製品・サービスのどれをとっても，多くの人たちの分業による協業が行われなければ，消費者の手に渡ることはない。

　上海近郊で生産されたユニクロのシャツをサンフランシスコのユニオンスクエアの店舗でクレジットカードで購入し，近くの気持ちのいいオープンカフェでアフリカのケニアでとれたコーヒー豆で淹れたコーヒーを飲みながら，その

シャツを着た姿をフェイスブックに投稿し，それについてスマートフォンで日本の友人とメッセージのやりとりができるのは，分業と協業のプロセスの中で，無数の経済的な価値を生み出す財・サービスが交換されているからである。このような価値物の交換がなければ，サービスや製品の流通がスムーズに行われることはないのである。ここでは，岩井（1998）の『貨幣論』で展開されているような，マルクス経済学を批判的に検討することで，価値とは何かとか，貨幣とは何かといった本質的な問題に立ち入ることはしない。しかし，現代のマーケティング活動を考えるうえでも，交換における貨幣の役割について考えてみる価値はある。

1. マーケティングの役割とマーケティング・リサーチの役割

　なぜならば，マーケティングは常に交換に関わる活動だからである。ビジネス上の取引において，交換がスムーズに行われるためには，お互いに所有している交換の対象になるものの価値を，何らかの共有の尺度で評価することが必要不可欠である。貨幣が貨幣として成り立つのは，ほかの人がそれを貨幣として受け取ってくれると信じているからにすぎないが，驚くことにこの虚構をお互いに共有することで，お互いが所有している価値物をスムーズに交換することができるのである。すなわち，広く社会において分業による協業の法則が働くためには貨幣の存在は欠かせない。だから，はるか昔から世界の至るところで，貨幣は存在し続けているし，多くの研究者の関心を集めるのである。

　経済学の父として有名なアダム・スミスは，この分業による協業が生産性を飛躍的に高めることを示すと同時に，すべての財の価格が需要と供給の法則により，「神の見えざる手」に導かれるがごとく調整され，資源配分が適切に行われることを示した。余っているものの値段は下がるし，希少なものの値段は高くなる。需給が調整される中で，すべてのものに適切な価格が付与されることになるのである。アダム・スミスの時代に比べて，市場は巨大になり，比較できないほど多くの製品が大量に生産され，販売され，大量のデータを瞬時に計算したり移動させたりする能力を持つようになっても，根底を支える原理原則は同じである。すべての交換の対象となる財・サービスに適切な価格が付与されていることが，スムーズな交換を行うためには重要なのである。

このことを確認するためには，たとえば，新しいプライベート・ジェットを開発・生産・販売することをイメージすればいい。プライベート・ジェットを個人で購入し所有することはできても，プライベート・ジェットを一人で作ることは不可能だからである。新しい革新的なプライベート・ジェットを設計する人たち，設計された部品や素材を作る人たち，多くの部品をタイムリーに調達する人たち，設計図通りに組み立てる人たち，ビジネスモデルを考える人たち，マーケティングを行う人たち，資金調達や投資家への説明をする人たちなど，実に多くの人々の協働作業がなければ，プライベート・ジェットなど作れるわけがない。

さらに，製品が完成したとしても，販売するためには国の認証機関から認証を受ける必要もある。プライベート・ジェットの市場を拡大するためには，新たにパイロットの育成も必要かもしれない。燃料や保険や，さらに空港や航空管制といったインフラも必要である。しかも長期間にわたって機材はメンテナンスされなければならない。たとえねじ1本であっても，新しい素材で新規に開発する必要があるかもしれない。このように，プライベート・ジェットが生産され，消費されるというプロセスが永続するためには，多様な主体が密接に関連性を持ち，お互いの経済行為の連鎖が継続して循環していくような複雑なエコシステムが必要なのである。

優れた設計のできる有能な人材をある期間確保するためには，給与を払わなければならない。無数の部品を調達するのに，値段がついていなかったらどれだけ大変な作業になるだろうか。『資本論』で労働価値説を説いたマルクスならいざ知らず，普通の人なら，どこから手をつけていいかわからずに，途方に暮れるに違いない。すべてのものに値段がつき貨幣と交換されなければ，生産・販売・消費の循環をスムーズかつ永続的に起こすことなどできないのである。さらに，このような交換をスムーズに行うためには，多くの制度が必要になる。金融制度，法制度，物流制度，さらに，開発・生産・販売などに関わる人材育成をするための教育制度も，そのような制度をつくるための政治制度も重要であろう。現代社会では，資本主義，自由主義と民主主義の下で，さまざまな制度設計がなされ，人々の社会的な活動が営まれているのである。

この点は，リフキン（2015）の『限界費用ゼロ社会』がわかりやすく説明してくれる。リフキンは，エネルギー，コミュニケーション，ロジスティクスの

イノベーションが，モノを生産する世界を変えてきたことを，中世から現在に至る西欧社会の歴史を俯瞰することで考察し，限界費用ゼロ社会が未来の来るべき社会の姿を決定すると主張している。来るべき未来の話はともかく，内燃機関の発明やエネルギーが電気に変わったことにより引き起こされた動力革命が生産性の大幅な向上をもたらし，大量に生産された製品は消費されることを求め，その結果として，現在の都市の構造や私たちの生活のあり方が規定されたという経緯を，リフキンは詳しく説明している。資本は常に市場創造を求めるので，世界中いたるところでコミュニケーションやロジスティクスに関するインフラの整備は進み，巨大な都市が形成されているのである。このように，虚構が実体経済の中でより効率的に価値を生み出すように，多様で複雑な相互関連のある社会システムが形成され，その中で多くの人々の協働が継続しているのである。

　ところで，貨幣があり，貨幣がその力を発揮する制度的な環境が整っていたら，思う通りに交換が成立するのであろうか。思うようにいかないのが世の常であり，ここからがマーケティングの出番である。売り手と買い手が，いつでも，どこでも，望むように取引ができる保証はどこにもない。だからこそ，いつの時代にあっても，マーケティングにおける最重要課題は，交換がスムーズに行われるような状況を生み出すことにあった。ドラッカーのいう通り，マーケティングの最も大切な役割は，顧客を創造し，市場を創造することである。それは，企業活動を維持・発展させるためには，生産されたものは速やかに貨幣に交換され，次の活動に必要な経営資源を獲得する必要があるからである。マーケティングは，貨幣という虚構が生む価値の交換のポテンシャルを最大限に高めるための諸活動といってもいいだろう。

　そして，大量に生産されたものは大量に消費されなくてはならないという現在社会の要請の中で生まれた現代マーケティングは，営利企業の枠を越えて活動領域を広げつつある。この価値の創造は営利企業に限ったものではなく，価値の交換が，非営利組織においても重要であることには変わりがないからである。マーケティングの適用領域が広がってきていることは，いかなる組織・集団であってもその存在価値を維持するためには，組織活動から生まれた価値物が速やかに交換されなくてはならない，という原理原則から逃れることができないことを示している。

以下に，2004 年に定義され，そのわずか 3 年後の 2007 年に改訂されたアメリカ・マーケティング学会のマーケティングの定義を示す。これらを比べれば，営利・非営利の境界を越える，より普遍的な視点が強く意識されるようになったことを確認することができる[1]。

「マーケティングとは，組織とステークホルダーにとって有益になるように，顧客に対する価値を創造し，その内容を伝え，配送し，顧客との関係性を管理するための，組織的な機能であり，一連のプロセスである」（2004 年版）。

「マーケティングは，顧客，クライアント，パートナー，そして社会一般に対して価値のある提供物を，創造し，その内容を伝え，配送し，交換する活動であり，一連の制度であり，プロセスである」（2007 年版）。

営利企業による実践の中で鍛えられたマーケティングの知見が，NPO，NGO，あるいは病院といった非営利組織にも，あるいは，地域の衰退を回避し活性化するためにはどうしたらいいかを考えている行政関係や地域の人々にまで浸透してきたことが，このような定義の変更から読み取ることができる。実に多様な人々が，マーケティングに対してより強い関心を持つようになったのである。

このように，プライベートな企業に限らず社会的な課題にまでマーケティングの知見の適用範囲が広がったのは，どの時代どの地域にあっても，マーケティングが，交換すなわち分業による協業の円滑な履行を行うための知識，仕組み，仕掛けを生み出すという課題に挑戦し，経験値を蓄積してきたからに他ならない。結局どの組織でも，自身の正当性を確認し生き抜いていくためには，需要を創造し，分業による協業を効率的に行うことが求められているのである。ちなみに，日本では儒教の影響を受けた石門心学の流れをくむ江戸時代の近江商人の“三方よし”の教えがよく知られている。自分も，相手も，地域も，すなわち三方が栄えることが目指すべき姿であり，自分だけ利益を上げればそれで良いという短絡的な発想を戒めているこの教えが今でも語り継がれているのは，時代や地域を越えた普遍的な意味があるからだと思う。

そして，このような現代のマーケティング活動を側面から支えているのが，

マーケティング・リサーチである。マーケティング・リサーチには、適切なマーケティング活動が行われるように、タイムリーに意思決定のための情報を提供することが求められている。重要なことは、マーケティング・リサーチはマーケティングの意思決定に寄与することで、初めて存在価値が認められるということである。マーケティングあってのマーケティング・リサーチであり、その逆はない。したがって、マーケティング・リサーチには、当然のことながらマーケティングの理論と実務への貢献が求められる。そして、マーケティングの考え方が広く社会に浸透するに従って、マーケティング・リサーチの適用範囲も利用する人々の多様性の幅も、劇的に広がってきている。

　このようにマーケティング・リサーチへの関心が高まっているのは、社会環境が激変する中で、考えなくてはならない課題解決のための諸活動の費用対効果が、これまで以上にシビアに評価されるようになってきたという時代背景がある。しかしそれ以上に、このような高まりの背景には、コンピュータが進歩し手軽に利用できるようになったことがある。以前は専門家が大型コンピュータを使い高価なソフトウェアを利用しなければ、データ分析ができなかった。しかし近年の情報通信分野の飛躍的な発展により、それほど専門知識のない人でもビッグデータを取り扱い高度な統計手法を用いてデータ分析を行うことが可能になったのである。人工知能（AI）の進歩も、これまでになくデータに基づく適切な解決策の構築と実施への期待を高めている。さらに、オープン・イノベーション、ユーザー・イノベーションといわれるように、これまでは製品開発とは無縁と思われていた多くの人々が、インターネットのおかげで開発段階から関われるようになり、SNSを利用したコミュニケーションも企業活動にとって重要な役割を果たすようになった。生産者と消費者の関係も大きく変わりつつある。

　このような企業を取り巻く環境変化の中では、昨日と同じことが今日も起きると考えて変化を嫌うことのリスクは、これまでになく高まってきている。マーケティング・リサーチにも、新たな一歩を踏み出すためのマーケティング・プランについて、それが適切かどうかを判断するための情報を提供することが強く求められるようになった。収集可能なデータは量も質も格段に向上し、AIの新たな学習方法の発見など分析手法の進化も続いている。科学的な分析に基づいた経営的な意思決定への寄与に対する期待感が高まっているのである。

2. 予測はうまくいくとは限らない

そうはいっても，通常マーケティング・リサーチといえば，たとえば新製品の導入や市場創造のためのマーケティング・プランの適否を判断したり，新たな製品開発のアイデアやその可能性を判断したりするのに必要な情報を提供するために行われる活動を指すのが一般的であろう。また，実施されているマーケティング活動が期待通りの成果を上げているかどうかを確認するために予測値と実績値の乖離をチェックする作業や，ライバル企業の動きや企業を取り巻く環境変化に迅速に対応するために必要な情報を収集することも，マーケティング・リサーチに課せられた役割である。

実際，企業活動に関わる状況が安定していれば，これまでに蓄積されたマーケティング・サイエンスの知見の有効性はかなり認められるようになってきている。たとえば，価格の変化と需要量の変化の比として定義される価格弾力性が，ある商品カテゴリー，ある地域，ある時期で安定しているとしたら，利益を最大化する最適なプライシングに対して説得力のある解を提示することは可能であろう。あるいは，マーケティング予算の配分などの非常に複雑な問題であっても，ビッグデータを活用することで従来よりもはるかに効率的にマーケティング活動を行っている先進企業の事例も見られるようになった。

さらに数量的モデルには，単にシェアや売上を予測するだけでなく，観察されたデータから推定されたパラメーターに基づいて，将来想定されるライバル企業との競争において考えうる複数の戦略シナリオに対する結果をシミュレーションにより算出し，比較検討することも可能である。このような思考実験により，将来のリスクに対する理解を深めることもできる。このような大きな利点があることが，マーケティング・リサーチが先進的な企業において利用されている理由である。すなわち，変数間の関係が定常的な状況下であると判断されれば，マーケティング・リサーチから提供される情報はマーケティング意思決定に十分寄与することができる。

しかし，残念ながらマーケティング・リサーチの予測力は，十分，期待に添えるほど高くはないという現実も認めざるをえない。数年先の不確実性に対するリスク・マネジメントに耐えうる情報提供は，控えめに見てもかなり困難で

ある。構想から数年間の準備期間を経て市場に導入される新製品は、当然ある予測値に基づいて多くの人々の協力を得て実現していくが、今日でも市場導入から半年後のマーケット・シェアの予測でさえ期待されたレベルで提示することが難しいのが実態ではないかと思う。このことは、毎年、無数に生まれる日用品カテゴリーの新製品の多くが、市場導入後1年以内に消滅していることを見ればわかることである。1年以上生き残れるのは数割のみ、といわれている厳しい現状がある。

　それでは、なぜ予測は当たらないのだろうか。実際に予測がうまくいかない理由は、いくつか考えられる。まず、そもそも観察することが不可能な未来のデータがどうしても必要な場合は、統計的なモデルで予測することは不可能である。数十年後の未来の社会がどうなっているかがわからないのは、過去のデータの延長線上に未来があるわけではないからである。すでに起きてしまった過去のデータは観察できても未来のデータは観察不可能であり、それゆえ、かなり先の将来の事象はうまく予測できないのは当然であるという主張は、ある意味でわかりやすく納得できる。この場合は、未来を予測してリスク・マネジメントを考えるのではなく、未来を変える覚悟を持って、その新しいビジネスにチャレンジするかどうかを決めなくてはならない。

　もちろん、マーケティング・リサーチに期待されているのは、そんな先の未来の話ではない。通常は、たかだか数年後の新製品の開発のために必要な情報の提供などが求められているにすぎない。このような調査は日常的によく行われているが、実はここでも同じような問題は起こる可能性が高い。ごく近未来の新製品について消費者にアンケートをとっても、聞かれる側の消費者は、開発側の人ほど新製品について真剣に考えていないからである。

　新製品のアイデアが受け入れられるかどうかを、今の製品のユーザーに聞くことは当たり前に思われるかもしれないが、普段、未来の製品について考えていない人に新製品の話をしても、聞かなくてもわかるような常識的な反応しか示さないのが普通であろう。もちろん、世の中には開発する側の人よりも、新製品のカテゴリーの製品についてずっと深い知見を持っている人がいる。たとえば、リードユーザーというのは、このような先端的なユーザーを指す。しかし、それはきわめて少数であり、なかなか識別して抽出するのが困難である。リードユーザーでない多くの普通の人は、未来ではなく過去の体験から答える

のが精いっぱいである。このような場合，回答者が意図的に虚偽の回答をすることはないとしても，アンケート調査の結果に優れた新製品のアイデアを期待することはできない。現在の消費者に聞いても，未来の消費者に対する製品開発は難しいのである（片平・古川・阿部（2003））。

　ただし，近未来の予測については，定常性が担保できれば過去のデータが役に立つことが多い。だからこそマーケティング・リサーチは行われるのである。しかしその場合でも，ライバル企業の新製品の市場導入や新たな競合企業の登場といったミクロ要因ばかりでなく，予想されていても常に変化し続ける人口動態，ライフスタイルや社会制度の変化など，企業を取り巻くマクロ要因の変化を，上手に予測モデルに取り込むことは至難の業である。予測が外れるのは，データではなく分析するモデル自体の優劣に課題がある場合も考えられる。

　すなわち，社会に大きな変動を起こすイノベーションや技術革新が継続的に生起しており，その中で人々のライフスタイルも変わり，なにより競合企業が生き残りをかけて常に均衡状態を崩すように新しいことを仕掛けてくる状況にあっては，たかだか数年後の新製品の市場への投入といったマーケティング意思決定であっても，その成功確率を信頼できるレベルで正確に予測するのはとても難しいのである。たとえ測定されたデータが大量にあり，膨大な計算能力を必要とする精緻な数量的なモデルで分析したとしても，近未来の出来事すら正確に予測することは相当困難である。

　ところで，数年後ではなくもっと近い将来の予測はどうだろうか。これも，たとえばアメリカの大統領選の予測のように外れることがある。多くの定評ある調査機関が，トランプ大統領の誕生を予想できなかったことは記憶に新しい。トランプ氏の当選を予測できなかったのは，どのような理由からだと考えるべきなのだろうか。この場合，観察不能な未来のデータは必要ない。また，たかだか2人の勝敗を予想するための数量分析のためのモデルが不適切であったとも考えにくい。私は，当たっても全然おかしくないこの予測に失敗したのは，測定されたデータに問題があったのではないかと思う。選挙は競争だから，最後の最後に逆転した可能性もあるだろう。しかし，統計学的に無視できない量の嘘のデータ，すなわちフェイク・データといってもいいようなデータが含まれていた可能性もある。「あなたは，誰に投票しますか」という質問に対する回答に，本心を偽って答えたデータが相当数あったのではないか（詳しくは第

2章第3節参照)。この点は，将来検証されるだろうが，予測力を決めるのは，数理的なモデルばかりでなく，測定されるデータの正確性にあることも忘れてはならない重要な点である。観察不能な未来のデータでもない，モデルの問題でもない，どちらにも問題がなくても，うまく予測できない場合はあるのである。

　この測定されるデータの信頼性については，通常は誤差として扱われる。測定されるデータには誤差が含まれると考えるのである。測定したいデータは，本質的に測定不可能な場合や，かなり難しい場合，意図的な虚偽がある場合，さらに回答者が念頭に置く状況により回答が大きく異なる場合などがある。たとえば，バレンタイン・デーのプレゼントでも，自分の思いを相手に伝えるために購入する場合もあれば，義理チョコや，頑張っている自分へのご褒美として購入する場合もある。すなわち，同じバレンタインのプレゼントといっても，状況により消費者の意図は大きく異なる。誰に渡すプレゼントなのか，その相手とはどのような関係なのか，何のためのプレゼントなのか，プレゼントにどんなメッセージを込めたいのか，予算はいくらか，どのような製品と比較・検討したのかといったことを，具体的に事細かく聞かなければ，なぜある人がその製品をプレゼントとして選択したのかということを理解することは難しいはずである。このように，データの信頼性については，もっと議論されるべきテーマである。

　すなわち，同じモノやサービスに対する調査でも，消費者に対する質問の仕方により，回答が異なってくることは十分にありうる。バレンタイン・デーはわかりやすい事例なので，調査する側も質問についてはそれなりに工夫するはずであるが，通常のサーベイ調査では，状況についての細かい設定は限定的である。状況を細かく設定すればするほど，質問数が膨大になり，回答者の負担をいたずらに増やしてしまうことを恐れるからである。しかし，収集されるデータに嘘はなくても，知りたいことを正確に測定することができなければ，予測はうまくいかないはずである。

　この点は，ビッグデータといわれても，状況は同じである。データ量が多いだけで，そもそも予測するために必要な肝心のデータが測定されていないのではないかという疑念もある。実生活をつぶさに参与観察する定性的な調査で，1人ひとりの言説と行為を長期間にわたって観察することによって，なぜその

人がそのような行為をとったかが理解できるようになるとすれば，定量的な分析において言説と行為の関係をうまく説明できない理由は，観察されたデータが的外れだと考えるのが自然である。丁寧に行われた定性的な調査では観察できるのに，通常のサーベイ調査では重要なデータが測定されず，抜け落ちているということである。

　これまでの話を整理しよう。企業を取り巻く将来の不確実性が増大している中で，科学的知見とデータに基づいた意思決定への期待は高まってきている。とくにマーケティング・リサーチには，激しい競争環境の変化の中で，具体的なマーケティング施策の適否を判断するための，適切かつタイムリーな情報提供が求められている。しかし現状では，安定した現状における意思決定については統計的なモデルの有効性は認められるものの，未来については必ずしも常に満足いく精度で予測することはできない。通常は，データ・サイエンティストと呼ばれる人たちは，予測不能のかく乱要因がモデルの精度を下げると考えているが，期待する水準で予想できない原因をもう少し多様な観点から考えてみる必要があるのではないか，といえる。

　精度の高い予想が望ましいことはいうまでもないが，必ずしも期待に応えているとはいえないマーケティング・リサーチのより賢い利用を考えることも，本書で考えたいことの１つである。誤った分析結果を示す可能性のあるマーケティング・リサーチに人々の関心が集まっているとして，それらの人々の期待に応えるために，マーケティング・リサーチを実施する人は，どのような点に注意すべきなのであろうか。あるいは，マーケティングを行う人たちに，マーケティング・リサーチの正当性をどのように主張したらいいのであろうか。

　以下では，このような問いに答えるために，説得するための構造，顧客志向という考え方，そして共有された消費者行動の理論という３つの条件について検討する。その後で，本書の構成について簡単に述べたい。

3. 説得する構造を考える

　たとえ予測が外れるとしても，未来予測は人々の関心を集める。20 年後，30 年後の日本社会は大きく変わっているだろう。リフキンが『限界費用ゼロ社会』で主張しているように，コミュニケーション，エネルギー，ロジスティ

クス分野で同時並行的に進行中のイノベーションが，社会制度を変え，人々のライフスタイルも変えるかもしれない。しかし，変化することがわかっても，いつ，どのような変化が具体的に姿を現すのか予測することは難しい。

　たとえば，数年後には無人のコンビニエンス・ストアが一般的になり，日本でもキャッシュレスの時代になっているかもしれない。そんな近未来において，流通小売業の姿はどう変わっているのだろうか。このような近未来の予測であっても，過去のデータの延長線上にないマーケティング意思決定に対する精度の高い予測を，統計的な手法で行うことは難しい。しかし，それでもそのような変化に対する対応策の実施は待ったなしのはずである。未来を想定して逆算して新しいことを始めなければならない。5 年後のマーケティングを考えることが，いま・ここで準備を始めるためにどうしても必要になるのである。そして，このような経営的な意思決定を行うためには，多様な関係者を説得するために何らかのエビデンスが求められる。主義主張の異なる人々を前にして，どのように議論を始めたらいいのであろうか。

　ここでは，このような問いに答えるために，まず説得するための構造について考えてみたい。そのためにまず，以下のような架空の不確実性下の意思決定問題を考えてみよう。この例では，話をわかりやすくするために具体的な数値例を示しているが，数値にはあまり意味はないので，論理の流れに注意して読み進んでいただきたい。

　図 1 は，ある企業が直面している架空の例である。架空の話なので，どんな業種，業界でもいいが，ここではある日本食のレストラン・チェーンが，海外展開を考えているという状況をイメージしてもらいたい。その企業は，海外のある都市に出店するかどうか迷っている。図中のひし形の点は，代替案の中から何かを選択することを示しており，丸印の点（ノードと呼ばれる）は選択の結果が状況に依存する，つまり確率的に決まってくることを表している。①においては，この企業は，その都市に出店する，出店しない，市場調査を依頼するという，3 つの代替案からの選択を迫られていることを示している。また，①は，意思決定の結果が不確実であり，もし進出先の市場環境が良好ならば出店することで 10 億円の利益を得るが，反対にもし市場環境が良好でなければ 5 億円の赤字がもたらされることを表している[2]。

　この市場環境には，経済的な状況ばかりでなく，その企業の評判や競合企業

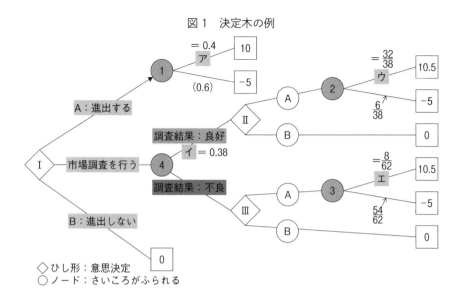

図1　決定木の例

◇ ひし形：意思決定
○ ノード：さいころがふられる

　の存在，日本食や日本文化の受容度など多様な要因も含まれると考えてよい。
この市場環境の不確実性については，その企業のこれまでの多くの経験から，
良好である確率は4割であり，良好でない確率が6割であると考えられている。
また，市場調査を行う場合，調査を依頼する可能性のある市場調査会社は，過
去の実績から評価されており，市場環境が良好である場合には8割の確率で良
好であると予測することが（2割は予測が外れる），良好でない場合には9割の
確率で良好でないと予測することが（1割は予測が外れる）わかっている。さら
に，市場調査会社の調査結果では，良好か良好でないかだけではなく付加的な
情報も得られるので，市場環境が良好な場合には10.5億円の利益がもたらさ
れるものとする。

　このような状況下で，この企業は，進出すべきか，進出をやめるべきか，市
場調査会社に調査を依頼するかの選択に直面しているのである。図1は，決定
木（ディシジョン・ツリー）と呼ばれ，意思決定の代替案を整理し，どのよう
な意思決定をすれば最適かを考えるときによく用いられる。決定木では，この
図のように選択結果として最終的に得られるペイオフとそれぞれのペイオフが
得られる確率がわかれば，複雑な意思決定の状況をうまく整理し，意思決定の
優劣を計算することができるのである。

この決定木の不確実性下の意思決定問題は，次のように解くことができる。まず，丸印の４つの点（ノード）は不確実な状況を表しているが，以下のようにそれぞれの枝の確率を付与することができる。４つのノードから出る枝を，ア，イ，ウ，エとすると，アは市場環境が良好な確率であり，0.4である。イは市場調査の結果が"良好"である確率で，図１を見ればわかるように，0.4×0.8＋0.6×0.1で計算することができる（＝0.38）。

また，ウとエはベイズの定理を使って計算できる（巻末の補論①参照）。結局，それぞれのノードからの枝の確率は，ア＝0.4，イ＝0.38，ウ＝32/38，エ＝8/62となる。

これらの確率が与えられたことで，それぞれのノードの平均利益を計算することができる。まず，ノード１からノード３までの，それぞれのノードの平均利益を計算してみよう。ノード１の予想される平均利益（期待値）は１億円であることがわかる（10×0.4＋−5×0.6）。同様に，ノード２は306/38億円になり，ノード３はマイナス186/62億円になる。したがって，意思決定の点である⑪では「進出する」が選択され，⑫では「進出しない」が選択されることになる。このことから，ノード４の平均利益は3.06億円になる（＝②×38/100＋③×62/100）。

- ①：$0.4 \times 10 + 0.6 \times -5 = 1$
- ②：$32/38 \times 10.5 + 6/38 \times -5 = 306/38 (>0)$
- ③：$8/62 \times 10.5 + 54/62 \times -5 = -246/62 (<0)$ ➡ 0
- ④：②$\times 38/100 +$ ③$\times 62/100 = 3.06$

このようなプロセスをたどれば，出発点である⑩で，どのような意思決定をすることが合理的なのかが明らかになる。この場合は，ノード４が3.06億円で最も高いが，調査会社に支払うコストを考えなければならない。また，何も調査せずに獲得できる平均利益が１億円なので，3.06億円との差額の2.06億円が調査会社に支払っても良い調査費用の限度額であることがわかる。すなわち，この2.06億円が調査会社の情報の価値であり，EVAI（expected value of additional information）と呼ばれる。もし，調査会社への支払額が2.06億円以下であれば，ノード４を選択することが合理的な意思決定であり，それ以上費

用が掛かるようなら，調査をせずにノード1を選択することが合理的な意思決定であるということが，決定木から読み取れるのである。

　ところで，もう一度最初の問いを思い出してもらいたい。マーケティング・リサーチに求められるのは，具体的なマーケティング意思決定をサポートする情報を提供することで，可能な限り優れた成果をもたらす選択に導くことであった。決定木のようなモデルは，この目的にかなっているのであろうか。

　やや乱暴にいうと，答えは「イエス」でもあり「ノー」でもある。「ノー」であるのは，市場環境の変化や競合企業の動き，近未来の技術変化などのかく乱要因の影響が大きい場合には，枝に付与する確率やペイオフの値があてにならないからである。いくら頑張っても，予測が外れるときは外れる。それでは，そんな頼りない予測しか得られない場合でも，「イエス」というのは，なぜか。それは，とりうる選択肢の優劣をデジタル評価，すなわち数量的に評価するこのアプローチは，説得しなければならない相手を議論に巻き込み，説得するためのツールとしてとても優れているからである。

　ビジネスの世界では，他の条件が一定ならば10億円の利益は常に1億円の利益より望ましい。もちろん，他の条件が一定という前提も確かなものではないが，それでも，目の前にある選択肢の優劣が金銭的に評価されていたら，感情的な態度ではなく理性的かつ客観的な事実に基づいて議論に参加せざるをえない。仮に自分が推すアイデアであっても，論理的に劣っていることを示されたら，あえて不利な選択肢をとるように関係者を説得することは難しい。公平な立場で劣った選択肢を擁護することは，優れた選択肢を主張することによって組織における関係者たちを説得するよりも，ずっと難しくなることは間違いないだろう。すなわち，とりうる選択肢の優劣を可視化することは，合理的で論理的な議論に相手を巻き込むプラットフォームとして機能するのである。ビジネスの世界においては，相手を説得し合意形成するための手段として，決定木モデルが有効であると考えられるゆえんである。

　山本七平 (1983) の『「空気」の研究』では，戦艦大和の帰還することのない出撃の決定は，最終決定を行う会議の「空気」に支配されていたという。客観的なデータに基づく合理的な決定ではなく，その場にいた人々が共有した得も言われぬ「空気」が，大和の出撃やむなしという決定をしたという。アングロサクソン系のロー・コンテクスト文化に対比されるハイ・コンテクスト文化

では暗黙の了解が重視されるが、これは空気を読む文化といってもいいだろう。戦艦大和出撃の決定がこのような空気に支配されて決定されたことが事実であったかどうかは別にして、ハイ・コンテクスト文化といわれる日本文化の中では、まったくありえない話だと一笑に付すことはできないだろう。このようなタイプの意思決定には、データ分析は無力である。あるいは、組織の人々が個人的な感情で意思決定できる独裁者に従うだけなら、論理的な思考もマーケティング・リサーチも必要ない。決定木に限らず、集団として多様な意見を取り込みつつ、効率的に、説得力あるプランを構築するためには、客観的に観察できるデータに基づいて、選択肢に優劣の順序をつけることができるモデルを用いなければならない。これが、マーケティング・リサーチに課せられる第1の条件である。今日の企業を取り巻く環境は、グローバル化が進展する中でこれまで以上に多様な文化を活力に変えることが求められるようになってきている。マーケティング・リサーチに求められるこの条件の重要性は、増してきているといえよう。

　このような説得する構造のことを、道具主義、あるいは道具主義的な考え方であるということがある。阿部（2013）は、道具主義について、観察される現象の一貫性のある記述と予測のみを科学のなすべき仕事とし、数学的モデルの形をとることが多いとしている。また、なぜ消費者が特定の選択肢を選ぶのかといった心のメカニズムについて何かを述べるということを基本的に放棄した立場であるとも述べている。確かに、消費者の購買行動は複雑であり、多数の要因が絡み合いながら進行し、しかも状況依存的であり、まだまだわからないことが多い。このような消費者行動を限りなく正確に説明したいと考えることがあっても、いたずらにモデルを複雑にし、思いつく限り多くの変数を取り込んだ結果、マーケティング意思決定に寄与することができないモデルになったら、それはマーケティング・リサーチにとっては意味がないことなのである。マーケティングに携わる多くの人々にとって、第2章で登場するような、わかりやすい"道具主義的"なモデルが、マーケティング・リサーチにおいて用いられているのは、そのような理由があるからである。

4. 文化としての顧客志向

　マーケティング意思決定に寄与するには，合意形成の側面が重要であること，そして，それには論理的な構造と選択肢の順序づけが効果的であり，道具主義的な構造が有効であることを述べた。ところで，マーケティングは顧客志向であるといわれる。この誰が考えても当たり前に思える顧客志向の重要性が，マーケティングの父といわれるコトラーの教科書においても繰り返し，繰り返し強調されている（たとえば，コトラー（2000））。この顧客志向というコンセプトがなぜそれほど重要なのか，論理的な意思決定と顧客志向はどのようにつながるのかという点についても，マーケティング・リサーチの役割を考えるために押さえておかなくてはならない。

　顧客志向は，すべての企業にとって不可欠なものなのだろうか。このように問われれば，顧客志向は企業にとって不可欠なものでない場合も考えられるという答えが返ってくるだろう。顧客志向の必要のない企業が，十分な利益を得て存在し続ける可能性があるからである。たとえば，必要不可欠な希少資源を独占している企業には，顧客志向は不要であろう。顧客は，その企業の言い値で買わざるをえないからである。この場合は，独占企業は，利潤を最大化する水準で，生産量と価格を決めることができる。「お役所仕事」という言葉があるが，あるサービスの提供が法律的に保護されている業界で概して顧客サービスが悪いのは，（セクショナリズムと相まって）このような理由があるからである。

　しかし資本主義の経済では，大多数の企業は厳しい競争環境の中で経営を行っている。しかも，現在の企業社会はエコシステムといわれるように，相互依存的に密接な関わり合いの中にある。東日本大震災のときに，ある1つの部品工場が受けた被害で，被害を受けていない多くの自動車メーカーが同時に想定外の生産中止に追い込まれたことは記憶に新しい。また，同じ企業の中でも，製品開発部門，調達部門，生産部門，販売部門，経理・財務部門など多くの専門的な部門に分かれており，複数の事業をグローバルに展開している企業も少なくない。また，自社製品・サービスに関わっている人々も，自社ばかりでなく，関連支援企業，広告代理店や流通，小売などに関わる外部企業など，多様

な組織体に属する多くの人々と協力しなければならない。このように，きわめて多くの人々によるきわめて複雑な，分業による協業が行われているのである。

　このような状況下においては，人々がある程度自律的に協力することなくして，企業は効率的な活動を継続することはできない。そのために，顧客志向というビジネスの"常識"を共有する必要があるのである。この点について，コミュニケーションの可能性という観点から，もう少し考えてみたい。

　人は，1人では仕事ができない。そして，組織として多くの人々の協働により成果を高めるためには，お互いにコミュニケーションがうまくいかなくてはならない。どのようにしたらコミュニケーションがうまくいくのか，医療サービスを例に確認してみよう。医療サービスの提供者は，患者の立場から考え，それぞれの患者が置かれた状況に合った医療方針を定め，各専門家が自分の持ち分の仕事を適切にこなし，かつ全体としてチームワーク良く仕事をすることで，初めて優れた医療サービスを患者に提供することが可能になる。しかし，もし，病院のある部門の担当者が新薬の治験にのみ興味があり，そのほかの仕事をないがしろにしたら，診療を受けに来た患者や治療のために頑張っている他の部門の人たちはたまったものではないだろう。

　このような組織的な問題は，実際には至るところで起こっているのではないか。とくに組織が大きくなり，自分のやっている仕事と最終的なサービスの受益者であるはずの消費者との距離が大きくなると，セクショナリズムの誘惑にかられることが多い。"世界に誇れるプライベート・ジェットを作ろう"といった目標を掲げて働く人々のモティベーションを上げることに成功したとしても，研究開発部門は研究開発部門特有の文化の中で，たとえば，コストを軽視して最新の技術や素材を使いたいと思うかもしれないし，営業部門では営業部門特有の仕事の進め方や思考方法の暗黙のルールが働くかもしれないのである。投資家や財務部門の人たちは，顧客のニーズを満たすことよりも利益や株価に関心があるかもしれない。それぞれの部門が自分たちの仕事の効率性を高めるために部分最適を図れば図るほど，それぞれの部門に独自の仕事の進め方が自然と生まれてくる。日常的に顧客志向を強調されていない組織では，独自のルールの中で，自分たちの新しいアイデアに強い愛着を持ち，顧客のことを忘れがちである。多様な人々を巻き込み，一致協力して顧客に対する価値を創造していくことは容易ではないのである。

もちろん，同じ企業の中でセクショナリズムに陥り，部門間で足の引っ張り合いをすることなど，もってのほかである。部門間の協力，企業間の協働が強く求められている。部分最適を集めてきても，必ずしも全体として優れた結果につながるとは限らない以上，多様な人たちをまとめるためには，自分たちの収入を保証してくれる顧客に目を向ける重要性を理解してもらう必要があるのである。いくら粉骨砕身，一生懸命に努力して働いたとしても，顧客なしでは給料がもらえないというストーリーには，とても説得力がある。だから，専門領域の異なる多くの人々が協力関係を構築する必要が出てきたときに，大きな力を発揮するのが"顧客志向"なのである。

　ところで，この"顧客志向"という言葉を有効に機能させるためには，どのような点に注意すればいいのだろうか。分業と協業がうまくいくためにはコミュニケーションが重要であることは論を俟たないとしても，実は，コミュニケーションはそれほど簡単にはいかないことを，私たちは知っている。相手の話している言語がわからなければ，もちろん相手とのコミュニケーションは困難である。しかも，お互いに実りある議論が成立するのは，共通の言語を持つことだけでは不十分である。意味内容ばかりでなく，対話する目的が共有されていることも重要であり，話の焦点が自ずと定まるためには，興味や関心事が共有されている必要がある。さらに，「暗黙知」といわれる知を共有していることも望まれる。

　暗黙知とは，言葉でうまく説明できない知である。音楽の楽しみは，実際に音楽を楽しむことで学ぶしかない。そして，歌を歌うことが楽しくなったとしても，どこでもいつでも大声で自由に歌っていいものではない。大声で歌っていいかどうかは，社会の暗黙的なルールで決まっている。自転車に乗ることも，原理的に物理学により説明できたとしても，実際に乗ってみなければ乗りこなせるようにはならない。自転車に乗って，頬にあたる風が気持ちよかったといった感覚も，体験したことのない人にはうまく説明できないだろう。デューイ(2004) が『経験と教育』の中で述べているように，私たちは体験を通してしか学べないことがたくさんある。社会や集団の暗黙のルールも，経験を通じて学んでいくのである。ビジネスの場においても，お互いに最低限の暗黙知を共有できていないときには，コミュニケーションはギクシャクするはずである。

　したがって，コミュニケーションが成立するためには，ある程度の共通体験

が必要になることが多い。多くの企業では，事業を継続する中で，人々が多くの行為を通じて暗黙知を共有する。そして，暗黙知が蓄積されるに従って，企業文化や社風の違いが生まれる。仕事を通じて，独特の企業文化が自然と生まれてくるのである。すなわち，同じ言語を使っていると思っていても，企業間，部門間でそれぞれ共有している暗黙知は異なり，したがって異文化コミュニケーションの問題は至るところで発生する可能性があるのである。セクショナリズムにとらわれていないと思っていても，異文化を超えてお互いにとって納得できるコミュニケーションを成立させることは難しいのである。異文化を超えたコミュニケーションが成立するためには，言語，暗黙知，文化，関心事，知識レベルなどの前提条件を，たとえ不完全であってもある程度共有していることが重要である。このように考えれば，コミュニケーションをスムーズに進めて協働して経済活動を行い，市場を創造していくためには，関係する人々と文化を共有する必要があることがわかる。

　すなわち，部分最適を超えて，多様な専門分野の協働作業を破たんすることなく進めるためには，コミュニケーションの基盤となる共通の価値観を醸成し，お互いの信頼感を育てていく以外に方法はない。このために，顧客志向という共通の文化をつくるという考え方が非常に有効であると考えられているのである。いかなる企業も顧客の支持なしに存続していくことはできない。最終的な製品・サービスにお金を支払ってくれるのは消費者である。働いて所得を得る必要がある以上，顧客志向を無視することは難しい。それゆえ，顧客志向というコンセプトで企業活動を統合していこうという発想が，現代マーケティングの発想の根底にある。聞けば大切であることがすぐわかるような"顧客志向"という言葉が，繰り返し強調されるのはそのような理由からである。

　このように，現代マーケティングを支える中核的な思想は顧客志向である。顧客志向の企業では，自分が作りたいものを作って売るのではなくて，顧客が望んでいるものを作って売るべきであるといったマーケティングの発想が浸透しているはずである。これは，競争企業よりも顧客のニーズをより良く充足することで企業に収益をもたらすという側面も重要であるが，それ以上に重要なのは，R&D部門，営業部門，財務部門など，企業活動を支えている多様な人々を説得できるという点であるということを忘れてはならない。この，「顧客志向を組織として持つことは，実は競争優位に寄与するのだ」ということは，

実証的な研究でも検証されている（たとえば，山下他（2012）。ここでは，競争状況なども視野に入れた市場志向性というより広い概念で考察している）。

　このような理由がある以上，マーケティング・リサーチも顧客志向の文化が根づくことに寄与しなければならない。したがって，顧客が望んでいるような適切な企業活動が行われているか，顧客により満足してもらうためにはどうしたらいいのか，マーケティング部門だけではなく企業全体として顧客志向になっているかどうか，競合企業と比べてどうなのか，社会制度やイノベーション，景気動向の影響といった企業を取り巻く環境を確認することも，マーケティング・リサーチの調査対象となる。

　それには，顧客志向という価値観に則っており，効率的・効果的にその目的を達成するような選択肢が選ばれたときには，具体的なさまざまな行為が予期された成果を上げているかを確認する必要がある。そのためには，プラン通りにマーケティング活動が行われていたら達成できているはずの状況を推定し，実際のデータと突き合わせ，想定した世界と実際の現状との乖離をチェックしていかなくてはならない。そして，実際に多くの人々の行為を可視化することで，顧客志向という文化が正しく機能しているかどうかのチェックをしなければならない。このようなことも，マーケティング・リサーチに課せられた重要な機能である。このように成果をわかりやすく示すことで，初めて多くの人々に，自分が意図したこと，具体的な行為，その成果との関係を理解するように働きかけることが可能になる。マーケティング・リサーチは，このようなプロセスの各段階で手段として用いられるのである。

5. 物語を生み出す論理

　ここまで，マーケティング・プランを作成しそれが集団の中で正当性を持つためには，そのプランが他のプランに比べて優れていることを，観察された客観的データと論理的なプロセスで，それぞれの代替案の優劣をわかりやすく示すことが重要であることを述べた。このように，意思決定につながることを意図したアプローチが道具主義的といわれること，また，このようなプロセスは議論の焦点を明確にし，多くの人々のコミュニケーションを活発にし，さらに，合意形成を可能にすることも述べてきた。

そして，そのような対話を実現するためには，人々が対話できるための前提条件を共有することが必要であることを述べた。この前提条件の共有には，専門的な知識や言語的な側面のみならず，暗黙的な知の共有が必要であり，多様な人々の行動が自律的に適切な関係を持って協働により仕事を進めていくためには，顧客志向のような共通の価値観，すなわち文化として顧客志向を浸透させることが重要であることも強調してきた。このような文化が根づいているかどうかの確認も，マーケティング・リサーチに課せられた役割であることも述べた。

　3つ目の条件は，顧客の行為と企業のマーケティング活動をつなげるための知識を共有することである。すなわち，あるマーケティング活動が行われたときに，消費者がどのような反応を示すかがわからなければ，同じマーケティング活動が顧客に与える影響の予想が恣意的になり，プランを立てる人々の間でコミュニケーションをとることが難しくなるだろう。世界中の多くのマーケティングに関わっている人々がマーケティング・マネジメントの知識を学ぶのは，法律関係者が法律の，医療関係者が医学の知識を学ぶのと同じで，仕事を遂行するための必要な共通の言語を身につけるためである。マーケティング・リサーチにはその前提となるマーケティングの知識はもちろん必要であるが，それ以外にも消費者行動論，社会学，経済学など消費者の行動を理解するための多岐にわたる知識を共有する必要がある。消費者行動研究における各アプローチの比較は，阿部（2013）の『消費者行動研究と方法』に詳しいが，マーケティングにおける数量的なモデル分析を研究領域としているマーケティング・サイエンスもまた，道具主義であるといわれる。さらに，数量的モデルをつくるためには統計学も重要になるだろう。先にマーケティング・リサーチは道具主義的でなくてはならないと述べたが，道具主義であるためには道具箱に必要な道具が入っている必要がある。

　もちろん，道具それぞれの研究アプローチは多様であっても，消費者の行為に関心があれば内容的には共通している部分も多い。たとえば，消費者行動モデルとして，図2のような包括的意思決定モデルがよく知られている。古くから，ハワード・シェス・モデルなど構造的に類似したものが多く考えられている。基本的な構造は，動機が生まれ，情報を探索し，比較・検討・評価し，行為に至り，その消費体験がフィードバックされ，次回の選択へと引き継がれる

図 2　消費者行動の包括的意思決定モデル

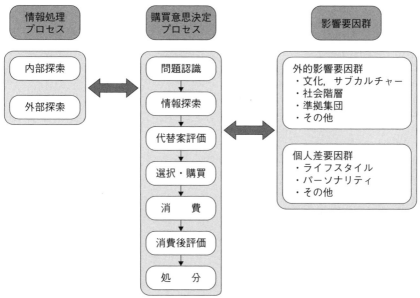

（出所）　青木他（2012）より作成。

というように，前の段階の情報が処理され，次の段階に進むという構造になっている点が類似している。刺激 – 反応モデルから情報処理型モデルへと発展し，内容的には精緻化されているものの，多くのモデルで，矢印により因果関係が示され，情報処理プロセス，購買意思決定プロセス，影響要因群の 3 つのパートに分けられるといった構造的な特徴を有しているのである。これらのモデルは，コンピュータのフローチャートに似て理解しやすい。

　ところで，実はこの図 2 のように消費者が情報処理をして購買行動を行っているとは限らないことは，現在では広く知られている。たとえば，ザルトマン（2005）は，『心脳マーケティング』において，私たちの多くの意思決定は結論が先行し，結論が決まってからその理由を考えているのであり，図 2 のようなシークエンシャルなモデルとは因果の流れが必ずしも一致しないということを，心理学の知見に基づいて主張している。あるいは，経済学者のカーネマン（2012）は，『ファスト＆スロー』において，私たちの脳の情報処理にはパターンが 2 つあって，考えてから行為に至るパターンと，行為がまず先行するパタ

ーンがあることを実証的に検討している。もちろん，消費者行動理論において
も，低関与な選択においては，考えることより選択が先行するような消費行動
について，詳細に研究されている。

　それにもかかわらず，半世紀以上前から提唱されている図2のようなモデル
はいまだに研究者間においても常識として共有されている。それは，「常識と
して共有されている」ということが，相手とコミュニケーションが成立するた
めの前提条件としてどうしても必要だからである。解決策（代替案）を模索し，
それらを比較・検討・評価し，何らかのアクションを起こす（選択する）とい
う構造は，最初に示した不確実性下の意思決定問題の構造と同じであり，経済
学をはじめ多くの社会科学の分野で受け入れられている。この構造に従って道
具主義的にモデルを構成すれば，説得しなければならない相手からモデルその
ものを根底から否定される可能性が少なくなる。このことが，マーケティン
グ・リサーチにおいて，代替案を比較検討し，評価し，選択するというモデル
が採用される理由の1つである。

　上述したように，私たちの脳の働きは必ずしも経済学で想定するようなもの
ではない。それにもかかわらずマーケティング・リサーチには，たとえば最適
な価格水準を示すことが求められている。道具主義は意思決定に利用されるこ
とに意味があるので，私たちの脳の反応や，集団の中における個々人の脳が相
互作用の中でどのように反応していくかといった点についての研究の知見が，
まだ当分マーケティングの実務に生かせる水準には達することが期待できない
以上，当面この原則に従うことになるだろう。

　もう1つ，マーケティング・リサーチがマーケティングに寄与しなければな
らないことからくる制約条件がある。すなわち，マーケティング意思決定と連
携しなければ意味がないという点である。マーケティング・マネジメントでは，
4P（product, price, promotion, place）がよく知られているが，マーケティング・
リサーチにはそのような活動に対する消費者の反応を予測することが求められ
る。競合製品ではなく自社の製品を消費者に選択してもらうためには，自社製
品にどのような属性を持たせたらいいのか，価格水準はどれくらいにしたらい
いのかといったことを示さなくてはならない。

　たとえば，新製品の導入に関わっている人たちにとっては，新製品は期待し
たようなシェア，販売量，利益を獲得することができるのか，そのためにはど

のようなマーケティング活動のミックスが効果的なのか，競合企業の反撃に対してどのような対策が考えられるのかといった問いかけに対して答えることが重要であり，マーケティング・リサーチにはそのような問いに対するデータと理論に裏づけられたストーリーを創るために必要な素材の提供が求められるのである。

　したがって，人々の思考や行為を十分に予測可能なモデル化ができていない道具主義的なモデルにすぎないという批判はあっても（たとえば，石井(1993)），現状では図２のような消費者行動モデルが用いられているのである。探索に対しては，広告・コミュニケーションの研究成果を結びつけることができるし，各製品の属性の違いと製品の好ましさの違いについては製品ポジショニングや選好分析の研究成果を結びつけることができる。共有された理論モデルに則って仮説が設定され，観察された客観的なデータと照合される中で，どのような消費者が，どのようなニーズを持っていたのか，どのような代替案を探索したのか，最終的になぜあるブランドを選択したのかが説明される。

　このようなアプローチは理解が容易であり，適切なマーケティング・リサーチを行うことである程度有用な情報が得られると考えれば，積極的にマーケティング・リサーチを行う誘因が生まれる。なぜならば，関係する人々を巻き込み，説得することができるからである。このモデルを考え観察データで検証するといった科学的アプローチが，自然科学において大成功を収めていることも，マーケティング・リサーチを支持する力になっている。

　結局，マーケティング・リサーチの正当性は，自分自身の効用を高めるために合理的に選択肢を検討，評価し，それに基づいてどのような行動をとるかを決定しているというような消費者像を前提として，観察された消費行動から逆算して，より効果的なマーケティング活動を行い，関係する人たちの協働を支えるために必要な，具体的でわかりやすく説得力のあるストーリーを作成するための，データに裏づけられた客観的な資料を提供することにある。そのために，論理的な構造，顧客志向という考え方の共有，消費者の行動に関する理論の共有という，３つの条件が必要なのである。

6. 本書の構成

　本書は，すでに述べたようにマーケティング・リサーチの手法について考察するものではない。手法そのものではなく，手法の使われ方の限界と可能性を検討するものである。繰り返しになるが，マーケティング・リサーチは，心理学，社会学，経済学，経営学，統計学などの多様な関連分野の多くの研究領域において，さまざまなアプローチをとる研究者の膨大な研究成果を取り込み研究が進んできているが，一貫してマーケティングの実務に寄与することが求められている。製品・サービスを購買し消費するという限定された行動についても，人間に関する知識はまだまだきわめて不十分であり，具体的なマーケティング活動に寄与する情報を提供するためには，現状では人々の行為を観察可能なデータにより説明するという道具主義的なアプローチにならざるをえないのである。

　このような限界はあるが，情報技術の飛躍的な進化の中で，マーケティング・リサーチにもデータ収集や数量的分析のための統計モデルの利用可能性の向上などが見られ，技術的にも，利用しやすさといった点においても格段に進歩し，身近な存在になってきている。近年のビッグデータや AI の進歩も，このような科学的アプローチの経営意思決定への貢献に対する期待を膨らませている。それにもかかわらず，道具主義的であるという側面を差し引いても，このような大きな期待に応えるためには越えなくてはならないハードルは多い。本書は，実際のデータ分析の結果を注意深く検討することによってどのようなハードルを越える必要があるかを明らかにすることを主たるテーマとしている。

　結論を先取りすると，ビッグデータの時代にあって，その膨大なデータの量に目を奪われがちであるが，そもそも適切な分析を行うために必要なデータが，実はほとんど観察・測定されていないのではないか，そのことが数量的なマーケティング・リサーチの分析結果を貧弱なものにしているのではないかということを，さまざまな事例を通じて考えていきたい。コンピュータの発展で分析手法自体がいくら洗練されたとしても，データが貧弱であれば分析結果も貧弱になるのは当たり前である。むしろ，データ量が少なくても，現場における定性的な調査の知見と組み合わせることで，問題を回避できる可能性は高い。

この定性的な調査の有効性は高く認められるが，しかし，定性的な調査は，代替案に序列をつけることも，利益やシェアを予測することも，マーケティング計画の予想キャッシュフローやその現在価値を示すこともできないという大きな問題点を抱えている。多様な解釈が可能な定性的な調査結果からは，部門間，企業間の異文化コミュニケーションのハードルを越えることは難しい。しかし，定性的な調査から得られた知見は，データ量を補うという消極的な役割ではなく，誤った結論を避けるという積極的な役割・意義がある点をもっと評価すべきである。本書では，数量的なモデル分析の利活用を中心に議論を進めているが，どちらが優れているかという問題ではないということを，はじめに断っておきたい。本書においては，予測するために必要なデータに対する注意や配慮が足りないことを，実証的に検討する。そのうえで，マーケティング・リサーチの有用性，有効性を高めるためには，ビッグデータの時代といわれるようになった今だからこそ，解決策につながる肝心のデータをどのようにしたら観測できるかを注意深く考える必要があることを検討したい。

　そこで，まず第2章では，アンケート調査に回答する段階で発生する可能性のある問題点の整理を行う。マーケティング・リサーチにおけるデータの測定は，事前に予想した仮説を前提にして，慎重に実施されるはずである。それは，マーケティング・リサーチは科学的な実証プロセスに従って，測定されたデータを事前に考えられたモデルに当てはめて分析する構造になっているからである。しかし，被験者の回答が状況により異なる可能性は，大いにある。ここでは，被験者の多くが意図的に回答を偽る場合，つまりフェイク・データが収集される可能性についても検討を行う。"日本車は品質が悪い"といった言葉を，とくに反日感情が高まったときなどに多くの中国人消費者から聞くことがあるが，このような発言をしている人たちが日本車のユーザーであることに，強い違和感を覚える。このような言説と行為の矛盾を合理的に説明することが可能かどうかを，理論的に検討する。

　それを受けて第3章では，通常のマーケティング・リサーチのプロセスに従ったオーソドックスな方法で収集されたサーベイ・データに対して，よく用いられているオーソドックスな消費者行動のモデルに則った数量モデルを当てはめて得られた分析結果について検討する。ここではさまざまなデータが分析されるが，調査時点における日系企業の乗用車に対するサーベイ・データから得

られた分析結果において日本車の評価が相対的に大変低いにもかかわらず，日本車のシェアは外国車ブランドの中ではトップを占めているという，言説と行為の明らかな矛盾を指摘する。このように，分析結果は明らかに実態を反映していなかったが，なぜこのようなことが起きるのかについてはこれまであまり検討されてこなかった。第2章で検討された議論に基づいて，虚偽のデータを数量的なモデル分析により取り扱えるかどうかを，改めて検討したい。

　続く第4章では，このような言説と行為の矛盾を解明するために，グループ・インタビューで収集された定性的な言語データをテキスト・マイニングの手法で可視化することで原因を探っていく。ここでは，中国の消費者の間で政治的にも社会的にも共有されている“反日”という規範の中で，中国人に固有で従わなければならない暗黙のルールである“面子”が，このような言説と行為の矛盾を引き起こしている可能性について検討している。さらに，個々人は相手が帰属しているのが内集団か外集団かということに応じて，“面子”を使い分けており，このことが言説と行為の矛盾を引き起こす可能性について考察する。そのうえで，このように自分と相手の関係により“面子”を使い分けている中国消費者の言説と行為について説明するための，「2相モデル」を提起する。そして，より一般的に，人々の言説と行為に影響を及ぼす文脈の効果について検討する。与えられた文脈の中で，私たちは適切な評価ルールと代替案の探索を行い，そのうえで選択に及んでいる，ということについて考える。

　このような議論を受けて，続く第5章では，文脈と選択の関係についてより詳細に考察する。人々が与えられた場と文脈の中で選択を行うとすれば，マーケターは場をデザインすることで，環境（場）の中に埋め込まれたさまざまな事物からもたらされる情報を操作することによって，自社にとって適切な情報がピックアップされ，適切な文脈を意識的・無意識的に想定してもらえるようにしなくてはならない。マーケティング・リサーチにおいてデータとして観察可能なのは，選択肢に対する評価と選択データであるから，本来どのような文脈で選択が行われたのかを踏まえたうえで，観察されたデータを分析しなければならない。同じものを見ても文脈が異なれば，行為者にとっての意味は異なるからである。しかし現実的には，定量的な調査において文脈を特定することは非常に困難である。このような点から，マーケティング・リサーチの限界について考える。

また，選択する人が念頭に置いている文脈は"いまここ"で想定されるものであり，それらはネットワーク構造（人間関係）により，そして意思決定者が帰属する集団の正当性により左右される。ここでいう正当性とは私たちが物事の適否を判断するためのルールであり，明示的に示されているものもあれば暗黙的なものもある。新たな市場の創出には，新たな正当性が社会的に求められるが，文化や制度の問題を含むこのような社会的規範の影響について，第6章で検討する。

　最後の第7章では，このような議論を踏まえて，来るべき多型化する時代の要請に即したマーケティングについて考え，マーケティング・リサーチについて再考する。そして，マーケティング・リサーチは道具主義的なアプローチにならざるをえないとしても，道具箱の中身を入れ替えたり，使い方のコツをつかむ方法を考えたりすることで，その適用範囲を広げる可能性がある。その点について検討を行う。

　ところで，本書では主として中国の消費者に対するサーベイ・データを，マーケティング・リサーチでよく使われる数量的なモデルで分析した多くの結果が示されるが，手法について説明することはまったく意図していない。本書の目的はマーケティング・リサーチの限界を示し，その可能性を模索することにある。したがって，数量的なモデルの詳細については触れていないし，通常の手順に従って収集されたデータに対して，よく利用されるごくオーソドックスな手法を当てはめることしかしていない。したがって，細かい統計的な話題や計算過程については読み飛ばしていただいて構わない。むしろ，手法について書かれた専門書には出てこないような，マーケティングやマーケティング・リサーチの専門家が通常考えることのない議論を展開しているので，なぜそのような分析をするのか，どうしてそのような結果が出てきたのかに注目して読んでいってもらえれば幸いである。

第2章

説明する構造とデータ

◈ はじめに

　モデルの予測力を高めるためには，説明される現象を引き起こす変数間の関係を上手にモデルに取り込み，モデルに当てはめるデータを適切に測定することが重要である。いくら洗練されたモデルであっても，観察されたデータに問題がある場合は予測がうまくいかないのは当然である。前章では，マーケティング・リサーチのモデルに求められるいくつかの条件について検討し，相手を説得するためには道具主義といわれる理解が容易な構造にモデルが限定されることや，顧客志向といわれる文化や消費者の行動を説明する理論を共有する有用性などについて検討を行った。

　本章では，観察されるデータに焦点を当てて考察を行う。ただし，データはモデルに当てはめることで初めて意味を持つので，まずマーケティング・リサーチの中でも利用されることの多い道具主義的なモデルの代表としてコンジョイント分析を取り上げ，マーケティング・リサーチのモデルの基礎となる属性アプローチの考え方について述べる。そのうえで，測定されるデータとモデルの関係について，消費者行動論の中でどのような議論がうまく適合するかを検討する。とくに，必ずしも顧客が自分の本心を答えてくれていないかもしれないという状況や，場合によっては意図的に虚偽の回答をするといった状況について考えてみたい。すなわち，顧客の本音が測定できるという"常識的な"状況を前提とした通常のサーベイ調査において，実際に収集されたデータにモデルを当てはめたときに，説得するための物語を作成するプロセスにどのような

影響が出るのかを考察するのが，本章の目的である。

1. 属性アプローチはマーケティング・リサーチの基本

　フィリップ・コトラーのマーケティング・マネジメントにおいては，消費者が享受する価値は，基本的に経済学が想定するのと同様に，製品・サービスから得られる便益とかかった費用との差であると考えられている。そして，消費者は利用可能な製品・サービスの価値を比較検討し，選択を行うとされる。このような考え方に従えば，マーケターは，そのターゲットとなる人たちに対する価値をどのようにしたら高めることができるかを考え，それをどのようにしたら効果的かつ効率的に消費者に伝えることができるのかを考えていくことになる。ここで登場するのが，いわゆる4Pである。マーケティング・マネジメントでは，製品（product），価格（price），プロモーションやコミュニケーション（promotion），流通（place）といった，自社が操作可能な具体的なマーケティング変数の最適なミックスを決めていくことが求められる。すなわち，自社のマーケティングと消費者が認識する価値を連動させることで，具体的なプランを模索するという構造になっているのである。

　したがって，自社のマーケティングが消費者の満足感を高めることで，ライバル企業に対して競争上優位に立つというストーリーに結びつかない分析は，マーケティング・リサーチにおいては意味がない。すなわち，マーケティング意思決定のための数量的なモデルの目標は，消費者の行為や態度のデータに対して，企業側が操作可能な変数との関係をモデル化することで，消費者に対する価値を高めるための操作可能な具体的なマーケティング活動を評価することであり，さらに，このような活動をいかに効果的かつ効率的に推し進めることができるかを考えたストーリーの優劣を評価することにある。当然，状況に応じて，自社が直接コントロールできない競合企業に関する変数や，企業活動を取り巻く環境変化なども同時にモデル化されることが多い。いずれにしても，モデルを構築し，観察された定量データをモデルに当てはめ，競争をいかに有利に運ぶことができるかを考え，その具体的な方策の適否を考えるために，マーケティング・リサーチは行われるのである。

　環境変数には，マクロの経済環境を反映した変数や，為替，消費者のライフ

スタイルの変化，天候など，さまざまな変数が含まれる。場合によっては必要に応じて，税制など制度の変更が考慮されることもあろう。消費者が獲得する価値は便益と費用の差で定義されるが，製品評価を行う心理的なコストや入手するコストなどを含めた購入のためのコストや，"ブランド"に関心があれば，周囲の人たちからの自身の消費行動に対する羨望のまなざしといった評価まで，必要に応じて考慮しなければならない変数は多岐にわたる。すなわち，マーケティングを実施していくときの課題に対応して，マーケティング意思決定にとって重要であると判断された変数が必要に応じてピックアップされるのである。

たとえば，新製品戦略の策定などにおいては，価格を考慮したうえで，製品属性の組み合わせ方と消費者の満足感の関係が問題になることが多い。どのような製品属性の組み合わせが消費者に対する価値を高めるのかが課題となるのである。このような状況においては，消費者は製品をどのような属性の束として主観的に認知しているのか，あるいは認知したそれぞれの製品の属性の組み合わせに対してどのような評価を下しているのかといったことが問題となる。このような考え方は応用範囲がとても広く，マーケティング・リサーチの基本となっている（たとえば，中西（1984），片平（1991））。このような課題に対して，マーケティング・リサーチにおいてはコンジョイント分析などがよく利用される。以下では一例として，コンジョイント分析の考え方がマーケティング意思決定にどのように関係するかを確認しておきたい[1]。

コンジョイント分析では，被説明変数である総効用（価値）を説明変数である製品の各属性からの部分効用の総和となるモデルとして表現することで，実現可能な製品属性の組み合わせと，そのような組み合わせから得られる効用の関係が分析される。たとえば，図1の仮想例では，デジタルカメラの総効用が，画素数，コンパクト・デジカメか一眼レフか，そして支払価格から生じる部分効用の和により説明できるというモデルが示されている。ここで，各属性の部分効用の値は，収集されたデータから推定される。また，価格の部分効用は推定されたパラメターの価格倍のマイナスになり，合算される。

この事例では，画素数とタイプの組み合わせは3×2の6通りである。コンジョイント分析ではそれぞれの組み合わせをプロファイルと呼び，パラメター推定のためのデータは，各プロファイルに対する消費者の総効用の大きさの順序を測定することで得られる。もしパラメターの値，すなわち各属性から生じ

図1　コンジョイント分析

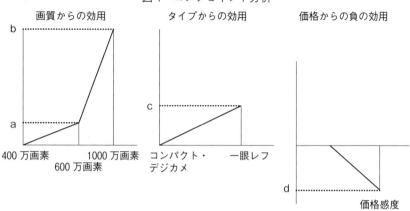

画質からの効用　　　　タイプからの効用　　　価格からの負の効用

b

a

400万画素　　　1000万画素
　　600万画素

c

コンパクト・　　　一眼レフ
デジカメ

d

価格感度

る部分効用の大きさが推定されたとしたら，それぞれの組み合わせ，すなわち
プロファイルの総効用は容易に計算されることがわかる。たとえば，1000万
画素で一眼レフタイプ，15万円ならば，総効用は b＋c－15d となる。このよ
うにして計算される推定された総効用の大きさの順序と，被験者に回答しても
らったプロファイルの順序とが最もよく一致するように，各属性から得られる
部分効用のパラメターは推定されるのである。

　このように推定されたパラメターは，どのような属性水準の組み合わせが，
消費者の満足度を最大にするかを教えてくれる。すなわち，属性の組み合わせ
が消費者の満足感を決めるなら，どのような組み合わせが満足度を最大にする
かを考えることができるだろうというように推論するのである。いわゆる，結
果から逆算していく発想である。このように，コンジョイント分析では，製品
やサービスは消費者の満足感を左右する属性の束として消費者から主観的に認
知されるものであり，消費者は属性の束に対して評価を行い，そしてその評価
に基づいて選択すると考えるのである。もちろん，一番評価の高いものが常に
選択されるとは限らないかもしれない。そのときは，評価されたそれぞれの選
択肢の相対的な効用の大きさに比例して，それぞれの選択肢が確率的に選ばれ
るといったような解釈を考えればいい。

　また，野球やサッカーのチームの編成を考えてみればわかるように，総効用
の大きさの順にメンバーを選抜するのではなくて，メンバー1人ひとりの部分
効用の大きさに着目して，すなわち持ち味を優先してチームメンバーを選抜す

図2　属性アプローチの考え方

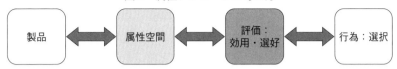

製品 ⟷ 属性空間 ⟷ 評価：効用・選好 ⟷ 行為：選択

ることもあるだろう。これは入学試験においても，総合点方式ではなく，一芸に秀でた人を合格させる場合と同様である。総合点方式は，たとえば，数学がだめでも英語で挽回できるといったように，ある属性のマイナスを他の属性のプラスで補えるという意味で，補償型と呼ばれる。これに対して，ある属性のマイナスを他の属性で補えない決定方式もある。これは，非補償型と呼ばれる。一芸入試は非補償型である。このように選択方式には，補償型と非補償型があり，非補償型には，辞書編纂型，分離型，連結型など，さまざまなモデルが考えられている。とくに，選択肢が多い場合は，ある属性について非補償型のルールに従って選択肢をラフに絞り込み，絞り込まれた少数の選択肢について補償型のルールで詳しく比較検討するといった，2段階の情報処理モデルを行っていると考えられている。

　いずれにしても，属性が効用を決めるという発想は一貫しており，共通している。このように，財・サービスそれ自体ではなく，財・サービスが持っている属性の束が効用をもたらすという考え方は，属性アプローチといわれている。この考え方は，経済学者のLancaster（1972）などによりその理論的な基礎が与えられているが，登場してからすでに半世紀近く経っている。それにもかかわらず，現在でもこの考え方が強く支持されるのは，マーケティングの実務ときわめて相性がいいからである。属性アプローチは，計量経済学における離散的選択モデルの研究が進んだこともあり[2]，属性の束である製品・ブランドの選択問題として定式化され，マーケティング・サイエンスにおいて多くの実証研究が行われた[3]。消費者の満足感を高める具体的なマーケティング活動に直接結び付いた分析が可能であり，組織の中で関係する多くの人々を説得することができるという大きな利点を持っていることから，マーケティング・マネジメントにおいて広く受け入れられるようになったのである。

　実証分析により，属性の組み合わせと消費者の満足感との関連性がわかったならば，消費者の満足感を高めるためにはどのように属性を組み合わせるべき

なのかといったように，思考の向きを逆転させることができる。こうすること
で，ライバル企業の製品に対して競争上優位に立つためには，新製品はどのよ
うな属性の組み合わせにしたらいいのかといった基本方針をはっきりと示すこ
とができるようになる。また，数量的に記述可能なモデルであるがゆえに，自
社や他社のマーケティング活動と連動させて，販売数量やマーケット・シェア
の予測やシミュレーションなどが可能である点も，このアプローチの優れた点
である。そして，消費者の選択から逆算し，製品の仕様を考えていくというこ
の発想はまさに顧客志向であり，第1章でも述べたように，必ずしも協働作業
に積極的でない人たちを説得するという目的にもかなっている。

　また，この属性アプローチという考え方と，次節で説明する合理的行為理論
や TPB モデルも相性がいい。通常コンジョイント分析で扱われる新商品の企
画調査などでは，社会規範に関する変数まで検討しなければならないような状
況は少ない場合が多いが，合理的行為理論や TPB モデルの中に属性アプロー
チの考え方を取り込むことは容易である。社会的規範や行為制御の認識などの
変数を含む点で TPB モデルはより包括的なモデルであるが，製品の評価から
行為につながる構造は同じであることは確認しておきたい。

2. 評価と行為の関係のパターンを整理する

　コンジョイント分析のように，結果から逆算して競争優位を高める手段とし
てのマーケティング活動を検討することが許されるのは，議論に参加する人た
ちが，第1章の図2のような消費者行動モデルを前提としているからである。
実証データに基づいた分析結果を説明する人は，この例のようにデータをモデ
ルに当てはめ，その分析結果を示す中で自分たちの計画が適切であることを論
証しようとし，聞き手はその分析プロセスが信頼できるかどうかを判断しつつ，
そのプランについて問題点があるかどうか，論理的に矛盾していないかどうか
などを考え，議論すればいいのである。すなわち，消費者行動モデルや属性ア
プローチというマーケティング・マネジメントを支えている考え方が共有され
て初めて，マーケティング・プランを示す人たちと，それを見て議論に参加す
る人たちの間でコミュニケーションが成立するのであり，このような知識が共
有されていることは顧客志向の議論が成立するために不可欠な条件である。

図3　評価と選択のパターン

好き **好きだから買った** ルイ・ヴィトンは小さいときから何かの記念に両親からもらっていたので，私のお気に入りのブランドです。パリに行くときは必ず買ってきます。 ➡シンプルなロジック	**好き** **好きだけれど買わなかった** エルメスのバーキンは一番欲しいバッグだけれど，高くてとても手が出ません。 ➡論理矛盾：別の理由により矛盾は解消する
嫌い **嫌いだけれど買った** お酒は嫌いだけど，よく飲みに行きます。プロのサッカー選手になりたかったけれど，親の仕事を継ぐために大学で経営学を学んだ。 ➡論理矛盾：別の理由により矛盾は解消する	**嫌い** **嫌いだから買わなかった** みんなはルイ・ヴィトンが良いというけれども，私はみんなが持っているブランドは嫌いだから買わない。 ➡"みんな"という社会が評価に入ってくる

上段：評価（本心）
下段：選択（行為）

　また，このようなモデル分析の中で，とくに購買意図と購買行動の関係が焦点化されるのは，ある意味で自然である。それは，まさに第1章の図2に示されているように購買意図が購買行動を説明できると考えられているからである。自社の製品・サービスを選択してもらうことが企業にとっては最も重要であり，そのためには自社製品の購買意図を高めるための示唆を得ることがマーケティング・リサーチに求められているのである。以下では，この評価と選択の部分に焦点を当てて考えてみたい。

　図3は，評価と選択の関係を，上段に評価，下段に選択をとって整理してみたものである。上段は好きという評価であり，下段は嫌いという評価である。また，右側は買わない，左側は買うである。したがって，左上は好きだから買う，右下は嫌いだから買わないという状況を表している。また，右上は好きだけれど買わない，左下は嫌いだけれど買うということになる。

　ところで，職務に対する満足感と不満足感を引き起こす要因が異なるので，満足を高めても不満足を減らすことにはならないといった Herzberg（1968）の二要因理論はよく知られている。人々の満足度を高める要因と不満足度を解消する要因が異なることは，好きの程度がどんどん減っていったら嫌いになるのかといえば，必ずしもそうではないことを意味している。すなわち，好き・

嫌いが単純に同一尺度上かどうかは議論のあるところであるが，ここではオーソドックスな道具主義的な世界の中で，消費者からの回答と行為の関係を整理することが目的なので，このような単純なマトリクスを考えてみた。好きなものを買い，嫌いなものは買わないという最も典型的な状況を考えるには，このように単純に4象限に分けて対比することが頭の整理には役に立つ。このように分けることで，常識的な回答例ばかりではないことに気づかされる。以下では，詳しく各セルの特徴について考えていきたい。

（1）　左上と右下のセル

この4つのセルの中で，好きだから買う，あるいは嫌いだから買わないというのは論理的に矛盾しておらず，しかも，その理由は誰でも容易に理解できる。たとえば，人気ブランドのルイ・ヴィトンのバッグでも，好きな人もいれば嫌いな人もいる。好きな人に理由を尋ねれば，デザインが良いとか，価格の割に品質が高いとか，自分の大好きな芸能人が持っているからとか，両親も好きなブランドで子どものときから何かのお祝いのときにプレゼントしてもらった思い出と重なって自分でも好きなブランドになったとか，周りのみんなが持っているから，といったさまざまな理由が返ってくるに違いない。

あるいは，嫌いだという人に理由を尋ねれば，デザインが嫌いだからとか，品質の割に高すぎるとか，みんなが持っているものを自分は持って歩きたくないからとか，私はシャネルが好きでルイ・ヴィトンは嫌いだといった，これもさまざまな理由が返ってくるだろう。いずれにしても，好きだから選択するし，嫌いだから選択しないのであり，そのような理由を普段考えたことがなくてもその理由を聞かれた人たちは，その場の思い付きの理由であったとしても答えに窮することはないだろう。

そして，このような消費者の心理や言説，行動などを説明する実証的な研究に基づいた知見は，消費者行動論，社会学，経済学，心理学などマーケティングを取り巻く研究領域に膨大な蓄積があり，そのような知見に基づいて仮説を立て，第三者にわかるように実証的に説明することは比較的容易である。すでに検証され蓄積された知見に基づいてモデルを構築し，観察されたデータによりモデルの検証を行えばよい。このプロセスは，どの科学でも同様である。仮説やモデルを立てて，データで検証するのである。

このような場合のモデル構築では，単純に購買意図や実際の購買データなど説明される側の変数を左辺にとり，製品の属性やプロモーションの変数などの説明する側の変数を右辺にとって，収集されたデータをモデルに当てはめればいい。上述したコンジョイント分析などが，このようなケースの典型例である。推定作業が終わったら，マーケティングは顧客志向なので，通常は分析結果に基づいて好きになってもらうようにするためにはどうしたらいいかを考えればいい。わざわざ嫌いになってもらうためにはどうしたらいいかを考えることはない。通常といったのは，適正な水準に需要をコントロールするために，あえて需要を抑制することがマーケティングの目的になる場合があるからである。

　そして，個人個人の選好はバラバラで多様に見えても，いくつかのセグメントに分類することは可能である。マーケティング・マネジメントにおいては，分割されたセグメントを比較検討し，競争戦略上最も適切なセグメントを見つけて，そのセグメントの人たちに対してどのような価値を訴求すればいいかを考えることが標準的な作業手順になる。すべての人々を，自社のマーケティングの対象にする必要はない。このような考え方が，マーケティング・マネジメントにおけるマーケティング戦略の基本であり，セグメンテーション，ターゲティング，ポジショニングを決めていけば良いのである。適切なポジショニングを決めるためには，適切なターゲットを決めることが必要であり，適切なターゲットを決めるためには，適切なセグメンテーションがなされなければならない。ポジショニングを決めて初めて，具体的な 4P の模索が可能になる。このように，マーケティング戦略の策定には，セグメンテーション分析とターゲットの選択，ターゲットに対する中核的な便益の決定が求められるが，評価と選択の関係はこの作業を進めるための基本情報を提供してくれる。

（2）　右上と左下のセル

　これに対して，4 つのセルの中で，好きだけれど買わない，嫌いだけれど買うというケースは解釈が少し難しい。評価と選択が矛盾しているからである。しかし現実には，このような実態を観察することはよくあることである。たとえば，好きだけれど選択しない理由にはどのようなものがあるだろうか。"エルメスの新しいバーキンは一番欲しいバックだけれど，高くてなかなか手が出ません"，あるいは，"第一志望の音大に合格したけれど，入学しなかった"，

といった理由は，合理的に解釈することは可能である。

　高価な商品は予算制約の観点から購入不可能というのは，伝統的な経済学の解釈である。予算的には許容範囲でありながら購入をためらうというケースも，行動経済学の知見により解釈することができる。Thaler（1985）は，私たちは贅沢する気持ちを抑制する心理が働くという「心理的算術」の論理からこのような現象を説明する。5ドルのワインを飲んでいる人に，100ドルの予算でワインをプレゼントしようと考えている人を想像してほしい。もし，いつもの5ドルのワイン20本をプレゼントしたとしたら，プレゼントをもらった人は，どのように感じるだろうか。伝統的な経済学の考えに従えば，5ドルのワインを20本贈ることが正解になるかもしれないが，おそらく，受け取った人はひどく嫌味に感じるのではないだろうか。セイラーはこのような問いを投げかけ，人々は一般的に普段はたとえ買うことができるとしても贅沢なものは購入することを控えているので，普段は選択しないような高価なものをプレゼントすることで相手を大変喜ばせることができるのだとして，人の感情的な反応を考えることで経済学的に説明している。"ギフトの理論" と呼ばれるこの考え方に従えば，好きだけれど買わないことはありうる。

　また，なりたかった音楽家の道以外の道に進む決心をした学生も，自分自身で長期的な所得を考えて合理的な判断を下したのかもしれないが，むしろ親や先生といった周囲の意見に従ったと考えるのが自然かもしれない。同様に，嫌いだけれど買うという現象も，好きだから買うという単純なモデルでは対応できない。すなわち，"（本当は音大に行きたかったけれど，親や先生の意見に従って）就職に強い大学に進学した" といったケースでは，社会的規範や準拠集団の影響といった変数を考えなければならない。このような場合には，好きだから買うといった単純なモデルではなく，図4に示されている TPB モデルのように，社会的規範や自己統制感といった変数を取り込むことによって，モデルの拡張を考えなければならない。

　アイゼンとフィッシュバインが提唱した TRA（Theory of Reasoned Action: 合理的行為理論）と TPB モデルは，好きだから買うという単純なモデルが直面するさまざまな論理的な矛盾を吸収する数量的モデルとしてよく使われている（Ajzen and Fishbein（1977）; Ajzen（1991）; Ajzen and Fishbein（2005））。TPB モデルは TRA（合理的行為理論）に，行動統制感（perceived behavioral control）を

図4 TPB：計画行動理論

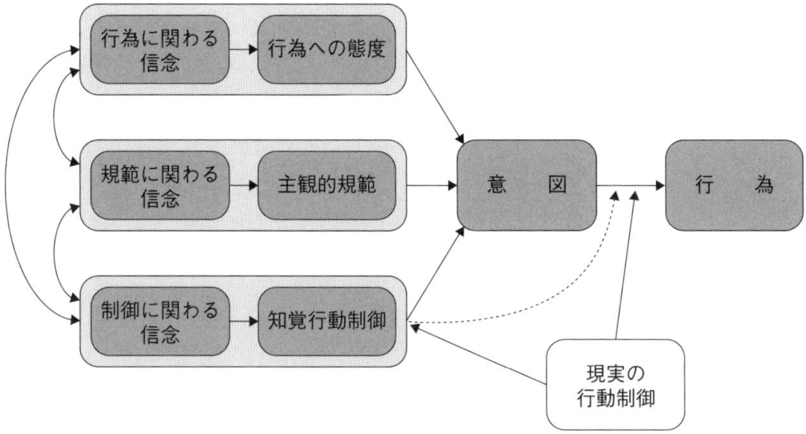

行為に関わる信念 → 行為への態度

規範に関わる信念 → 主観的規範

制御に関わる信念 → 知覚行動制御

意　図

行　為

現実の行動制御

（出所）　Ajzen and Fishbein（2005）より作成。

新たな構成概念として取り込み拡張したものである。行動統制感とは，行動の実現の容易さ・困難さに対する主観的な認識であると定義される。たとえば，収入，スキル，情報などの個人の内部資源や，流通チャネルなどの制約といった外部環境に対する主観的な評価などが行動統制感を測定する変数である。すなわち，TRA では，対象に対する評価に加えて，周囲のプレッシャーを社会規範として組み込んでいるのに対して，TPB ではさらに実現可能性に対する主観的な評価を組み入れることで意思決定者の意思，社会的規範，実行可能性の３つの視点を同時に考慮することにより，より幅広い範囲における社会現象，態度形成と行為の関係を数量的に分析することが可能になったのである。

　TPB モデルにおいては，社会的にも望ましく，個人としての評価も高いが，実際に購入する経済力がないことから行動が起きないことなども説明することができる。応用範囲が広く，多くの研究者による実証的な研究が進んだことにより，TPB モデルの妥当性が確認されている。これらのモデルが優れているのは，個人の評価だけではなく，周囲からの影響を消費者行動モデルに取り込んでいる点である。たとえば，他者からの期待に応えるために自分のやりたいことをあきらめるといったようなケースでも，他者からの期待の部分は社会的規範という構成概念で説明され，評価と行為の関係は，好きだから買うという単純な関係が成立するかどうかと同じように分析することができる。

TPB モデルやこのモデルの派生形は，コンピュータのソフトウェアが進化して共分散構造モデルが簡単に利用できるようになったことから，マーケティング・リサーチにおいてもよく用いられるようになった（共分散構造モデルについては豊田（1998）参照）。中学や高校では茶髪を校則で禁止しているところもあるが，化粧品メーカーのヘアカラーについて調査を行う場合，個人としては髪を染めたくても先生の目がうるさいから髪を染めないというような事情をモデル化しなければならない。自分自身の好みの強さと周囲の目の強さの綱引きが，同時に表現されているような構造のモデルを構築する必要がある。

　個人の評価に加えて，周囲からのプレッシャーや，行動統制感が，同時に態度や行為に影響するという構造は，さまざまなマーケティング活動の正当性を主張するためのモデルとしてきわめて相性がいいことも，このようなモデルが使われるようになった理由である。態度から行為を説明するという構造は，関係する組織の人々を説得するための手段として優れている。綱引きの結果，対象に対する好意的な態度が社会規範からのプレッシャーを上回れば購入することになるが，社会規範からのプレッシャーのほうが上回れば購入を断念することになる。

　もちろん，社会規範からのプレッシャーはマイナスとは限らない。社会的に好ましいと考えられているもの，たとえば教育に対する投資などはプラスの影響が出るはずである。次章で TPB モデルから派生したモデルによる実証的な分析を紹介するが，直面する課題に対応して具体的にどのような変数を加えるかを考えることが重要である。調査対象となる地域により社会規範が大きく異なるような状況では，変数選択に慎重なる事前の準備が必要になるだろう。

　このように，状況に対応して変数を考えモデルに取り込むことで，図3で分類された4つのすべての場合について，観察されたデータを論理的に説明することができることがわかった。ただし，もし回答者が自分自身の気持ちを故意に偽って答えたとしたらどうなるのであろうか。次節では，回答者が嘘をついている場合について考えてみたい。

3. 評価に嘘が含まれるとき

　前節で検討したように，評価と選択の関係にはさまざまな要因が作用し，必

ずしも好きなものを選択するといった直線的で単純なモデルで説明できるわけではない。しかし重要なことは，とくに論理的に矛盾するようなケースにおいて，その本当の理由をデータとして測定することが現実にはかなり困難であることを理解することである。今日では，ビッグデータの時代といわれ，ますます膨大なデータが自動的に記録され分析されるようになっているが，だからといって本当に知りたいデータが観測されているかといわれれば，実はそうではない場合が多いと筆者は考えている。

　毎日よくお酒を飲んでいる人が，本当にお酒が好きで楽しんでいるのかどうか。お酒は好きでないのに，無理やり飲んでいる可能性がある。同じ人でも，状況が変われば気持ちは異なる。営業マンだから仕事でやむをえず飲んでいる，人間関係のストレスに耐え切れずに飲んでいるといった，その時その場の文脈に評価や行為が大きく左右される。こんなことは，いわれれば誰でも当たり前だと思うだろうが，実際に収集されているデータには，どんな状況でどのような理由からどのブランドをどのくらい消費しているかといった，文脈を含めた事細かなデータは通常記録されていない。このような不完全なデータを大量に集めてプールし，好きだから選択するといったモデルに当てはめ，安直に分析結果を解釈することの危険性については十分認識しておく必要がある。回答者の本心を，データだけから機械的に判断することは難しいからである。このような文脈と評価や選択の関係については，第4章と第5章で詳しく考えてみたい。

　ただしその議論に入る前に，そもそも測定されたデータが正しく被験者の本心を測定しているかどうかを検討しなければならない。なぜならば，人間には機会主義的な性向があり，嘘をつくことがあるからである。そして，嘘をつかれたほうも，限定された合理性しか持ち合わせていないので，相手の嘘を見抜けないかもしれない。すなわち，第1章のアメリカ大統領選の事例でも触れたが，観察されたデータそのものに嘘が入っている可能性を考えておかなくてはならない。嘘というと聞こえは悪いが，自分のことをよく見せようと本心を隠したり，あるいは，聞く人の立場を考えて聞く人に都合がいいように答えたりするといえば，日常生活においても思い当たる節はあるのではないか。仕事でも，「予定通り順調に進んでいるか？」と聞かれた部下が，本当は遅れていても何とか挽回できると安直に考えて，上司に対して「はい」と答えることなど

は，その例である。

　少し横道にそれるが，第 1 章の冒頭で述べたように，交換，すなわちお互い
の経済的な取引が成立することが分業による協業には不可欠である。また，と
くに企業経営においては，将来は不確実であり，したがって取引の内容も複雑
にならざるをえない。企業活動を行っていくうえで，お互いがお互いの本心を
図りかねているような疑心暗鬼の状況は，好ましくないことはいうまでもない。
さらに，相手が機会主義的に振る舞う可能性があれば，なおさらである。この
ような取引に付随するコスト，すなわち取引コストをどのようにマネジメント
すればいいのだろうか。この問いかけに対して，ウィリアムソン（1980）や
Coase（1937）といった経済学者は，組織という制度を理論的に考察すること
で答えようとした。人々が機会主義的な行為をしないと仮定することができれ
ば，組織論もずいぶんと違うものになっているだろう。しかし，統計学やマー
ケティング・リサーチでは，残念ながらこのような問いかけがなされることは
なかったように思われる。

　統計学やマーケティング・リサーチで，この問いかけがなされなかった理由
は，観察されたデータが数字に置き換わってしまったら，本人は嘘をつくつも
りがなかったのに無意識的についた嘘と意図的についた嘘を区別することが難
しいということが根底にあるのではないだろうか。少し古典的だが，次のクイ
ズを考えてもらいたい。

　　「旅人が分かれ道にやってきた。片方は正直村に，片方はうそつき村へと
　続いている。旅人は正直村に行きたいのだが，どっちが正直村なのかがわか
　らない。そこに村人がやってきた。旅人はこの村人に 1 回だけ質問をして正
　直村に行く道を見つけだすにはなんと聞けばいいか。ただし，村人は正直村，
　うそつき村，どちらかの住人ではあるが，どちらの住人かわからない。また，
　正直村の住人は必ず正直な答えをし，うそつき村の住人はかならず嘘の答え
　をする」（出典：多湖輝『頭の体操』）。

　このクイズには，答えがある。片方の道を指差し，「あなたの住んでいる村
はこちらですか？」と尋ねればいいのだ。尋ねられた村人が正直村の人なら正
解を教えてくれるし，もしうそつき村の住人であれば，正直村に行く道なら

"はい"と答え，うそつき村に行く道なら"いいえ"と答えるからである。つまり，このように問うことで，リスクを完全に回避することができる。ただしそれは，正直村の人は必ず正直に答え，うそつき村の人は必ず嘘の答えをするからである。理由はわからないが，うそつき村の人たちは必ず確信的，意図的に嘘をつく，という点が重要である。うそつき村の人にはいつも嘘をついてもらわなければ，面倒くさいことになる。もし，正直村の人は正直な答えをする確率が高く，うそつき村の人は嘘をつく確率が高いというような状況を仮定したら，この単純な答えは成立せず，道の選択には必ずリスクが伴うことになる。そして，どちらの村民に会う確率が高いか，どの程度嘘をつくかといった情報が与えられていなければ，統計的な意思決定問題にさえ帰着させることはできないだろう。

　このような状況では，統計学ではどちらのタイプの嘘も回答者の気まぐれとして処理される。意図的に嘘をつくわけではなく，たまたま間違った答えをしたというように善意に解釈するのである。すなわち，意図的に嘘をつかれるような状況はデータ測定上の問題として処理され，データの正確性について，回答者が意図的にデータを偽って答えた（フェイク・データ）といった側面から議論されることはない。つまり，数量的なモデルで分析する場合，嘘も気まぐれも誤差項として同様に扱われるのである。あくまでも気まぐれは誤差項であり，サーベイ調査のデータでも被験者の心を正しく測定しているという前提に立っている。

　しかし，答える人たちが，集団的に嘘をつく可能性はないのだろうか。私たちはうそつき村の人ではないので，全員が意地になって嘘をつく必要はないが，分析結果に無視できない程度の割合でフェイク・データが含まれてしまう可能性はないのか。もし，このようなことが起きたら，分析結果にどんなことが起きるのであろうか。また，意図的に嘘をつく状況が事前にわかれば，データ収集の時点で工夫できるようになるのだろうか。もっと重要なことは，どのようなときにこのような事態を心配する必要が発生するのだろうか。以下では，虚偽の回答について，図5のそれぞれの状況について整理して考えていきたい。ここで注意したいのは，行為は事実として観察されるので，ここでいう虚偽のデータは行為ではなく，評価の部分に限定される点である。

　まず，右上のセルを見てみよう。本心は好きなのだが本心を偽って，嫌いだ

図5 評価と行為に嘘が含まれるとき

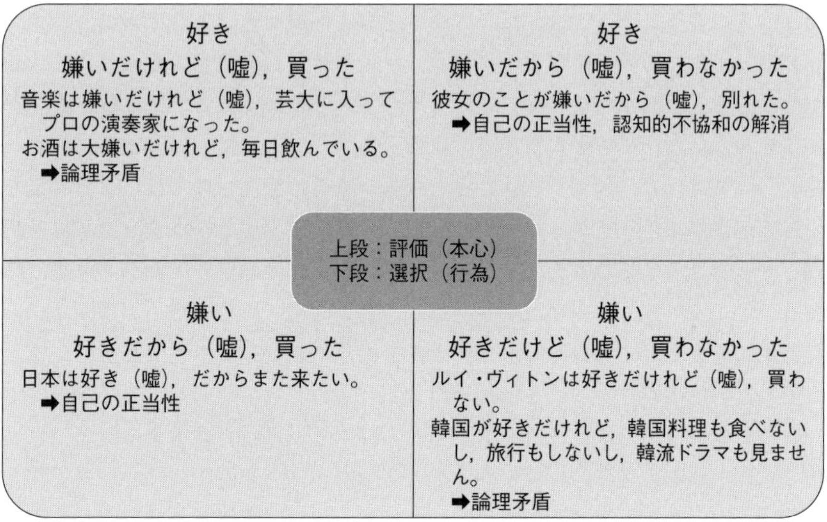

好き 嫌いだけれど（嘘），買った 音楽は嫌いだけれど（嘘），芸大に入って プロの演奏家になった。 お酒は大嫌いだけれど，毎日飲んでいる。 ➡論理矛盾	好き 嫌いだから（嘘），買わなかった 彼女のことが嫌いだから（嘘），別れた。 ➡自己の正当性，認知的不協和の解消
	上段：評価（本心） 下段：選択（行為）
嫌い 好きだから（嘘），買った 日本は好き（嘘），だからまた来たい。 ➡自己の正当性	嫌い 好きだけど（嘘），買わなかった ルイ・ヴィトンは好きだけれど（嘘），買わない。 韓国が好きだけれど，韓国料理も食べないし，旅行もしないし，韓流ドラマも見ません。 ➡論理矛盾

から選択しないと回答するケースである。どのような場合に，このように答える動機が生じるのだろうか。一見，負け惜しみの回答に見えるが，選択しなかったのではなく選択できなかった場合，そのことを正当化するために本心を偽ることはありうることである。消費者行動論では，回答者の認知的不協和の解消といったよく知られた自己正当化の感情により，このような現象を説明している（たとえば，Festinger（1957））。認知的不協和理論では，私たちは自分は賢い選択をしたのだと思いたいので，選択しなかった対象の悪い点を探すことで不協和を解消するとしている。このようなケースは珍しいことではない。

　少し，具体的なイメージを考えてみよう。たとえば，社会的にも評価が高く，自分の周囲の多くの人たちからもうらやましがられるような選択肢があって，自分自身もそれを選択しようと一生懸命に努力したにもかかわらず，残念ながら選択できなかったような場合，その人はどのような感情を抱くだろうか。もし正直なデータを測定することができたとして，TPBモデルを適用することを考えると，選択できなかった理由が自分自身の能力や所得にある場合には，選択対象自体の評価とは別ルートの行動統制感がマイナスに，選択対象の評価はプラスに働くだろう。しかし，認知的不協和解消のためのフェイク・データの場合は，正直なデータに比べて選択できなかった対象そのものの評価が低く，

行動統制感が高く測定されるはずである。相手を低く評価することで，自分の行為を正当化するような気持ちが働くからである。

　認知的不協和ばかりではない。もう１つ例を考えてみよう。ある企業で新しい装置の導入を考えている。選択肢は２つあって，一方は定評がありブランドが確立したメーカーの装置であり，既存製品の性能をアップした新製品である。もう一方の装置は，認知度はまだ低いメーカーのものだが革新的であり性能的にはより優れていると思われる新製品である。かなり高額なので，トップの承認マターである。どちらを選択するかを検討するように指示された担当者は，どのような心理状況になるだろうか。このような場合には，本心を偽るような現象が起こりうることが知られている。

　優れた商品とわかっていても，その製品の良さを理解することが難しいようなケースでは，革新的な製品がなかなか普及しないことはよくあることである。ロジャースの普及理論の研究がよく知られているが（Rogers（1983）），一般消費財ではなく，企業が革新的な製品を導入するかどうかといった産業財の分野でも優れた性能の製品がなかなか普及しないことがある。普及がある段階で壁にぶつかってしまう現象はキャズムといわれたりするが，それは新製品の受け入れを評価する担当者にとっては，革新的なメーカーの新製品が合理的に考えれば優れていると判断されたとしても，トップの専門知識が不足しているようなときに起こりうるとされる。

　このような場合には，革新的な新製品を選択するべき理由をトップに説明しても理解してもらうことや，説得することは困難である。そのような状況において，もしその新製品が期待外れだった場合には，誰が責任を問われるのだろうか。すべての責任が，評価した担当者に負わせられるかもしれない。担当者の予想した通りにうまくいったときには新製品の性能が良かったとされ，失敗したときには自分のせいにされるといった状況では，リスクを誰がとるかという話になる。そのときには，ブランドが確立した定評あるメーカーの製品を高く評価し，本心では優れているとは思っても選択しなかった革新的な新製品に対する評価を低くして，選択しなかった理由を合理的に説明するように行動したとしてもおかしくはない。実は，この問題も上述した“文脈”が評価と選択に大きく影響している。担当者にとっては，本心を偽ることが合理的な場合があり，正直なデータの測定が難しくなる。

いずれの場合でも，嫌いだから選択しないというロジックとデータは整合的であり，統計モデルの分析結果は幸か不幸かまったく問題なく解釈されるであろう。統計学的には問題を発見することは難しい。さらに，回答者の心の中に，選択できなかったものに対する妬みやひがみといったネガティブな感情が次第に生まれてきてもおかしくない。これはマーケティング・リサーチの守備範囲ではないが，マーケティングを考える際には重要である。しかし，重要であるにもかかわらず，測定するのは困難であるゆえに，マネジメントすることが難しい。もちろん，嘘をつく回答者がそれほど多くなければ，推定上は深刻な状況にはならないかもしれない。しかしこの場合でも，観測データのばらつきから生じる推定量の不安定さ以上の深刻な影響が出ることは避けられない。当然のことながら，このような分析結果に基づいてマーケティング活動を組み立てていくことには，予期できないリスクがあることを覚悟しなければならない。

　同様の理由は，左下のセルにも当てはまる。選択対象が嫌いであるにもかかわらず，"好きだから選択した"と回答する場合である。ここでも，好きだから選択したというロジックとデータは整合的であり，統計モデルの分析結果は問題なく解釈されるであろう。統計学的には問題を発見することは難しく，やはり，このような分析結果に基づいてマーケティング活動を組み立てていこうとすることは大変危険である。ただし，（本心では嫌いだけれど）好きだから購入した，あるいは，（本心では好きだけれど）嫌いだから買わなかったというようなフェイク・データは，参与観察やフォーカス・グループ・インタビューなど，現場における定性的な調査により見抜くことができるかもしれない。定量的なデータばかり見て現場を見ていない分析者に，定性的な調査を通じて分析結果の適否を確認する必要があるのは，このような理由からである。定性的な調査で，回答データに嘘が多く含まれていることに気づくことができ，定量調査の分析結果を見直すことができる。

　このように右上のセルと左下のセルは，たとえフェイク・データが混入していたとしても，幸か不幸か合理的に解釈することは可能である。それに対して，左上のセルと右下のセルは合理的な解釈すら難しい。まず，左上のセルを考えてみよう。本心は好きなのだが本心を偽って，"嫌いだといいながら購入する"ケースである。本書のサブタイトルにある，「嫌いだけれど買う人たち」がこれにあたる。もう少し正確に表現するなら，自分の購入した製品に対する評価

が，買わなかった製品の評価より低いというケースである。もちろん，性能が低かったり所得制約のせいであったりするのではない。競合製品と同じような価格帯にあり競合製品と同じように購入可能であったにもかかわらず，評価の高い競合製品ではなく評価の低い製品を意図的に購入している場合である。上述した，認知的不協和解消とはまったく逆の対応をしていることになる。認知的不協和解消理論に対する挑戦といってもいい。第3章で詳細に議論されるが，実は，反日感情下の中国消費者の日系の乗用車に関するデータは，まさにこのケースにあたる。

4. データは状況依存的に変化する

どのように考えたら，合理的に説明できるのだろうか。どのような解釈が可能なのだろうか，もう少し考えてみたい。好きなものを周囲に対して嫌いだといわなければならない状況は多い。とくに，社会規範に反するようなものに対しては，このような状況が一般的に観察されるはずである。江戸時代の隠れキリシタンはこの事例である。しかしこの場合は，集団の信念は変わらない。しかし，集団の信念そのものが，状況により変わる場合がある。測定されるデータが状況依存的に変化してしまうケースである。この問題を検討するために，学校におけるいじめ問題について考えてみたい。

たとえば，"あなたは，いじめをしていますか"といった質問をした場合，どのような回答が返ってくるだろうか。この質問に対して，"はい，自分はいじめています"とか，"いじめがあることは認識していますが，私は見て見ぬふりをしています"と答える人はほとんどいないだろう。全員が"いいえ"と答えても，まったくおかしくない。もし，多くの生徒が，"いじめがあることは認識していますが，いじめっ子からの報復を恐れて，見て見ぬふりをしています"と答えてくれれば，少なくとも学校はいじめがあることを認識できることになる。

この場合，重要なことは，多くの人が本心からいじめに反対であるという変わらぬ信念を持っていたら，いじめ問題は起こらないはずだということである。すなわち，少なくとも，いじめが好きな人たちがある一定数存在することや，サーベイ・データからは見えないいじめ問題が現実に起こっていることを理解

図6　いじめの限界質量

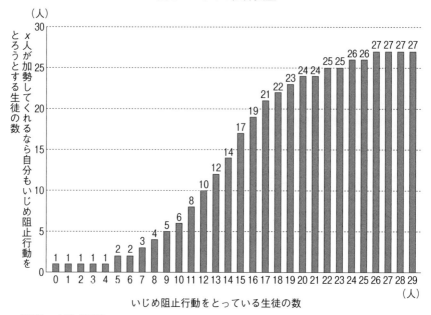

（出所）　山岸（2002）。

するためには，ほとんどの生徒が "いいえ" と答える何か別の理由を考えなく
てはならない。繰り返しになるが，いったん数値化されたデータはそのまま処
理されるので，嘘かどうかを見分けることは難しいからである。

　いじめが好きな人と嫌いな人がいるはずであるが，本心を偽って回答してい
るかどうかが見分けられないような状況において，どのような回答が観察され
るのかを考えてみる必要がある。このいじめ問題とデータの関係は，山岸
（2002）の頻度依存行動の説明が大変参考になる。頻度依存行動とは，その選
択から得られる自分の利益（満足感，効用）が，他の人がとるその選択に依存
する行動のことである。山岸は図を用いて，この頻度依存行動を説明している。
図6は，ある架空のクラスに生徒が32人いるが，いじめのボスといじめられ
ている1人の生徒の2人を除いた30名の "いじめ阻止行動" に対する意識を
表している。この30名の生徒が頻度依存的に行動すると仮定すると，どのよ
うな状況が生まれるのであろうか。この問題は大変興味深いので，以下では山
岸の説明に従って少し詳しく見ていきたい。

図中の横軸は，いじめ阻止行動をとる人数であり，縦軸は，もし横軸のX人がいじめ阻止行動をとったらその行動に同調する人数を示している。この図では，多くの生徒はいじめられている生徒がかわいそうだと思い，いじめが悪いことであると思っていても，"いじめ"に加担するか，見て見ぬふりをすることで，自分の身を守る行動をとることがわかる。

　たとえば，横軸上の12人の縦軸の値（高さ）は10人であるが，これは12人がいじめ阻止行動をとってくれるならば私も同調する（いじめ阻止行動に加わる）という意見の生徒が10人いることを意味している。すなわち，12人がいじめ阻止行動をとっていたとしても，それに同調する人は10人しかいないので，今度は横軸の10人の高さを見てみると，6人しかいじめ阻止行動に同調しないことがわかる。この作業を続けていくと，最終的に自分以外クラス全員が見て見ぬふりをしても1人でも阻止行動をとるという事態に収束していくことがわかる。すなわち，いじめ阻止行動の初期値が12人の場合は，29人がいじめに参加，もしくは見て見ぬふりをするという意思表示を示したことを，この図は意味しているのである。13人からスタートしても，結果は同じである。

　それでは，もし15人が阻止行動をとっていたとしたらどうなるのであろうか。横軸の15人の高さは17人である。15人が阻止行動に動けば17人が同調するということを意味しており，横軸の17人の高さは21人となることがわかる。この作業を続けていくと，最終的に27名がいじめ阻止行動に参加することがわかる。すなわち，もし15人がいじめ阻止行動をとったとすると，27人がいじめ阻止行動に参加するという意思表示を示すことになる。12人からスタートしたら29人がいじめを容認したのに対して，15人からスタートしたら27人がいじめ阻止行動に自分も参加する態度をとるのである。12人，15人という初期値に依存して，最終的な状態が決まることを図6は示しているのである。また，ボスを含めて4人は，首尾一貫していじめ肯定派であることがわかる。

　さて，それでは初期値が14人の場合はどうであろうか。14人が阻止行動をとったときに同調する人は14人であり，この場合はここにとどまっていることになる。この14人を限界質量と呼ぶ。限界質量を超えれば，いじめ阻止行動する意思のある人は全員同調することになり，限界質量を下回れば，周りの

人に左右される人は全員いじめを容認することになるのである。このように，周囲の人たちとの関係に左右されて自分自身の行動を決めていく頻度依存行動をとる集団は，限界質量を超えるか超えないかで均衡状態が異なってくるのである。

　この架空の事例で興味深いのは，32 人のクラスに 4 人のいじめ肯定派が存在しているが，このたった 4 人の存在が，限界質量を下回る状況になると，1 人を除くクラス全員の集団意思を決定してしまうということである。集団意思は必ずしも多数決で決まるわけではないことをよく理解しなければならない。この考察によれば，限界質量を超えているかいないかで，測定される評価と行為のデータの関係がまさに正反対になる。限界質量を超えていれば，"いじめ"は悪いことで，クラスに"いじめ"はないという事実と完全に符合する。もし，限界質量を下回っていれば，"いじめ"は悪いことという評価データが測定されても，実際には"いじめ"が行われているというように，評価と行為が完全に矛盾することになる。

　ところで，山岸（2002）では，どのようにしてこのような分布を測定できるかは示されていない。常識的には，"あなたは何人の人がクラスのいじめに対して阻止する行動を起こしたら，その行動に参加しますか"といった質問が思い浮かぶが，現実的には測定はかなり難しいのではないかと思う。山岸のこの架空のクラスの説明は，正高（1998）の研究に基づいている。正高は，実際に学校に出向いてデータを収集している。そもそも学校が調査を受け入れてくれる段階で，データ収集がいかに難しい作業であるかが書かれているので，サーベイ調査で生徒からデータをとっているが，本来このような現象を捉えることは難しいように感じる。また，現実には同じクラスにおいても，生徒間の関係性の強さには濃淡があり，いくつもの仲良しグループに分かれていると思われる。グループ内のコミュニケーションは密だが，グループ間のコミュニケーションは疎であるといったようなことが考えられ，このモデルが想定しているように一様に結びついているわけではないだろう。このような要因も，図 6 にあるような分布に影響すると思われる。

5. 異なった母集団からのデータの比較

　このような複雑なケースではなく，言説と行為が矛盾するような分析結果を出すことはそれほど難しいことではない。"いじめ"の事例は，同じ集団内でのデータであったが，このように行為が文脈に依存して変わるといった問題ではなく，異質な母集団の場合には，測定されたデータを意識的・無意識的に自分の主張に沿うような結果を出すために用いて，好きだけれど選択しないという現象があたかも存在するかのような分析結果を示すことは可能である。

　たとえば，次のような事例を検討してみよう。日本も IEA（国際教育到達度評価学会）が行っている TIMSS（Trends in International Mathematics and Science Study）と呼ばれる算数・数学および理科の到達度に関する国際的な調査に参加している。国立教育研究所が公表している 2011 年度版の数学の調査結果が，表 1 に示されている。4 年に 1 度行われているこの調査の分析結果の概要を見れば，日本の小学 4 年生と中学 2 年生の成績が世界的に見てすばらしいものであることがわかる[4]。

　表 1 を見れば，日本より成績がいいのは，シンガポール，韓国，香港，台湾といった国々であるが，興味深いのは，日本の生徒は数学が好き，数学が楽しいと答える人の割合が圧倒的に低いことである。表 1 を見ればわかるように，この傾向は台湾や韓国でも同様である。相対的に成績の低い，イタリア，ハンガリーなどは数学がとても好きな生徒が 6 割近くもいるのに，日本や韓国，台湾などは 3 割程度である。わかりやすいように，表 1 のデータを国別に加重平均して作成し，縦軸に平均点，横軸に算数好きの程度をとってプロットしたのが図 7 である。算数好きの程度は，「強くそう思う」を 4 点に，「まったくそう思わない」を 1 点にして計算している。また，図中の点線は回帰直線を示す。算数好きと得点は負の相関があることがわかる。したがって，この図からは算数が好きな人は，算数の得点が低い（算数が苦手）という解釈をすることができる。この解釈は，正しいのだろうか。

　もっと極端に，数学が好きになると成績が下がるというような解釈は可能だろうか。調査データを国別に見れば，すべての国で算数が好きな生徒のほうが算数の成績が高いことが見て取れるので，この主張は誤っていることがわかる。

表1 小学校4年生における「わたしは，算数が好きだ」の結果

国／地域	強くそう思う		そう思う		そう思わない		まったくそう思わない	
	児童の割合（%）	平均得点	児童の割合（%）	平均得点	児童の割合（%）	平均得点	児童の割合（%）	平均得点
日　　本	31.1	606.1	34.8	590.8	21.9	572.4	12.2	546.1
オーストラリア	52.4	528.3	25.0	513.6	10.3	513.1	12.3	484.9
台　　湾	35.4	606.2	27.0	596.2	18.0	591.1	19.6	561.6
イングランド	51.5	544.7	27.8	550.2	10.2	541.3	10.6	521.5
フィンランド	37.1	553.5	28.3	554.7	17.8	540.4	16.8	521.6
ド　イ　ツ	47.5	537.6	28.5	530.8	13.6	523.4	10.4	508.4
香　　港	52.7	612.6	26.9	596.0	12.7	592.0	7.7	568.3
ハンガリー	56.4	529.2	23.9	508.5	9.7	497.9	9.9	487.8
イ タ リ ア	56.8	516.1	26.1	507.1	8.2	498.5	8.8	477.2
韓　　国	27.9	626.7	36.9	608.8	24.5	592.0	10.7	568.4
ロ シ ア	67.2	548.2	22.4	537.0	6.9	527.6	3.5	505.2
シンガポール	51.2	619.7	27.9	604.6	11.5	590.7	9.3	563.9
スウェーデン	44.5	505.2	30.4	511.3	15.9	504.1	9.3	487.1
アメリカ	52.5	547.3	24.9	546.2	10.0	540.3	12.5	517.3
国際平均値	58.7	499.7	22.7	488.8	9.5	478.2	9.0	461.2

（注）　四捨五入による誤差のため，いくつかの結果は一致しないことがある。
（出所）　国立教育研究所。

図7 算数好きと点数の関係

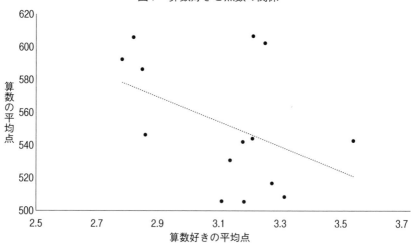

算数が好きと答える，答え方にお国柄が出ているのである。データの分布を国ごとに見ることも重要である。このように，データを詳しく見ることですぐわかることでも，多国間比較の調査結果は，往々にして悪意を持って解釈することで，メディア受けを狙ったものが見受けられる。多国間の比較は重要であるが，日本について論じている調査レポートには注意しなくてはならない。また，このような調査は，一時点ではなく時系列のデータをあわせて読むことで，不要な解釈の誤りを防ぐことができる。日本のデータだけで詳細に分析すれば，数学が好きな人の成績は数学が嫌いな人の成績より良いことは統計的に検証できるはずである。そして，このような傾向が時系列的にどのように変化しているかというデータは，教育に関わっている人たちにとっては重要な情報を提供するはずである。

　高野（2008）の『「集団主義」という錯覚』では，このような文化的な差異による答え方の違いではなく，自分が属している集団のどのような人をイメージして答えるかで，たとえば，集団主義かどうかというデータの測定に文化的な差異が見られなくなる様子を準拠集団効果として説明している。このように，異なる母集団をまたがるデータの収集には問題が発生する可能性があることは，認識しておかなくてはならない。ただし，統計学を少し勉強をすれば異なる母集団のデータを一緒にして分析することは問題があることはわかっていても，収集されたデータについての異質性の検討はあまりなされない。これは，人種などの生得的な属性との関連性などは政治的に込み入った問題があるので，学問的な実証研究はあまり行われていないことにもよるのではないかと思われる。

　ところが，次章で取り上げるデータは，嫌いだけれど選択するという奇妙なものなのである。もし，社会規範に反しているために好きなものを嫌いであるというのなら，その製品を購入することはないはずである。その製品を選択したことが周囲の人たちにわかってしまったら，社会的な制裁を覚悟しなければならないからである。隠れキリシタンは，キリシタンであることを悟られてはならない。もし，社会規範に反していないのなら，嘘をつく理由はない。もし，行動統制感が弱いことでその製品を選択することはできないとしたら，自己を正当化するために，好きなものを嫌いであると言うことは考えられるが，その場合，製品は選択されないのである。このように，どのように考えても論理的な矛盾を説明できないのが，図3と図5の右下と左上のセルである。このよう

な理解に苦しむデータが測定された理由を探ることも，本書のテーマの1つである。

◆ おわりに

これまでの議論を整理すると以下のようになる。

(1) マーケティング・リサーチのモデルは道具主義的にならざるをえない。しかし，消費者行動理論を適宜組み込むことのできる点で道具主義的な属性アプローチは優れており，評価と行為の関係を明らかにする実証研究の基本構造を提供している。

(2) TPBモデルは，属性アプローチに加えて，周囲のプレッシャーや，行動統制感を考慮することで，被験者が虚偽の回答をしないという前提があれば，製品の評価と行為の関係を正しく分析することができるだろう。

(3) 好きだから選択する，嫌いだから選択しない，好きだけれど選択しない，嫌いだけれど選択するという4つのパターンに分類することで，文脈により回答が異なることを整理し，消費者行動研究の知見により，それぞれをどのように説明することが可能かを検討した。

(4) 評価と行為の4分類のそれぞれにおいて，意図的に虚偽の回答をする場合について考察した。消費者行動の知見により，どのような状況でこのような事態が発生するかを予測できる場合と，どのように考えても合理的に解釈できないケースがあることがわかった。"嫌いだけれど買うという現象"は，合理的に説明することは難しいことが明らかにされた。

次章では，"反日"感情という特殊な状況下において，"嫌いだけれど買う"というデータが測定されることを示し，マーケティング・リサーチのオーソドックスな手法による分析結果の検討を行う。

第3章

言説と行為の矛盾

◈ はじめに

　マーケティング・リサーチについて，第1章では説得するための構造について，第2章では対象に対する評価と行為のデータの分類について考察し，想定外のデータが測定される可能性について検討した。本章では，まず消費財関連のマーケティング・リサーチでよく行われている"ブランド調査"について，なぜブランドに着目しなければならないか，その理由を考える。そのうえで，とくに中国の消費者を対象に行われたブランド調査データに焦点を当てて，ごくオーソドックスな分析手法で分析した結果に基づいて，中国の消費者の特徴を検討する。さらに，反日感情を明示的に取り入れた敵意モデルによる日系ブランドの実証研究を詳細に検討することで，1つひとつの分析は統計的に仮説を支持しているにもかかわらず，全体として日系ブランドに対する言説と行為が矛盾していることを示す。このような意図せざる実証結果を確認することで，第2章で検討した想定外のデータが実際に測定された理由を検討する。

1. ブランドに注目すべき理由

　選択するためには代替案を評価し，序列をつけることが必要である。そのために有効なのが，道具主義的な発想であり，マーケティング・リサーチでは属性アプローチが重宝されている。この属性アプローチにおける属性は，消費者に価値をもたらす客観的で操作可能な属性に限らない。製品の持つ科学的に測

定可能である客観的な機能は，消費者によって主観的に知覚され評価されるが，そのような客観的な属性だけではなく，そのものから得られる情緒的な側面，すなわちブランドの持つ主観的な属性も，製品全体の評価に大きく関わる場合は多い。とくに，高価で関与の高い製品を評価する場合には，製品の機能的な側面よりも，ステータス・シンボルなどブランドとしての機能が評価される割合が高くなる。

　このブランドに対する実務家の関心は，1980年代から企業のM&Aやブランドの売買が活発になり，「見えざる資産」に注目が集まるようになってからますます強くなったが，研究自体は古くからあり，研究の蓄積も膨大である[1]。また，研究のアプローチも史実の研究から数理モデルによる解析まできわめて多様なものがある。本節では，消費者が主観的に評価する属性の代表選手である“ブランド”について，本書の今後の展開に関係のあるごく限られた範囲で，簡単に整理しておきたい。

　ブランドと聞いて，何を思い浮かべるだろうか。第1章で，交換がスムーズに行われることが社会的に求められており，マーケティングの役割はまさにストレスなく交換が行われるような状況を生みだすことにあることを述べたが，天野（2003）の『私説　広告5千年史』を見れば，古今東西，モノ余りの現在でなくとも，いかに古くから商人たちがスムーズな“交換”を目指して，「売れる」コピーを考え，あくなき努力を続けてきたかがわかる。ブランドも，このような努力の中から生まれてきた。売り手と買い手の関係には，普遍的に越えなければならないハードルがある。

　たとえば，品質の評価とブランドの関係については，経済学では取引コストや情報の非対称性といった観点から研究されている。上述したように，ウィリアムソンは，売り手と買い手の交渉において，売買の対象となるものの評価には，人間の合理性の限界，不確実性，情報の偏在と人間の機会主義的な性向，実質的な取引相手が少数に限定されるといった要因により取引コストが発生し，そのことが原因となって売り手との信頼関係が阻害されると考えた。

　たとえば，相手との信頼関係がない場合には，将来の不確実性に対して事細かく契約関係を結ばなければならない。あるいは，人間には相手をだましてでも自分の利益を優先する性向があるので，相手が嘘をついていないかを確かめなければならない。このような，しっかりとした信頼関係があれば節約できる

取引コストが，現実には取引を大きく左右するのである。人は状況依存的に行動するので，いつもは嘘をつかない人が，たまたま嘘をつくこともある。このような状況の中で，取引がスムーズに行われるための信頼の証がブランドなのである。しっかりしたブランドを築くことで，消費者とのコミュニケーションにおいて不必要なコストをカットすることがマーケティングに求められる。すなわち，買い手が期待するレベルの品質を保証し，買い手から信頼されることが，人々から期待される最も重要なブランドの機能であり，取引関係を円滑にするための人間の知恵である。

　取引コストと同じように，売り手と買い手の情報の非対称性も，取引を阻害する大きな原因となる。「アカロフのレモン」（不良品のことをレモンという）の説明がよく知られている。アカロフは，売り手は製品の品質を把握する能力を有しており良品か不良品かを識別できるが，買い手に識別能力がない場合は，市場が成立しなくなり取引関係がなくなるということを論理的に示した[2]。すなわち，もし買い手が品質について十分な情報を持っていないがゆえに，売り手の製品の平均的な品質についての価格しか支払わないとすると，品質の高い製品の売り手は品質に見合った価格で売ることができないので，市場からなくなってしまう。人間の機会主義的な行為によるモラル・ハザードが原因で，逆選択が起こり，市場が失敗することを論証したのである。

　まさに，悪貨が良貨を駆逐し交換経済が成立しなくなる状況を情報の非対称性というロジックで説明しているわけだが，この市場の失敗を回避するためには，情報弱者である買い手が安心して買うことのできる環境をつくらなければならない。そのために，モラル・ハザードが起きないようにモニタリングすることや，製品に保証書を付ける，あるいは品質を保証するブランドを確立するといったことが必要になる。そのような工夫により，市場の失敗を回避し，ようやく円滑な取引を行うことができるようになるのである。たとえば，Klein and Leffler（1981）は，高品質を求める消費者が企業に対して品質を保証するインセンティブを与えるためには，高品質のための製造コストを上回るプレミアムを支払う必要があることを示している。

　このようなブランド・レベルの品質評価と価格の関係については，古くからConsumer Reports のような第三者機関により各ブランドに対する検証が行われている。半世紀以上前の実証研究であり，衣類，食品を中心とした35の製

品についての Consumer　Union の品質評価を用いた Oxenfeldt（1950）の先駆
的な研究によれば，価格と品質の相関係数は平均で 0.25 であり，下限値がマ
イナス 0.81（負の相関は 9 製品で見られた），上限値が 0.82 という結果であった。
このような品質と価格をめぐる実証研究は，その後多くの研究者により行われ
てきた。Tellis　and　Wernerfelt（1987）は，このような 9 つの実証研究のメタ
分析から，価格と品質には平均で 0.27 と弱いながらも正の相関があり，とく
に，耐久消費財，製品の価格帯が広い製品カテゴリー，および購買前に試用す
ることが可能な非包装製品など，消費者がより多くの探索努力をする場合に相
関が強くなることを示し，情報量が増加するにつれ価格と品質の結びつきが明
確になる傾向があることを指摘している。

　情報技術の進展により新たに登場した最近のシェアリング・エコノミーや急
成長を続ける e コマースなどでも，基本的な構造は同じである。売買関係が成
立するために，信頼関係のない売り手と買い手が，どのようにしたら機会主義
的な行為のリスクを乗り越えてお互いにとって満足のいく結果をもたらすこと
ができるか，さまざまな仕組みがビジネスモデルの中に埋め込まれていること
がわかる。ここでは，たとえば Amazon，Airbnb，メルカリ，食べログ，@
コスメのように，プラットフォーム自体がブランド化されていることも重要に
なる。ブランド化することで，安心してより多くの人々が参加し，その結果，
取引が成立する確率が高まり，売り手と買い手に対する相互のチェックデータ
が蓄積する結果，プラットフォームそれ自体の魅力度が上がるという好循環に
入ることができるからである。顧客との信頼関係が崩壊したら，ネット上のプ
ラットフォームなど霧散してしまうだろう。

　アカロフのレモンの例は，情報強者の売り手が情報弱者の買い手に機会主義
的な行いをすることからくる問題点を明らかにしているが，そもそも品質評価
が容易な製品と品質評価が困難な製品では，ブランドの役割と重要性が異なる
ことも考えられる。比較的広範囲にわたるマーケティングとの関連に着目した
価格研究のレビューには，たとえば，Nagle（1984），Rao（1984），Rao（1993），
古川（1993），古川・白井（1994）などがあるが，この中には製品評価が容易さ
と価格弾力性との関連性について検討した研究も多い。

　価格弾力性とは，価格の変化率に対応する販売数量の変化率の比であり，価
格の変化に対して販売数量がどの程度敏感に反応するかを表している。そして，

品質評価の容易さは，製品を，探索財，経験財，信頼財に分類することで議論を整理することができる。探索財というのは，コモディティであり，どこでも品質に変わりがないと思われるような製品のことである。経験財は，使ってみればその製品の価値がわかるような製品であり，信頼財は使ってみてもその製品の良さが評価しにくいような財を指す。典型例としては，探索財はガソリン，経験財は家庭用品，信頼財はファッション性の強いアパレルや高価な化粧品などをイメージすればよい。もし，買い手が情報を取得するのにいかなるコストもかからないとすれば，品質の評価が問題になることはないだろう。しかし，現実には製品特性により情報の取得コストが異なる。もし，消費者の情報取得に費やしてもよいと考えるコストが一定であるとしたら，探索財に比較して経験財のほうが，さらに経験財に比して信用財のほうが，代替案の十分な比較・評価・検討が困難になるはずである。したがって，品質の評価が困難な製品カテゴリーほど口コミなどの情報の価値が高くなり，また価格に対する感度が鈍くなることがわかる。このような観点から，情報の非対称性について考察した先駆的な研究として Nelson（1970）や Darby and Karni（1973）が知られている。

　ガソリンは，どこで購入しても品質に差がないと考えられるので，消費者は1円でも安いガソリンスタンドからガソリンを購入する。それに対して，医学的には必ずしも効果が検証されていなくとも，自分のお気に入りの高級化粧品には惜しまずにお金をかけている人もたくさんいることからもわかるように，化粧品は価格弾力性が低い。このことからわかるように，価格弾力性は，探索財が最も大きく，信頼財が最も小さい。このような事情があるから，コモディティであるガソリンでは価格面が，化粧品カテゴリーでは差別化のために広告などのコミュニケーション活動が重視されるのである。信頼の証はコモディティでも重要であるが，主観的な属性から生まれる満足感の重要性は経験財，信頼財と大きくなる。すなわち，ブランドの果たす役割とその重要性は信頼財で最も大きいと考えられる。

　この点は，売上高に占める広告費の割合でも検証することができる。売上高に占める広告費の比率は売上高広告費比率といわれ，ある仮定の下では，これが価格弾力性と広告支出弾力性の比になることが理論的に示されている[3]。広告支出弾力性とは，広告支出の変化率と販売数量の変化率の比である。簡単に

いえば，広告の効き具合を表している。実際，多くの企業が広告予算の決定にあたって，売上高との関係を意識している。この売上高広告費比率は，一般的に化粧品メーカーのほうが製鉄会社より高い。これは，先に述べた通り，コモディティ（差別化されていない鉄鋼製品）は買い手にとって価格が重要であり，差別化された商品はブランドが重要だからである。ブランド・イメージの構築の努力の大きさは，当然，探索財より信頼財のほうが大きくなる。このように，ブランドといっても，商品カテゴリーによってその役割は大きく異なる。したがって，ブランドとは何かという問いに関しては，さまざまな定義がありうる。競合他社と比べて，自社のブランドが消費者からどのように評価されているかを大変に注意深くモニターしている業界もあれば，ブランドという言葉にほとんど無頓着な業界もある。

　以上のような経済学からの知見は，どの地域でも成立すると思われるが，一般的に，グローバル・マーケティングにおいては地域によって同じ企業の同じ製品でもブランドの理解のされ方が異なるという点が問題になる。このような問題については，各地域における製品の普及率の違いや生活水準の違いなども，ブランドについて議論するうえで考慮する必要が出てくる。

　たとえば，先進国ですでに普及した製品が，発展途上の国々に新しい体験をもたらすような製品として受け入れられた場合などでは，普及率や体験知の蓄積の程度によりブランドの役割が異なることが考えられる。もともと，新しい製品，とくに革新的な製品の品質を評価することは簡単ではない。Rogers (1983) のイノベーションの普及の研究によれば，観察された多くのイノベーションの社会への普及がS字曲線（飛行機が離陸していくようなイメージ）を描くのは，そのイノベーションの評価を自分自身で行うことができ，その判断が他者に影響を与えるオピニオン・リーダーとして定義される人々と，自身ではイノベーションの評価を行わずにオピニオン・リーダーの判断に追随するフォロワーとして定義される人たちという，異質な人々が混在し，相対的に少数のオピニオン・リーダーの判断がじわじわと社会へ浸透していくのに時間がかかるからである。第2章でふれた，キャズムといわれる現象もこの問題に深く関わる。

　普及曲線がS字曲線になるので，横軸に時間軸，縦軸にイノベーションの新規採用者数をとれば，採用者の分布は正規分布のような釣り鐘状の曲線にな

ると考えられる。徐々に普及が進んで集団の先端を行くオピニオン・リーダー層がそのイノベーションを採用すると，それを見ていた多数の人々がオピニオン・リーダーに追随してイノベーションを採用し，社会全体に急速に浸透していくと考えられるのである。このとき，イノベーションが複雑な場合や不確実性が大きい場合，他人の採用状況を観察困難な場合，リスクが大きい場合などでは，そのイノベーションを普及させる難易度が高くなり，それゆえに普及により多くの時間がかかることが知られている。

　これは，新規性のある製品を市場に導入しようとする場合に必ず直面する問題であるが，誰をターゲットにして，どのようなコミュニケーションをデザインするかを考える際に，まず念頭に置かなければならない要因である。次節では，2000年代前半に，北京，上海などアジアのいくつかの都市を中心に調査された，クルマのブランド・イメージのデータを検討するが，クルマが社会に普及してからすでにかなりの年数が経って十分な体験知を持っている先進国の都市の人々と，最新の製品の普及が急速に進んでいるがクルマ社会の体験知がまだ不十分な都市の人々では，クルマのブランドに対する認知や態度に相当の差が出てくることは，イノベーションの普及の研究からも示唆される。

　したがって，同じ製品でもブランドは地域によって，人々から期待される役割も認知のされ方も大きく異なっていることが予想される。このような点も，グローバルにビジネスを展開している企業は，慎重に判断する必要がある。グローバルに首尾一貫し標準化されたブランド戦略をとるのか，地域特性に十分配慮しその地域に合わせたブランド戦略をとるのかは，グローバルにマーケティング戦略を立てる際の最も重要な分岐点となる。

2. ブランドは人々の心の測定装置

　このように，ブランドは製品カテゴリーや地域で役割が異なるが，同じ製品カテゴリー，同じ地域でも，ブランドによってブランドらしいブランドとそうでないブランドがある。たとえば，高級な腕時計カテゴリーでも，社会的に認知されていないただの非常に高価な時計と，いわゆる"ロレックス"のような有名ブランドがある。すべての高級腕時計メーカーは，差別化するためにブランド構築に多大なマーケティング努力を投入するはずであるが，ブランドらし

いブランドに育つものもあれば，ただの非常に高価な時計に終わってしまうものもある。このような課題に対しては，上述した経済学的な知見や社会学的な知見だけでは不十分である。ここでもう一度，マーケティングの視点でブランドに注目しなければならない理由を考えたい。

　ブランドの本質は，人々の記憶にある。記憶されていないものはブランドとは呼ばない。1人ひとりの頭の中に記憶されている知識が，その人のブランドに対する評価や購買行動に影響することこそ，マーケティングに関わる人たちがブランドに関心を持たなければならない理由である。田中（2017）では，鎮痛剤の効果の実証研究により確認された，ブランドのプラセボ効果の話が出てくる。人々の体内における化学的な反応プロセスはわからないにせよ，ブランド名それ自体に頭痛の治療効果があることが検証されたのである。

　記憶している知識は，ブランドのロゴや名前にとどまらない。ブランドを消費する体験を通じて，感動や興奮，忘れられない思い出が各個人に固有の記憶として，そのブランドと結びついて記憶される。したがって，そのブランドを想起する状況が生まれると，さまざまなブランドに関連する連想が頭の中でよみがえってくる。

　しかしブランドのより本質的な価値は，個々人の記憶がバラバラではなく，ある程度共通の構造を持ち連結していることから生まれてくる。1人ひとりの記憶が社会的に共有されていることが重要であり，それがブランドの面白いところである。メルセデス・ベンツというブランドは，高級車というイメージとつながっているが，これもその理解がある程度社会的に共有化されているからこそ，「ベンツ」は価値を持つのである。高性能で高価なクルマであっても，高級車として社会的に認められていなければ，ただの高価なクルマで終わってしまう。したがって，どのような知識が共有されているか，それは競合ブランドと比べてどのような特徴があるかを理解することが企業にとっては重要なのである。そして，そのような理解のうえで，消費者にどのように自社ブランドを理解してもらえば，効果的に購買行動につなげることができるかを考えていかなくてはならない。

　ところで，いったんしっかりとしたブランドの記憶が人々の中に形成され共有されると，その共有された内容を変えることは容易ではない。熱烈な阪神ファンのタイガースに対する記憶を変えてジャイアンツ・ファンにすることが簡

単でないことは容易に想像がつくだろう。ブランドは，頭の中にある引き出しにたとえられることがある。引き出しにはブランド名が刻印されていて，その引き出しの中に，さまざまなブランド連想やブランド体験の思い出などが収納されていくのである。1人ひとりの引き出しの中身は異なっても，それは記憶に収納されているので，競合ブランドがいくら努力しようと容易に消し去ることはできない。頭の中にある引き出しにはそれぞれ各ブランドのラベルが付いていて，その中には楽しかったこと，悲しかったことなどのさまざまな思い出が，累積的に蓄積されていくと考えればいいだろう。熱烈なファンがいるブランドは，その名前を聞いただけで心が躍るファン心理が働く。ファン同士のコミュニティが形成され，ブランド体験を共有することで，その喜びを高め合う行為は，インターネットが普及する中で急速に一般化してきており，マーケティングへの知見の蓄積も始まっている[4]。

　このように，ブランドは一種の社会的記憶装置として働き，社会的規範のように振る舞うこともある。たとえば，グループで旅行プランを立てるとき，京都では寺社仏閣，大阪ではグルメといったようにプランを立てる人が多いとすれば，地域ブランドの理解のあり方が集団的な行為を方向づけていると考えることができる。もちろん，記憶は個人のものであり，集団で共有されている部分と個人的な部分がある。また，そのブランドを体験した人と体験していない人では記憶されている内容にも大きな違いがあるだろう。

　重要なことは，記憶されている内容は各個人で異なり，各ブランドによって異なっているとしても，それでも，京都らしさや大阪らしさは，人々の行動に大きく影響を与えることを理解することである。とくに，体験記憶が共有されている場合には，認知や思考が同調・シンクロしやすくなり，集団的な合意形成にも強く影響するのである。

　興味深いのは，このようにさまざまな思い出がブランドに結び付くようになると，ブランドがあたかも人のような振る舞い方をするようになることである。ブランドが人と同じようなパーソナリティを持つようになる（Aaker（1991））。これがブランド・パーソナリティであり，ブランドがパーソナリティを持ち，人と同じように振る舞うようになると，このブランドを身につけると落ち着く，自信が湧いて積極的になる，といったように，モノとしてのブランドが自己のアイデンティティとつながり，意識や行為に影響を与えるようになる。すなわ

ち，ブランドらしいブランドになると，自己のアイデンティティをわかりやすく相手に対して示すためのメディアとして機能するようになるのである。

　この自己概念は多次元的な構成概念であるとされるが，たとえばSirgy（1982）は，以下の4つの次元を提起している。すなわち，自分のことをどのように思っているかという自己概念，本当は自分のことをどのように思いたいかという理想の自己概念，自分のことを周囲の人にどのように見られていると思っているかという現実の社会的自己概念，そして，自分のことを周囲の人にどのように見られたいと思っているかという理想の社会的自己概念である。さらに，Sirgy（1985）では，このような自己概念と購買行動のつながりについて考察している。ブランドと自己概念は購買行動を通じてつながるのである。

　必ずしも理想と現実が一致しない中で，理想とお金を出しさえすれば所有することのできるブランドの持つブランド・パーソナリティが結びつくとどのようなことが起きるのであろうか。たとえば，大平（1990）は，『豊かさの精神病理』において，ラグジュアリー・ブランドの消費と精神疾患の関係について考察している。ここでは，昔は一部の権力者だけが所有できたが，今ではラグジュアリー・ブランドとして世界中の富裕層にターゲットを絞ったマーケティングが展開されるようになったものについて，理想の自己と現実の自己との乖離を解消する手段としてブランドの消費が行われている状況が描かれている。すなわち，理想の自己概念や理想の社会的自己概念に近づきたいという欲求を満たすために，ブランドに病的に強い思い入れを持ち，所有するという行為が生まれるのである。"なりたい自分"や，"そのように見られたい自分"がある以上，精神疾患でない普通の人でもブランドに関心を持つのである。

　その場合，どのようなユーザーがそのブランドを使っているかといったことも重要になってくる。ただの有名人ではなくて，どのような有名人がそのブランドの愛好者かが問われるし，企業側のブランド・コミュニケーションで展開される物語も問われるのである。このような複雑な機能もブランドは持っている。まさに，ブランドは人々の心を表出化する装置であるといえよう。ブランドは，このような理由で，差別化することで競争優位を構築しようと考えている多くの企業の関心を集めるのである。どのように自社ブランドが理解されているかは，マーケティング活動を行ううえできわめて重要であり，だからこそ，マーケティング・リサーチで，たびたびブランド・イメージの測定が行われる

のである。

　次節で検討されるクルマのブランド・イメージ調査のデータは，調査対象都市における人々が，車の使用に関してどの程度の体験知を持っているかの違いも反映されているはずである。また同時に，たとえばトヨタというブランドでも，地域により人々に共有されているブランド・パーソナリティの理解のされ方が大きく異なるのは，新興市場における各企業のブランド戦略の違いも反映していると思われる。

　このようにブランドを構成する要因には，さまざまなものがある。Aaker（1991）では，ブランド資産として，名前やロゴには，認知，連想，ロイヤルティ，知覚品質，他のブランド資産との関連性などが要因としてあるように取り上げられており，ブランド資産が消費者と企業の双方に価値をもたらすと考えられている。あるいは，ケラー（2000）はより精緻なブランドの体系を示し，田中（2017）は，これまでのブランドに関する膨大な知見を整理し，理論，戦略，事例について多くのことを教えてくれる。

　ところで，このようにブランドの重要性が理論的にも実務的にも注目される中で，ブランド価値の評価方法に対する関心も高まってきた。ただし，ブランドの本質的な価値が人々の記憶の中にある以上，そう簡単に測定できるわけではない。そして，ブランド価値の測定を考える場合に注意しなければならないのは，ある商品カテゴリーの中の個別ブランドの強さを対象にするのか，複数のブランドをポートフォリオとして管理することを問題にするのか，コーポレート・レベルのブランド価値の測定に関心があるのかという点を区別しておく必要があるということである。分析の目的によって，ブランドのどのような側面に焦点を当てていくかが決まってくるからである。

　ある商品カテゴリーに属する1つひとつのブランドが消費者を引き付ける強さについては，購買データやブランド遷移データに，ブランド選択モデルを当てはめることで推定することができる（たとえば先駆的研究に，Guadagni and Little（1983）がある）。この場合，「〜についてどう思うか」といったタイプのデータは必ずしも必要ない。また，財務データは個別ブランドでは利用不可能なことが多いが，その一方で，購買データのデータベースの進展や選択モデルの知見の蓄積もあり，かなりの精度で“ブランド力”を推定することが可能である。

また，コーポレート・ブランドの価値測定については，1980年代からM&A が流行したことにより関心が高まり，ブランド・イメージや財務データから，見えざる資産であるブランド資産を推定することが盛んに行われている。実務的に非常に重要であるために，インターブランド社，日本では日経BPコンサルタント社など多くの企業が商業ベースでブランド価値の測定を行っており，企業の関心も高い。多様なデータソースを組み合わせて推定するケースが多いが，商業ベースなので推定方法の詳細などは非公開のものが多い。古川（2013a）は，小売店ブランドについて，日経BPコンサルタント社のブランドジャパンのブランド力と株価の関係を分析しているが，財務データとブランド力の関係については十分な研究の蓄積があるとはいえない。したがって，推定の精度を検証することが困難であるが，実務的な要請から広く利用されている。このようなマクロ・レベルとミクロ・レベルの狭間にあるブランド・ポートフォリオに関する研究は，理論的にも実証的にもまだ十分な蓄積があるとはいえない状況である。

3. ブランドの国際比較[5]

　ビジネス環境がグローバル化し変化が著しい状況下では，企業活動を維持するためには市場創造が必要である。すなわち，昔と同じことや同じ消費者を相手に繰り返しているだけでは，現代企業は存在し続けることができない。そこで多くの企業は，新たなビジネス・チャンスを求めて，これまでビジネス上の経験の少ない海外市場に目を向けている。とくに，北米，西ヨーロッパ，日本といった巨大な市場がすでに成熟し新たな参入が難しい点，また高い成長率が望めない点などを考慮して，東アジアからインド，アフリカへと新興国の成長市場に目を向ける企業も増えてきている。とりわけ，いまだに成長を続ける中国という巨大な市場への熱いまなざしが続いている。

　日本企業のアジア地域への進出は，製品の輸出，販売のための現地法人の設立，さらには現地での直接生産へと進化してきた。さらに現在では，現地化のためのR&Dの機能の移転や域内での生産プロセスの分担・ネットワーク化も急速に進んでいる。すなわち，先進国市場への単なる製造拠点という位置づけばかりでなく，商品企画や製品開発，製造，マーケティング活動まで可能な能

力を蓄積し，現地市場への本格的な展開が進んでいるのである。

　このような状況においては，当然のことながら日本企業は日本市場以上に多くの，そして日本では見ることのない競合ブランドと対峙することになる。したがって，自社ブランドが消費者からどのように認知されているのか，ブランドに対する理解がどのように購買行動につながっていくのかといったことを理解することが求められている。

　以下では，中国の消費者の乗用車に対するブランド認知の特徴や態度形成について実証的なデータに基づいて検討し，日系企業のブランドに対する中国消費者の特徴を考えてみたい。中国に焦点を当てたのは，中国は日本にとってますます重要な存在になっていくからである。なお，とくに断らない限り，以下で中国の消費者というときには，北京，上海，広州といった成長著しい大都市の消費者を指すことにする。都市と農村では大きな社会制度，購買力などに差があるため，分けて考えたい。

　また，多国間（都市間）のグローバルなブランドの比較調査を考える場合，現実的に利用可能なデータは限られたものにならざるをえない。たとえば，コーポレート・ブランドとしての SHISEIDO と，資生堂が中国で展開している個別ブランド（オプレなど）を区別せずに，それぞれのブランドの評価を他の競合ブランドとの相対的な比較で行おうとすれば，財務データや購買データを用いた分析は不可能であり，共通の質問票によるアンケート調査に頼らざるをえない。クルマ，アパレル，化粧品，トイレタリーなど商品カテゴリーをまたがる場合には，上述したブランド・パーソナリティの調査が，ブランドを比較検討するためのデータとして最も適している。さらにブランド・パーソナリティの測定尺度についてはすでにスタンダードなものが考えられており，容易に調査のデザインができる点もマーケティング・リサーチを実施する側にとって便利である。

　ブランド・パーソナリティの測定尺度は，心理学のパーソナリティ研究に負うところが大きい。現在では，心理学ではパーソナリティは5要因で測定されるとされるが，ブランド・パーソナリティの尺度もこの5要因モデルを参考に考案されている。代表的な尺度としては，J. Aaker（1997）により提案された測定尺度が参考にされることが多い。ここでは，2003年に収集された世界11都市における主要な消費財ブランドの調査データを利用したが，この調査のブ

ランド・パーソナリティの測定尺度も，このような研究成果に基づいている。以下で代表的な乗用車メーカーのコーポレート・ブランドの国際比較データを検討していくが，実は，暗黙的な社会規範の影響などにより，異文化にまたがる市場調査によって収集されたデータの分析の解釈は，同一文化圏で収集されたデータの分析の解釈にない難しさがあることがわかってくる。とくに，対象となった中国においてはブランド・イメージの調査結果が，消費者の購買行動の実態と乖離していることが明らかになる。この議論はこの後詳しく検討することにして，まずは通常の分析プロセスにより多国間のクルマのブランドの比較を行った分析結果を見ていくことにしたい。

　図1～3は，ブランド・パーソナリティを表現する18の言葉に対する各ブランドの反応を因子分析で要約したものである[6]。すなわち，東京と北京，上海の消費者がクルマのブランドをどのように見ているかを表している。図の中の信頼感，親近感といったラベルは，信頼できる，上品である，評判がいい，親しみがあるといった18のキーワードに対する関連性の強さから判断してつけたものである。ただし，東京と上海では同じ信頼感というラベルであっても，個々のキーワードの結びつき方は異なる点に注意したい。また，図中には各ブランドに対する選好度も表示されている。

　これを見てまず理解できることは，ブランド・イメージと選好度の関係は都市により大きく異なるということである。さらに，市場別（都市別）に検討してみると，いくつかの興味深い相違点を見出すことができる。東京の消費者は乗用車のブランドを信頼感，親近感，個性的，頑健さといった多くのブランド・パーソナリティにより捉えている。また，各ブランドを示す線は向きもバラバラで，線が複雑に絡み合っており，したがって各ブランドが固有のものとして識別されていることがわかる。これは同調査において，ロサンゼルスなどの成熟した市場に共通に見られる特徴である。もちろん，理解のされ方は異なる。たとえば，メルセデス・ベンツやアウディ，BMW，レクサスなどにトヨタほどの親しみを感じないというのは，高価格帯のブランドでもあり，妥当な解釈であろう。また，トヨタやホンダの親しみの得点が東京では高いが，これは消費者自民族中心主義の表れであると解釈することができるだろう。アメリカならGMやフォードといったブランドに対する親しみが強いのは当然である。この消費者自民族中心主義が関係してくる"国イメージ"がブランドに及

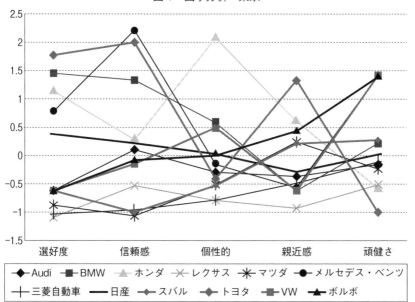

図1　因子分析：東京

凡例：
◆ Audi　■ BMW　▲ ホンダ　✕ レクサス　✳ マツダ　● メルセデス・ベンツ
╋ 三菱自動車　━ 日産　◆ スバル　◆ トヨタ　■ VW　▲ ボルボ

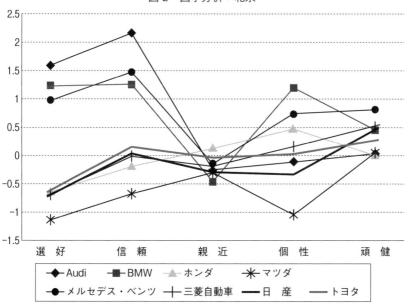

図2　因子分析：北京

凡例：
◆ Audi　■ BMW　▲ ホンダ　✳ マツダ
● メルセデス・ベンツ　╋ 三菱自動車　━ 日　産　━ トヨタ

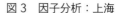

図3　因子分析：上海

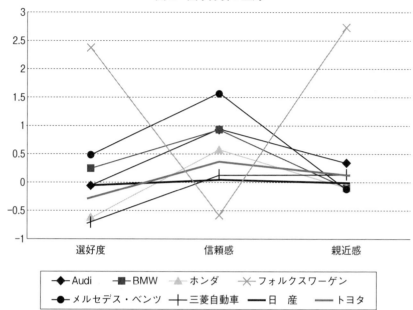

	Audi		BMW		ホンダ		フォルクスワーゲン
	メルセデス・ベンツ		三菱自動車		日　産		トヨタ

ぼす影響については，本章の後半でまた考えてみたい。

　それに対して，北京や上海，とりわけ上海の消費者のブランド・パーソナリティの構造は著しく単純である。上海では，18項目あるさまざまなキーワードが，同一の尺度に縮約され混在している。したがって，パーソナリティを表す因子の数が少ないうえに，各ブランドを表す線はフォルクスワーゲンを除いて水準の差はあるもののパターンは似ている。興味深いのは，フォルクスワーゲンの評価が非常に高いことである。

　これは，次のように解釈できるだろう。2000年代前半の当時は，上海ではフォルクスワーゲン製のタクシーが多く走っていたが，それらはきわめて旧型の車種であり，品質にも多くの問題があった。とくに調査時点においては，サンタナ，パサート，ポロ，ジェッタといったブランドの存在感が大きかった反面，ボロボロのフォルクスワーゲンも多く走っている現実を日常的に目にしていたのである。その一方で，フォルクスワーゲン社は，1980年代半ばに，外資の乗用車メーカーとしていち早く上海に生産拠点を構築し，北京でも上海でも圧倒的に存在感が大きい。ただの自動車メーカーではなく，中国の自動車産

業の立ち上げに大きな貢献をしていると認識されていたのである。とくに，上海はフォルクスワーゲンの製造拠点であるという固有の事情が，上海市民の意識に影響していたことは間違いないと思われる。

　このような状況を反映して，当時の上海の消費者は，フォルクスワーゲン（＝われわれのクルマ）とそれ以外というように認識しており，最も信頼感が低いとしても，認知度も選好度も一番高いブランドとして存在していたのである。この分析結果から，当時の上海の消費者が，まだブランドを識別する言葉やコンセプトを十分頭の中に形作っていなかったことを読み取ることもできる。当時は大都市であっても中国ではクルマの普及が急速に進み始めた時期であり，中国の消費者のブランド連想を収納する頭の中の引き出しにはブランドの名前は付いていても，まだ引き出しの中身は空っぽで，これから消費体験とともに思い出が詰まっていく時期であったと考えられるのである。

4. ブランドの知識量と認知・評価・選好の関係[7]

　このように，同じ対象であっても理解の内容には大きな違いがあることが，グローバル・マーケティングの面白いところである。そこで，次にブランドの理解とブランドの選好度の関係について考えてみよう。表1は，各都市別に，各ブランドの選好度とブランド・パーソナリティとのつながりを確認するために，集計された因子得点と選好度のデータに回帰分析を行った結果である。自由度は小さいが決定係数は十分に高く，非常にラフな分析だが，選好度とブランド・パーソナリティの理解の仕方には総じて関連性が高いことが示唆される。

　むしろここで確認したいのは，とくにグローバル市場においては地域によりブランドを評価する認知の仕方も違えば，評価と選好のつながり方も異なるという点である。同じ価値観を持ち，同じ生活環境の中で暮らしていると，どうしてもみんなも自分と類似した認知構造を持っていると錯覚しがちであるが，文化や価値観の違った地域でマーケティング活動を行う場合には，その地域で自社製品が他社製品と比較してどのように理解されているかを知ることは大変に重要である。

　そこで，前節と同じデータセットを用いて，ブランドの知識の量とブランドの理解の仕方，そしてブランド選好がどのように関連しているかを検討した。

表1 回帰分析

a 東 京

回帰統計			係 数	標準誤差	t	P-値
重相関 R	0.957922	切 片	−0.05305	0.113486	−0.46746	0.654377
重決定 R^2	0.917614	X 値 1	0.728291	0.10641	6.844184	0.000243
補正 R^2	0.870536	X 値 2	0.386412	0.149222	2.589502	0.035971
標準誤差	0.37581	X 値 3	0.216619	0.197511	1.096746	0.309043
観測数	12	X 値 4	−0.32844	0.152915	−2.14788	0.068829

b 北 京

回帰統計			係 数	標準誤差	t	P-値
重相関 R	0.948307	切 片	−0.30622	0.207101	−1.4786	0.199305
重決定 R^2	0.899287	X 値 1	1.072549	0.214991	4.988814	0.004144
補正 R^2	0.818717	X 値 2	0.955956	0.495885	1.927776	0.111809
標準誤差	0.448805	X 値 3	0.203344	0.309436	0.657146	0.540128
観測数	10	X 値 4	−0.07815	0.498627	−0.15673	0.881591

c 上 海

回帰統計			係 数	標準誤差	t	P-値
重相関 R	0.934694					
重決定 R^2	0.873652	切 片	−0.58447	0.268972	−2.17297	0.081836
補正 R^2	0.823113	X 値 1	0.62442	0.322087	1.938671	0.110258
標準誤差	0.408285	X 値 2	1.180878	0.219459	5.380865	0.002988
観測数	8					

ただしここでは，各地域のブランド認知・ブランド理解・ブランド選好の違い
に着目する代わりに，消費者のブランド知識の多寡に焦点を当てて分析を行っ
た。それは，東京でも上海でもクルマの知識が豊富な人たちとクルマの知識が
貧弱な人たちでは，クルマの理解や選好の様子が異なるという点を検討するこ
とで，ブランドに対する知識量の影響を明らかにしたいからである。また，ブ
ランドに対するこのような違いをもたらす変数にはさまざまなものが考えられ
るが，上述したように，消費者のその製品カテゴリーの消費体験知の進み具合
の違いがブランド認知，ブランド評価，ブランド選好の構造の違いに関わって
いることは容易に想像がつくからである。東京の消費者でもクルマに興味のあ
る人もいれば，まったく興味のない人もいる。まったく興味のない人は，ブラ
ンドを語る言葉も少なく，ブランドの違いも意識できないであろう。

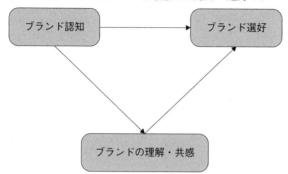

図4　ブランド・イメージを考慮した認知・選好モデル

　そこで，ブランド知識の違いがブランドの評価や理解や選好につながる構造にどのような違いをもたらすかを検討するために，図4のようなモデルを考えた。従来の研究では，認知，理解，選好の3つを同時に扱うのではなく，この中の2つの関係を分析対象にすることが多い。3つの要因を同時に扱っている点が，このモデルのユニークな点である。このモデルにブランド知識の多寡でグループ分けしたデータを当てはめ，ブランドの知識量と認知・理解・選好の構造を検討する。

　各ブランドの知識量・認知率に関しては，たとえばAaker（1996）では，ブランド資産の各要素を別個に測定する方法を採用し，ブランド名の再生と再認の2つからなる認知率を利用している。一方，ケラー（2000）は，マーケティング活動に対する消費者の反応を測定するという直接的アプローチと，ブランドに関する知識を測定するという間接的アプローチの2つを挙げ，ブランド認知に関するレベルを，「深さ」「幅」の2つの尺度で表現している。

　「深さ」に関しては，ブランド認知が深いとブランドの要素を思い出す可能性が高まるとしている。したがって，ブランド・ネームの再生と再認の違いは，ブランド認知の深さであるとケラーは述べている。

　また，認知の幅は，ブランド知識が思い出される状況の範囲や，知識がいかに組織化されているかに依存している。つまり，認知の幅が広ければ，さまざまな状況でそのブランドが思い出されるということである。これらの議論では，認知率（あるいは深さや幅）が高まることは消費者が購買する際の想起集合に入る確率が高まることである，という仮定を根拠に認知率の向上が直接ブラン

ド資産の向上につながるとしている。しかし，このような議論ではブランド認知，ブランド選好，ブランドの理解や共感の関係を，同時に考慮することは難しい。

　また，ブランド知識の多寡ではないが，ブランド認知率とブランドに対する態度の関係は，消費者行動モデルで最もポピュラーな AIDA モデルに即して研究されたものが多い。しかし，AIDA モデルのような階層型のモデルでは，ブランドの理解のされ方まで踏み込まれることはない。ここでは，広告の投入量，認知率，選好度の関係が分析の主たる関心事になる。しかし実際には，ブランドに対する好意が広告投入量（＝認知率）のみで形成されることはない。

　さらに，どのように理解され，それがどのように好意度につながっていくかということを研究したものには，Aaker and Bruzzone（1981），Moldovan（1984），Aaker and Stayman（1990），片平・古川（1995）などがある。これらは広告から受けるイメージを因子分析で行い，広告においてどの因子が重要であるかといった点を調べている。しかし，実際にはブランドの理解は，製品カテゴリーの違いやターゲットによってきわめて状況依存的であり，どのような因子が選好に影響するといった一般論を展開することは難しい。

　いずれにしても，以上の点を考慮すると，どの程度そのブランドのことを認知しているか，どのように理解しているか，そしてそれらが選好度にどの程度，どのように影響しているかを同時に検討できるモデルを構築することが望ましいことがわかる。図4のモデルは，このような点を考慮してつくられている。このモデルの特徴は，AIDA モデルのような直線的な階層的なモデルと比較して，2つの複線の経路を持っている点にある。すなわち，ブランド認知からブランドの理解・共感を経由してブランド選好に至るまでの間接的なプロセス（中心的な経路）と，ブランド認知からブランド選好に至る直接的なプロセス（周辺的な経路）の2つの経路である。

　このような複数の経路で情報処理を把握しようとするモデルに，精緻化見込みモデル（ELM）がある。ELM では，消費者の情報処理には理性的判断を主とする中心的ルートと感情的判断を主にする周辺的ルートの2つのルートが存在し，これらのルートは同時に作用するとされる（Petty and Cacioppo（1986））。この点に関して，近年の研究では中心的ルートと周辺的ルートが相互に作用しながら最終的な態度を形成する可能性が指摘されている（清水（1999））。図4

のモデルは，このELMの2つのルートに倣っている。ここでも，先ほどの2003年のデータの中から，アジアの7都市（東京，北京，上海，台北，シンガポール，ジャカルタ，バンコク）の乗用車に関するデータを選んで使用している。

　まず，データ全体で因子分析を行った。因子分析の結果，4つの因子が抽出された。第1因子は「ワクワクする」，「独創的な」，「生き生きした」，「個性のある」といった項目との相関が高く，"活力・個性因子" と名づけた。第2因子は「評判のよい」，「上品な」，「信頼できる」といった項目との相関が高く，"評判・定評因子" と名づけた。第3因子は「気さくな」，「素直な」といった項目との相関が高く，"親近性因子" と名づけた。第4因子は「まじめな」，「知的な」，「成熟した」，「良心的な」といった項目との相関が高く，"誠実・落ち着き因子" と名づけた。

　次に，推定された各ブランドの因子得点，選好度，認知率を，図4の共分散構造モデルで分析した。図4のブランド理解に，因子分析の各因子が入る。データ全体で図4のモデルが十分に説明力があることを確認したうえで，対象ブランドに対する知識量により被験者を分割した多母集団分析を行った。知識量については，対象ブランドについて消費者がどの程度理解していると感じているかという主観的な評価に基づいている。すなわち，ブランドを詳細に理解している詳細認知，大まかに理解している概要認知，一部分は理解している断片認知，ブランド名だけを知っているがどのようなものかは知らないという名前のみ認知の4つのグループに分割した。分析結果は，表2にまとめられている。適合度も十分な水準であった。

　知識量で分類した4つのグループのパス係数を比較すると，以下のような特徴を見て取ることができる。詳細認知と断片認知において，認知から選好に直接つながるパスが統計的に有意ではなくなったことは興味深い点である。すなわち，常に認知が選好に直接影響を与えているとはいえないことが確認できた。一方で，ブランド・パーソナリティを経由して選好につながる間接的なルートは，常に何らかの因子によって存在していることがわかった。したがって，認知と選好の関係において直接的なつながりは必ずしも存在するとはいえないが，ブランド・パーソナリティを経由する間接的なルートは常に存在しており，認知と選好の関係においてはこちらのルートのほうが重要であるといえる。池尾（1999）は製品判断力，すなわち製品への知識量のレベルによって消費者の購

表 2　多母集団分析による知識量ごとの非標準化推定量と適合度

		詳細認知	概要認知	断片認知	名前のみ認知
認知から理解	認知→活力・個性	0.026***	0.021***	0.013***	0.016***
	認知→評判・定評	0.018***	0.028***	0.011***	0.016***
	認知→親近性	0.037***	0.026***	0.013***	0.011***
	認知→誠実・落ち着き	0.023***	0.022***	0.015***	0.015***
理解から選好	活力・個性→選好	1.547**	0.999*	—	—
	評判・定評→選好	7.032***	5.396***	3.388***	3.709***
	親近性→選好	2.079***	3.407***	0.992**	2.262***
	誠実・落ち着き→選好	- 2.018***	- 1.035**	—	- 0.581*
認知から選好	認知→選好	—	-0.055*	—	- 0.028***
	認知の直接効果	—	-0.055	—	- 0.028
	認知の間接効果	0.200	0.237	0.050	0.073
	総合効果	0.200	0.182	0.050	0.046
	GFI	0.987	0.987	0.987	0.987
	AGFI	0.937	0.937	0.937	0.937
	CFI	0.998	0.998	0.998	0.998
	RMSEA	0.022	0.022	0.022	0.022

（注）　*** は 0.1% 水準で有意，** は 1% 水準で有意，* は 5% 水準で有意。

買行動が異なることを指摘しているが，購買行動に至る情報処理過程において
も，知識量のレベルが関係していると考えることができるだろう。

　知識量別に認知の選好に対する総合効果を見ていくと，詳細認知の場合は
0.200，概要認知の場合は 0.182，断片認知の場合は 0.050，名前のみ認知の場
合は 0.046 であった。したがって，知識量が減少するほど認知と選好の関係は
弱まっていくことがわかった。つまり，認知率を上げるマーケティング努力を
した場合に，得られる効果にグループ間で差があるということがわかる。また，
ブランド・パーソナリティから選好につながるパスでは，いくつかの傾向が見
られた。評判・定評因子から選好につながるパスは，どの母集団においても 5
% 水準で有意に最も強い影響を及ぼしていた。

　さらに，消費者が好む乗用車のブランド・イメージにはある一定の傾向があ
ることもわかった。ブランド・イメージについては社会的な評判や定評が選好
に強く影響しており，したがって，これを高めるコミュニケーションが有効で
ある。近年，ウェブサイトやリアルなイベントを統合したブランド・コミュニ
ケーションの事例があるが，信頼性を高める戦略としても考えることができる。
信頼を高めるコミュニケーションは今後のブランド・マネジメントの課題とな

るのではないか。

　今後の課題として，今回の実証分析では乗用車に関するアジア7都市のデータに基づいて行われたが，それぞれの都市ごと，国ごとの分析はできていない。地域間の異質性を考慮したグローバルなコミュニケーション戦略を考えるためには，個別マーケットごとの分析および相互間の比較検討を行う必要がある。

　ところで現在では，当時と違ってソーシャル・メディアが普及しており，広告費を投入する対象となるマスメディアや，自社がマネジメント可能なインターネット上の自社メディアを通じたコミュニケーションが複雑に関係するようになった。このような中で，ブランド認知や理解や選好の相互関係のマネジメントはまだまだ手探りの状況が続いているように思われる。いつ，どこで，何を体験して，ブランドの何に対してどのようなイメージを感じたのか。個々人のブランド理解が社会の中でどのように共有されていくのか。自身のさまざまなブランド体験知の蓄積がブランド理解や選好をどのように変えていくのか。また，それらを含む複雑な情報処理がブランドに対する豊かな記憶をどのように形成していくのか。ターゲット以外の人々のブランド理解や選好は，ターゲット・ユーザーの購買行動にどれほど影響するのか。爆発的に増加した情報環境の中で，消費者との対話のあり方はどうあるべきなのか。このようなさまざまな点について，これから研究の蓄積が待たれる。

5. 行為を説明できない日系ブランドの評価データ

　このように，グローバルにブランドを展開するようになると，そのブランドの原点がどこにあるのかが影響することがわかってくるようになる。"made in Japan" が意味を持っている現状をイメージすればわかるように，国のイメージが製品のブランドに結び付く場合は多い。このような状況では，消費者の製品評価にCOOが影響するのである。すなわち，原産国（COO: country of origin）といわれるブランドの持つこの側面は，たとえば，ベンツやBMWならドイツ，トヨタやホンダなら日本というように，ブランドにその母国のイメージが強く結びつく場合に，慎重な検討が求められるのである。そのために，多くのグローバル企業はそれぞれの市場で自社のブランドがどのように認知されているかに細心の注意を払い，ブランド構築に腐心しているのであ

表3　国別ブランド車に対する評価（2006年秋調査）

		北京	上海	南京	武漢	広州
品　質	国産ブランド	3.16	3.28	3.23	3.25	3.23
	ドイツ・ブランド	4.34	4.25	4.27	4.30	4.22
	米国ブランド	3.91	3.88	3.92	3.90	3.83
	韓国ブランド	3.32	3.38	3.34	3.49	3.47
	日系ブランド	3.35	3.31	3.14	3.26	3.38
コスト・パフォーマンス	国産ブランド	3.73	3.61	3.68	3.70	3.62
	ドイツ・ブランド	3.71	3.72	3.66	3.72	3.55
	米国ブランド	3.42	3.43	3.37	3.45	3.33
	韓国ブランド	3.41	3.46	3.47	3.50	3.44
	日系ブランド	3.28	3.22	3.18	3.23	3.34
ファッション性	国産ブランド	3.04	3.00	3.06	3.07	3.15
	ドイツ・ブランド	3.73	3.70	3.69	3.76	3.78
	米国ブランド	3.76	3.80	3.73	3.84	3.68
	韓国ブランド	3.76	3.73	3.69	3.75	3.78
	日系ブランド	3.58	3.58	3.57	3.53	3.67
現時点の購買意図	国産ブランド	3.59	3.38	3.41	3.52	3.55
	ドイツ・ブランド	3.98	3.94	3.90	4.02	3.72
	米国ブランド	3.45	3.64	3.54	3.62	3.41
	韓国ブランド	3.16	3.23	3.24	3.30	3.24
	日系ブランド	2.88	3.00	2.73	2.87	3.04

る。

　表3は，中国における乗用車についてのイメージ調査である。中国の国産車，ドイツ車，アメリカ車，韓国車，そして日本車に対する意識を，品質，コスト・パフォーマンス，ファッション性について聞いている。さらに，現時点での購買意図も測定している。前節で検討した中国におけるクルマのブランド・イメージ調査の結果を見ても同様の傾向を見て取ることができるが，表3の結果は明快である。

　この調査は，サーチナ総合研究所の協力を得て2006年11月に実施された。調査対象は，新秦商務咨詢（上海）有限公司（上海サーチナ）が運営する「新秦調査」の消費者モニターである。「現在，自動車を所有している，あるいは近い将来自動車を購入する予定のある」人を対象にし，北京，上海，南京，武漢，広州の5都市在住のモニターから，1都市当たり200サンプルで合計1000サンプルのデータが分析対象となっている。

2006 年当時，中国の自動車産業は，上海大衆（フォルクスワーゲン），広州ホンダ，広州日産，広州トヨタ，一汽トヨタのように，中国の主要メーカーは外資の自動車メーカーと合弁企業をつくり，まだ必死に技術導入を進めていた時期であった。中国メーカーの技術水準は高いとはいえず，単独ブランドでの評価は低く，製品の品質も外資メーカーに相対的に見劣りする状況であった。したがって，中国メーカー・ブランドのイメージが，品質，ファッション性で見劣りし，唯一，コスト・パフォーマンスで優位に立っているというアンケート結果は納得できるものである。

　その一方で，日本車のイメージが明確に悪いことは疑問が残る。すなわち，すべての都市で，北京の韓国系の品質のスコアを除いて，日本車のイメージがドイツ系，アメリカ系，韓国系に劣っていることがわかる。購買意図のスコアの低さは，明らかに日系車に人気がないことを示している。品質が悪くて，格好が悪いから，日系ブランドのクルマは買うつもりがないという意見が，主要都市の中国消費者の共通した意見であるというこの調査結果は，論理的には整合性がある。しかし，このアンケート結果は実際の販売実績から見ると，まったく納得できるものではない。このような傾向は，同時期の兼子・上田（2007）の調査でもはっきりと表れている。

　図 5 は，2000 年から 2014 年にかけての，中国自動車市場の状況を表している。乗用車の生産は，2000 年にちょうど 100 万台を超えたが，2014 年にはほぼ 2000 万台に到達する状況であった。わずか 14 年で，20 倍近く生産台数が増えたことがわかる。ちなみに 2017 年の速報では，日本車のシェアは 18% 弱であり，ドイツ車の 20% 強に迫っている。中国車が 43% を超えて，やや盛り返している状況であるが，基本的なマーケット・シェアの構成は 2006 年当時とそれほど変わっておらず，成長市場において各社が懸命にしのぎを削っている様子が伝わってくる。問題は，このような販売実績とアンケート結果が一致しないという点である。主要都市において日本車の購買意図のスコアがきわめて過小評価されていることは，2005 年から 2011 年にかけて，日系車がドイツ系，アメリカ系，韓国系をしのいで外資としてはトップ・シェアを維持していたことに比しても明らかである。

　このような過小評価がすべての都市，しかも各都市 200 サンプルの平均値として観察されるのは異常であり，常識的には考えられない。「〜について，あ

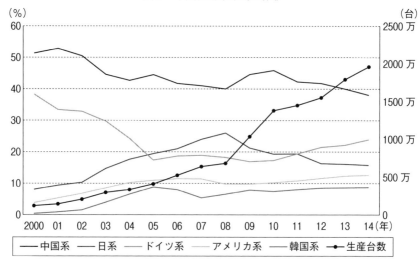

図 5　中国自動車市場の推移

（凡例）中国系　日系　ドイツ系　アメリカ系　韓国系　生産台数

なたのご意見を教えてください。」という質問に対して，明らかに中国消費者全員の答えをゆがめ，日系ブランドの平均値を押し下げるバイアスが存在しなくては，この状況を理解することはできない。ドイツ車やアメリカ車，韓国車などのブランドには見当たらず，トヨタ，ホンダ，日産，マツダ，三菱といった個々のブランドに共通するブランド要素は COO しか考えられない。

　すなわち，"日本"という国のイメージが，中国消費者のサーベイ・データにバイアスをもたらし，ブランド評価を押し下げていると考える以外に理由は考えられない。ただし，それはあくまでアンケート上の意見であり，実際の行為には結び付いていないという，きわめて興味深い現象が見て取れるのである。第 2 章の図 5 の分類に従えば，表面上は嫌いだと嘘をついているが，実は好意的な態度から購買しているケースに該当すると考えられるのである。そして，すでにそこで考察したように，このようなケースはどのように考えても合理的な説明は困難である。

　ところで，この COO の影響に関する研究は古くからあるが，もともと，「どこそこ製は安いけれども品質に問題が多い」といった原産国イメージの影響から研究が始まったという。しかし現在ではグローバル化の進展に伴い，最終製品の生産がシステム化され，複数の部品の生産拠点や最終組立の拠点が複

数の国に配置されるようになってきている。このような背景から，原産国という概念はブランドを中心とした COO の研究に収束してきている。つまり，ブランド連想に結び付く"国のイメージ"の効果が注目されるようになる。もちろん，これはグローバル企業が原産国イメージに対する消費者の混乱を避けるために行ったブランド戦略の貢献が大きい。ルイ・ヴィトン，エルメス，カルティエは"フランス"であり，ロレックス，オメガは"スイス"といったように，パリは芸術の都，スイスは精密機械工業といった"地域"ブランドと共鳴することにより，個々のブランド連想をより豊かなものにしているのである。

6. 消費者自民族中心主義と敵意の研究

　今回の中国消費者の反応は，このような COO のネガティブな効果の典型的なケースであると考えられる。ブランドの評価や選択に及ぼす COO の研究には，消費者自民族中心主義（consumer ethnocentrism）の研究と，敵意（アニモシティ〔animosity〕）の研究がある。これらの研究のサーベイは，朴（2012）に詳しい。

　消費者自民族中心主義の研究は，日本製品に産業が脅かされた 1980 年代のアメリカで生まれ，消費者自民族中心主義の傾向の強い人はアメリカ製品を選択する傾向が強いかどうかを検討することから始まったとされる。朴は消費者自民族中心主義の既存研究を，測定尺度の妥当性，被験者の特性による差異，ブランドに対する態度や行為への影響の普遍性，各国の調査結果の比較といった観点から整理し，詳細な検討を行っている。そのうえで，日本の主要輸出先であるアメリカ，中国，韓国，台湾の消費者に対する消費者自民族中心主義の影響を実証的に分析し，測定尺度の妥当性や消費者自民族中心主義の意識の強弱などの検討を行っている。

　この消費者自民族中心主義研究は，自国のブランドに対するポジティブな感情を分析対象としているのに対して，敵意の研究は，特定の国に対する敵意がその国のブランドにネガティブな影響を及ぼすことを分析対象としている。その点で，同じ COO の分析といっても方向性が大きく異なる。中国における反日感情の日系ブランドへの影響を考えるといった研究が，敵意の研究に該当する。以下では，中国市場において消費者の反日感情が日系ブランドに対する消

費者の購買行動にどのように影響しているか考えていきたい（以下の考察については，金（2007），古川・金（2008）に基づいている）。

　まず，中国社会で広く共有されている反日感情と消費者行動のイメージは，大まかに「反日感情＝日系ブランド商品の不買」であろう。しかし，消費者の反日感情がそのまま日系製品購買に悪影響を及ぼすという議論と，反日感情は反対に必ずしも日系ブランドの不買にはつながらないという正反対の議論が並行しており，一致した認識には至っていない。その原因として考えられるのは，主に以下の2点である。

　第1に，これまでの議論の多くは，反日感情の表出化する個別事件のみに注目したり，あるいは恣意的かつ断片的な消費者観察情報から一般論を展開することが多かった。たとえば，民間レベルでの反日感情の高揚が経済領域に及ぼした例としてよく取り上げられるのは，2004年の北京―上海高速鉄道落札問題である。これはインターネットで行われた“日本新幹線技術反対”の大規模な署名活動である。また消費市場においては，「日貨排斥」（日本製品不買）が呼びかけられたり，日系企業が政治や民族感情に巻き込まれたりする事件もたびたび発生し，反日感情の悪影響を懸念する重要な根拠となっている。しかし，ニュース番組のデモ行進を見ていてわかるように，このような反日デモ中において，日系ブランドのデジタルカメラを手にしている若者は多かった。このような例に見られる中国消費者の言行不一致が，反日感情は消費者行動には悪影響を及ぼさないのではないかという見方につながっている。敵意研究には，より包括的な情報に基づく多面的な議論が求められているといえよう。

　第2に，反日感情のリスクに関する既存の議論は，反日感情の爆発する時期のみに集中し，長期にわたる考察は少ない。たとえば，2005年の大規模反日デモの際にはさまざまな議論が活発に行われたが，両国政治関係の緊張感が弱まると反日感情に関する議論は少なくなる。しかし，いまだに解決されていない歴史問題，中国国内のメディアや教育現場における日本の位置づけなどを考えると，中国社会における反日感情は決して一時的なものでなく，そのビジネス現場への影響の本質を捉えるためには，より長期的な観察や，反日感情という敵意がどのように購買行動へ影響するかを捉える枠組みの研究，実証的な考察が求められる。

　マーケティングや消費者行動研究領域で，このような消費者の敵意に焦点を

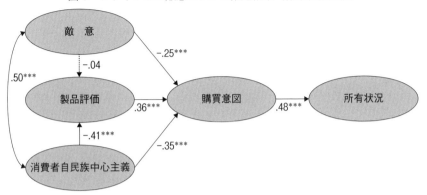

図 6　クラインらの敵意モデルの推定結果（標準化推定値）

(注)　*** は $P<0.01$, ** は $0.01<P<0.05$, * は $0.05<P<0.1$。
(出所)　Klein et al.（1998），p. 95 より作成。

当てて実証分析を行った先駆的研究に，Klein et al.（1998）がある。ここでは，消費者が特定の国／地域に敵意を抱く場合の消費者行動モデルとして，製品そのものに対する評価，消費者個人の抱く敵意，そして消費者自民族中心主義の3つの構成概念が購買意図につながるという，図6のような「敵意モデル」を提示している。Klein et al.（1998）は敵意（animosity）を，「過去あるいは現在進行中の軍事的，政治的，あるいは経済的活動に関連する嫌悪の残存物」と定義し，中国の南京市の市民に対する調査データに当てはめた。測定項目は，敵意の要因として，"日本が嫌い"，"日本に怒りを覚える"，"日本は中国を利用している"など政治的・経済的敵意の8項目，品質評価の要因として，"日本製品は技術的に優れたものが多い"，"日本製品は丈夫で長持ちする"といった6項目，消費者自民族中心主義の要因として，"外国製品を買うことは中国人の雇用を奪うので正しくない"など6項目，そして購買意図については，"日本製品を買うことに罪の意識を感じる"，"絶対に日本車は買わない"など6項目である。

　分析結果は図6に示した通り，南京市の消費者が抱いている反日感情は，日系製品に対する購買意図に直接的にネガティブな影響を与えていることがわかる。興味深いのは，このような敵意は日系製品そのものの評価には直接ネガティブに影響しないということである（つまり係数が統計的に有意でない）。すなわち，南京の消費者は反日感情に関係なく日系製品を評価しているが，その購

買意図には反日感情のゆえに消極的になる傾向が存在するということである。

　マーケティングや消費者行動研究の領域においては，こういった消費者の敵意現象は長い間無視され続けてきたが，Klein et al.（1998）を皮切りにその後多様な国や地域で関連研究が行われるようになっている。これらの既存の敵意研究はいくつかの興味深い知見を導き出しているが，最も核心をつく結論は，個人の敵意は相手国関連製品の購買意図に直接ネガティブな影響を与えるということで，これまでの「反日感情＝日系製品購買」説を支持している。

　たとえば，いくつか関連する研究を紹介すると，中国と同様に日本に対して強い敵対感情を抱いているとされる韓国において，Shin（2001）が行った研究では，消費者の対日感情と日系製品購買意図および行動の間の関係を敵意モデルに基づいた実証分析をした結果，韓国の消費者は南京市の消費者と似たような消費者行動パターンを持つことが示された。すなわち，韓国の消費者の日本に対して抱く敵意の度合いは，日系製品そのものの評価には有意な影響を与えないが，購買意図にはネガティブな影響を与えている。

　また，同じく過去の戦争体験による敵意に関する研究として，Nijssen and Douglas（2004）がある。彼らは，オランダの消費者のドイツ製品に対する態度について実証的に研究しているが，ここでは，敵意の源泉を戦争体験と経済戦争という観点から考えている。外国貿易依存度が高く比較的小規模の先進国オランダにおいて，敵意が消費者に与える影響を実証的に検討した結果，ドイツとの戦争を契機にした敵意はドイツ製品に直接ネガティブに影響を及ぼすけれども，経済的敵意は消費者自民族中心主義を通して間接的に影響を及ぼすが直接的には関係しないことを明らかにしている。

　さらに，Klein（2002）は，戦争ではなく経済領域での衝突から引き起こされる敵意の影響について，アメリカの消費者の日本および日系製品に対する態度を実証的に研究している。ここでは，消費者が特定の国に敵意を抱く場合，その国の製品よりその他の国の製品（ここでは韓国）を選ぶ傾向があることや，中国や韓国での日本に対する敵意の研究で明らかになったように敵意は日系製品そのものに対する評価には直接的に影響しないこと，また，消費者自民族中心主義は自国のブランドにプラスに働き，同時に日本製品の評価にネガティブに働くといったことが実証的に示されている。

　このような国のイメージに基づく敵意ではなく，国内の地域間の衝突に焦点

を当てた研究も興味深い。Shimp et al.（2004）は，地域レベルでの敵意の存在
——アメリカの南北地域間における地域的敵意——を確認したうえで，その敵
意は自地域の製品やサービスに対する選好を高め，さらに自地域の製品やサー
ビスにプレミアム価格を支払ってもかまわないという考えにまで至ることを明
らかにした。

　同じく国内における敵意の影響を調べた研究に，Shoham et al.（2006）があ
る。同研究は，イスラエル国内におけるユダヤ系イスラエル人のアラブ系イス
ラエル人への敵意とその影響を研究対象としている。複数の日用品およびサー
ビスにおける消費者行動に対する観察から，ユダヤ系イスラエル人の敵意は購
買意図や行動に影響を及ぼしていることを示した。興味深いのは，認知的不協
和理論との関係で敵意の製品評価への影響を想定し，実際の実証分析からその
影響が比較的強いことを確認したことである。認知的不協和理論に基づくと，
敵意を抱いている相手の製品を高く評価するということは，個人を不協和の状
態に陥れることになり，その場合は相手国製品への評価を低くすることで認知
的不協和からもたらされた不快感をある程度緩和させることができる。特定集
団の製品はその集団の文化およびパーソナリティとつながっており，その集団
に向けられた敵意はその集団の慣習自体への反感に転じ，さらにその集団の文
化を代表する製品も否定される可能性があることを，彼らは指摘している。

7. 反日感情下の日系製品購買意図の形成

　このように既存の敵意研究は消費者行動領域に敵意要素を取り入れ，さまざ
まな国や地域で実証的に研究されており，きわめて興味深い考察がなされてい
る。ただし，比較的新しい研究領域ということもあり，分析モデルそのものは
基本的には Klein et al.（1998）の敵意モデルに基づいているものが多い。これ
らの研究に共通する大きな問題点は，合理的行為理論や TPB モデルで扱われ
ている社会規範，他者からの影響を考慮に入れていない点である。これまで見
てきたように，消費者行動論では，文化，社会規範，準拠集団，友人，家族な
ど多くの外部環境要因が人々の態度や行為に大きく影響することが知られてい
る。敵意モデルでは，このような変数は無視されて，誤差項として一括して扱
われているにすぎない。

中国の消費者の日系ブランドに対する態度形成には，反日感情以外にもこのような外部要因の影響があるのではないかという問題意識から，金（2007）は定性的な調査を行っている。大連，上海，北京，長春の大学で経済関係を専攻している 139 人の学生を対象にした，日系ブランドを買う理由と買わない理由についての詳細なインタビュー調査である。その結果，自民族中心主義や敵意感情とは別に，個人間コミュニケーションについて，興味深い特徴があることがわかった。以下では，金（2007）から興味深いいくつかの事例を紹介したい。ちなみに中国では，大学生は全員が個室ではなく 4 人一部屋のような環境で 4 年間の寮生活を送る。一人っ子政策で育ってきた子どもたちが，いきなりプライバシーが制限される集団生活を強いられるので，かなりのカルチャー・ショックがあるようである。

　「自分は買ってもいいと思っているが，友だちと一緒に買い物に行くときは，やはり日系ブランドは避けます。一種の暗黙的な合意みたいのがあるというか，面倒くさくならないためにね」（大連，女子）。
　「日系製品を買ったところを見られると，なぜ国産ブランドじゃなくて日系なんだと聞かれるときがあります。そのときは釈明することが必要ですね」（長春，女子）。
　「私は日本のアニメやドラマ，音楽も好きです。ビジュアル系とか。アイドル系も好きですし，ちょっと前衛的なものもね（笑）。でも，あまり人に積極的にこの話をしたりはしません。東北は反日感情が強いので，結構怖いです。そういう話をしたら，あんな表情で見られるんです，あんな表情ね，わかるでしょう。だから，相手もこういうのが好きっていうことを知らない限り，自分から積極的に話したりしません」（長春，女子）。
　「ぼくたちの部屋は半分に分かれているんです。いつでも買う人と，絶対に買わない人。ときどきはお互い議論したり，けんかになることもあるけれど，過ぎたらまた仲直りします。結局，日系製品に反対する人はぼくと同じ理由で，あれだけ侵略されて心の中に何もないというのはありえないですね。日系製品を支持する人は，だいたい電子製品をよく使っていて，彼らは買わざるをえないから自分でいろいろ言い訳するんです」（北京，男子）。
　「私のルームメートで一人過激な女の子がいるんです。彼女はこの間イン

ターネットから日系ブランドのリストをダウンロードして見せてくれたけれど，え，こんなにいっぱいなんだと思って，よく使っていたソフィーも日本の花王だった。彼女は，前は知らなかったけれどこれからは買わないって言っていました。……反日デモのとき（2005 年春），彼女と私は憤慨していたので，2 人とも持っていた三菱のボールペンのロゴを削ったんです。周りは私たちのことを結構おかしいと思っているらしいけれど。彼女たちはそんなに真剣に考えないし，過ぎたらすぐ忘れるんです」（上海，女子）。

　このようなインタビュー結果から浮かんでくるのは，学生たちが感じている周囲からの心理的なプレッシャーである。そこで，このような周囲からの心理的プレッシャーを合理的行為理論における社会規範と考え，購買意図にはこの社会規範と，個人の日系製品に対する品質の評価，反日感情の程度の 3 つが影響していると考えた。ここでは，古川・金（2008）の実証研究を紹介したい。古川・金（2008）では，金（2007）の提起した修正敵意モデルを利用しているが，2006 年と 2007 年の分析結果を比較することで，2005 年に起きた大規模な反日デモの影響の時間的変化についても考察している。
　2007 年の調査も，2006 年同様，サーチナ総合研究所の協力を得て行った。新秦商務咨詢（上海）有限公司（上海サーチナ）が運営する「新秦調査」の消費者モニターの中から，「現在自動車を所有している，あるいは近い将来自動車を購入する予定のある」人を対象にし，北京，上海，南京の各都市から 100 サンプルずつ調査データを収集している。第 1 回目は，北京，上海，広州，武漢，南京の 5 都市から 200 サンプルずつ，第 2 回目は北京，上海，南京の 3 都市から 100 サンプルずつである。ただし，2 回目の調査では若年層と低所得層の割合が増えており，クルマの調査の対象者として不適切であると判断したサンプルを削除している。2 回目の調査の目的は，2005 年の大規模反日デモの直後の 2006 年と，1 年以上時間が経過した 2007 年では，調査結果にどのような違いがあるかを調べるためであり，調査項目は同一である。
　調査に用いた質問項目について簡単に説明すると，「製品評価」については，品質，コスト・パフォーマンスおよびファッション性の 3 つの項目で測っている。「敵意」，すなわち個人の反日感情の測定に関しては，Klein et al.（1998）を参考にしながら消費者インタビュー調査の結果と照らし合わせたうえで，過

表4　各測定項目の平均値

		北　京		上　海		南　京	
		2006 (*N*=200)	2007 (*N*=81)	2006 (*N*=200)	2007 (*N*=91)	2006 (*N*=200)	2007 (*N*=80)
製品評価	品質がよい	3.35	3.70	3.31	3.52	3.14	3.43
	コスト・パフォーマンスがよい	3.28	3.75	3.22	3.55	3.18	3.40
	ファッショナブルである	3.58	3.83	3.58	3.85	3.57	3.78
敵　意	日本が嫌い	3.74	3.10	3.57	2.88	3.67	3.13
	日本人が嫌い	3.68	3.11	3.53	2.86	3.58	3.19
	戦争を忘れない	4.44	4.02	4.26	3.95	4.26	4.11
	近年の日本政府に不満	4.36	3.95	4.22	3.73	4.30	3.94
	日系企業は差別戦略を実施している	4.08	3.67	4.02	3.44	3.98	3.75
社会的規範	日系車不買の周囲からの期待	3.11	2.59	3.04	2.66	3.29	2.84
	日系車への周囲の実際の態度	2.97	2.51	2.89	2.54	3.19	2.73
	日系車不買の圧力（社会から）	2.91	2.94	2.98	2.75	2.80	2.78
	日系車不買の圧力（周囲から）	2.86	2.83	2.91	2.67	2.83	2.69
購買意図	日系車購入意図	2.88	3.40	3.00	3.40	2.73	3.13
	非日系車購入意図	3.55	3.40	3.77	3.26	3.44	3.26

（注）　網掛け部分は平均値の差が5％以上の水準で有意（独立サンプルの *t* 検定）。
（出所）　古川・金（2008）。

去の戦争体験と近年の日本政府や政治家の言動に対する態度，日本と日本人に対する態度，日系企業の中国市場戦略に対する認識の5項目を用いた。「社会的規範」については，合理的行為理論における測定項目を参考にしながら次の4項目を用いた。すなわち，日系製品購買をめぐって回答者が感じる周囲の人々からの期待，回答者自身の態度，そして回答者が周囲から感じるプレッシャーおよび社会全体から感じるプレッシャーである。最後に購買意図については，日系製品に対する購買意図と同時に非日系製品の購買意図も聞いている。なお，測定は調査会社と相談のうえ，データの質の確保を優先して5点尺度を採用した。

　2回とも調査対象となった北京，上海，南京の3都市における各測定項目の平均値が表4に示されている。まず，敵意の5項目（数値が大きいほど強い敵意を示す）では，すべての項目の平均値が全都市で2回目が1回目に比べ低くなっており，社会全体の敵意は1年である程度緩和したといえよう。次に，社会

図7 修正敵意モデル

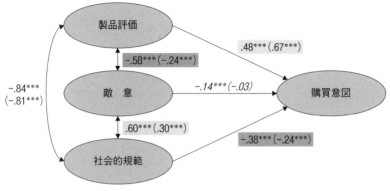

(出所) 古川・金（2008）。

的規範（数値が大きいほど日系製品不買のプレッシャーが強いことを表す）に関しても，1項目を除く全項目の平均である程度の緩和が見られる。一方で，日系車の製品評価（数値が大きいほど高い評価を示す）は，すべての項目において3都市とも平均値が高くなっている。最後に，購買意図（数値が高いほど高い意向を示す）の平均については，日系車の購買意図は全都市で高まるとともに，反日感情の直接的な表れともなる非日系車の購買意図は全都市で弱まっている。

　驚くことに，わずか1年で北京の日本車不買の圧力を除いて，すべての値が好転したのである。購買意向において，日本車を買うか，日本車以外を買うかという質問に対する答えが，2006年と2007年では上海で逆転しており，北京では追いつき，南京でも肉薄するように変化していることを見ても，日系製品に対する反日感情の影響は，明らかに反日デモのような世論の大きな盛り上がりに影響されることがわかる。全体的に見て，両国政治関係の緩和の流れを受け，2007年は2006年に比べて，日本に対する敵意および日系車の購入にあたっての規範的なプレッシャーが緩和されるとともに，日系車の評価および日系車の購買意図は高まっている。反日の機運が盛り上がっている時期とそうでない時期では，日系ブランドに対する意見は大きく異なるのである。わずか1年で日本に対する敵意や周囲からのプレッシャーがここまで変化するのかという印象を受けるが，このような傾向についての考察は，次章で詳しく行いたい。

　図7は，各都市のデータをプールして，修正敵意モデルで分析した結果である。カッコ内は2006年のデータについて推定したパラメーターの値を示してい

る。CFIとNFIはいずれにおいても0.90以上で比較的高い適合度を示しており, RMSEAも0.08と0.10と, 全体としてモデルは妥当であると考える。

図7を見ると, 2006年に行った1回目の調査に比べて, 2回目の調査では購買意図形成パターンに次のような特徴が見られる。すなわち, 1回目調査では, 消費者個人の抱く敵意は日系製品の購買意図に直接影響を与えなかったが（統計的には有意でなかった）, 2回目ではパラメーターの値はそれほど大きくはないけれども統計的に有意にネガティブな影響を与えている（−0.14, $p<0.01$）。その他のパターンは共通しており, 個人の敵意は購買意図に対して製品評価と主観的規範との相互関係を通して間接的な影響を与えている。また, 社会的規範は依然として購買意図に直接的にも間接的にも影響している。製品評価が直接的にも間接的にも購買意図に影響を与えているのはいうまでもない。

これらの点は, これまでの敵意モデルの実証研究の結論と異なる。これまでの研究では, 個人の敵意は相手国製品の評価に直接的に影響することはなく, 敵意は購買意図に直接的にネガティブな影響を与えるとされてきたからである。このように, 中国の消費者の反日感情は, 日系製品の購買意図に直接的にはネガティブな影響をあまり与えないという点はきわめて興味深い。しかし, 反日感情の悪影響がないわけではない。製品評価や社会的規範へのネガティブな影響を通して影響を及ぼしていることがわかる。

次に, 都市別データを用いて多母集団分析を行った結果が, 図8から図10である。分析結果を見ると, 北京と上海では2回目の調査でも1回目と同じパターンとなっており, 敵意は日系製品の購買意図に直接的には影響を与えず, 間接的な影響のみ与えている。しかし南京においては, 敵意が直接購買意図にネガティブに影響しており, 社会的規範の直接的な影響も強い。その一方で, 製品評価が2回目の調査ではまったく有意な影響を及ぼしていないことがわかる。これらの結果から, 全サンプルを用いた分析から出てきた1回目とのパターンの違いは, 南京のデータから生じたものであると考えられる。

すなわち, 北京と上海においては1回目も2回目も同様な購買意図形成パターンが確認され, 消費者個人の敵意は日系製品不買に直接的には結びつかないが, 間接的に周囲からのプレッシャーや製品評価へのネガティブな影響を通してネガティブに働いている。しかし南京においては, 1回目の調査では北京や上海と一致したパターンが示されていたが, 2回目の調査では, 日系製品の購

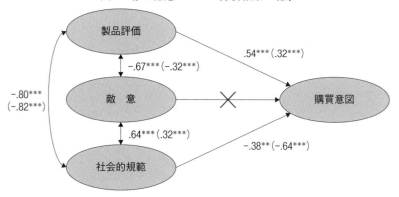

図 8　修正敵意モデルの分析結果：北京

標準化推定値（1 回目 *N*=200，2 回目 *N*=81）（括弧内は 1 回目の結果）

（注）　*** は *P*＜0.01，** は 0.01＜*P*＜0.05，* は 0.05＜*P*＜0.1。
（出所）　図 7 に同じ。

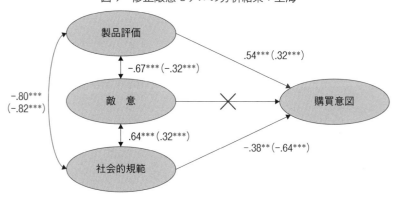

図 9　修正敵意モデルの分析結果：上海

標準化推定値（1 回目 *N*=200，2 回目 *N*=81）（括弧内は 1 回目の結果）

（注）　*** は *P*＜0.01，** は 0.01＜*P*＜0.05，* は 0.05＜*P*＜0.1。
（出所）　図 7 に同じ。

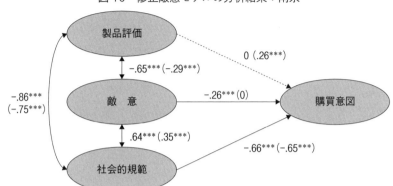

図 10　修正敵意モデルの分析結果：南京

標準化推定値（1回目 $N=200$，2回目 $N=80$）（括弧内は1回目の結果）

（注）　*** は $P<0.01$，** は $0.01<P<0.05$，* は $0.05<P<0.1$。
（出所）　図7に同じ。

表 5　各要素の購買意図への影響の度合いの時系列的変化（非標準化推定値）

	北　京		上　海	
	1回目	2回目	1回目	2回目
製品評価 →購買意図	0.43***	0.87***	0.76***	0.93***
社会的規範→購買意図	−1.35***	−0.48**	−0.79***	−0.67*

（注）　*** は $P<0.01$，** は $0.01<P<0.05$，* は $0.05<P<0.1$。

買意図は製品評価とは無関係に，敵意と社会的規範のみで形成されるという「特異」な状況となっている。その原因がどこにあるかは，残念ながらこのデータのみからは明らかにすることができない。

　表5は，北京と上海の2時点間の非標準化係数の変化を表にしたものである。これを見ると，製品評価が購買意図に与える直接的なポジティブな影響は，両都市とも1回目に比べ2回目のデータでより強くなっており，また，社会的規範が購買意図に与える直接的なネガティブな影響は，両都市で1回目より2回目のほうが弱くなっていることがわかる。すなわち，社会全体の敵意レベルが弱まった場合，日系製品の購買意図の形成において，製品そのものに対する評価のポジティブな影響が強まる一方で，社会的規範のネガティブな影響は弱まる傾向が見られるのである。この結果は，図5におけるクルマのブランド・シェアの推移において，日系車のシェアが2007年には2006年よりも増加してい

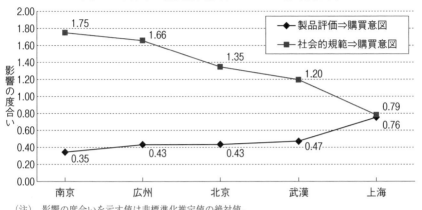

図 11　日系車の購買意図形成プロセスの都市間差異

(凡例)
◆ 製品評価⇒購買意図
■ 社会的規範⇒購買意図

縦軸：影響の度合い

製品評価⇒購買意図：南京 0.35、広州 0.43、北京 0.43、武漢 0.47、上海 0.76
社会的規範⇒購買意図：南京 1.75、広州 1.66、北京 1.35、武漢 1.20、上海 0.79

(注)　影響の度合いを示す値は非標準化推定値の絶対値。

ることと矛盾しない。

　最後に，1回目の調査対象都市の5都市について，金（2007）が行っている多母集団分析をした結果を見てみたい。図11は，製品の評価から購買意図に至る係数と社会的規範から購買意図に至る係数を表している。各都市とも，敵意から直接に購買意図に至る係数は統計的には有意でなかった。これを見ると，反日感情の強い順に社会的規範の影響が小さくなっていくことがわかる。中国でも最も戦争被害が深刻だとされる南京で一番大きく，反日感情が最も緩いとされる上海で最も小さいことがデータ分析の結果からも示されている。

8. マーケティング・リサーチの限界

　2回の調査データを用いた分析から，修正敵意モデルの妥当性が確認されるとともに，反日感情下の日系製品購買意図の形成パターンがある程度安定した形として定量的に示された。すなわち，中国の消費者にとって，個人の反日感情と個人の日系製品に対する購買意図との直接的な結びつきはほとんどないが，日系製品の評価へのネガティブな影響や周囲からのプレッシャーを感じやすくなることを通じて間接的につながっていることがわかったのである。

　一方で，周囲のプレッシャーは2回の調査のいずれでも，購買意図に直接的および間接的に影響を与えており，日系製品の購買意図の形成における重要な

要因であることがわかった。すなわち，反日感情下で日系製品をめぐる消費者行動においてカギとなるのは，個人の反日感情ではなく，反日感情の社会的共有からくる規範的なプレッシャーなのである。さらに社会全体の対日感情の緩和に伴って，日系製品の購買意図の形成において製品評価のポジティブな影響が高まるとともに，規範的プレッシャーのネガティブな影響は弱まる傾向が観察された。また，地域間でかなり反日感情の影響が異なることもわかった。ただし以上のような傾向は，より長期的なデータを用いることで検証していかなくてはならない。

　このように，ブランドに対する COO の影響は，敵意感情がある市場に参入する場合にはとくに重要であり，敵意の研究はビジネスの現場に対する理解を深めるために重要な示唆を与えることができる。過去の戦争の歴史に基づいた反日感情がこれからも中国消費者個々人の中に残るとしても，それが直接的に消費者行動に及ぼす影響は限定的であり，反日のリスクは克服不可能なものではない。しかし，製品評価や社会的規範を通して間接的に，そのゆえにより観察されにくい形で影響しており，こういったプロセスは何らかの契機で反日感情が大きくなる場合に，ある種の悪循環に陥って事態を拡大させる可能性がある。不祥事やデマに対する適切な対策は，日系企業にとってとくに重要である。また，周囲からのプレッシャーは集団主義的な社会においては大きな影響力を持つことが示唆された点も，この研究の貢献であろう。この点については，改めて第 6 章で詳しく検討したい。

　本章では，ブランドの重要性を述べ，主に中国の消費者に対するサーベイ・データの分析を検討した。分析手法はスタンダードなものであり，決して洗練された高度なテクニックは用いていないが，十分に考えられた調査票により適切なデータを集めることができれば，ここで用いられた「こなれた」分析手法でもそれなりに説得力のある分析結果を示すことができるのである。「それなりに」といったのは，行為と言説が矛盾していることに少し言及したが，収集されたデータ自体に大きな問題を含んでいるからである。日系車が，ドイツ車，アメリカ車，韓国車に比べて格段に製品評価も購買意図も低いというデータからは，どんな精緻な統計的なモデルを適用しても，まともな答えは出てくるはずはない。まさに，「ごみのデータ」からは「ごみの結果」しか出てこないのである（Garbage in, garbage out.）。

これは，反日感情がある中国の各地域における「日本イメージ」の調査が，いかに難しいかを意味している。調査のプロセス自体は，調査の専門家に委託しており，被験者のサンプリングなどに問題はないと思われる。しかし，敵意自体が社会規範になっている場合，敵意を想起するような内容が質問の中に入っていること自体が，すでにバイアスを引き起こしているのである。この点については，とくに2006年，2007年の調査ではできる限りの配慮を行っている。すなわち，いずれも，反日感情に関する質問は最後に置き，それ以外の質問は日本以外の国別ブランドについても聞いているといった工夫をすることで，回答者が「日本」を想起することで生じうるバイアスをなるべく除去するようにしたのである。しかしそれでも，「日系」という言葉自体がバイアスをもたらしている可能性は十分考えられる。

このバイアスを除去することはきわめて困難であると思われるが，バイアスを与件として，日系企業間での反日感情の影響の受け方は個別の企業によって異なるかもしれないといった点については検証可能であろう。ターゲットになりやすいかどうかは，ある程度予測できるはずである。日系企業の代表選手として捉えられ影響を受けやすい企業もあれば，そうでない企業もあるからである。企業別の具体的な違いを整理し，その原因を分析することで，より興味深い実務的インプリケーションが得られると考えられる。

さらに重要な点は，前節で取り上げたのは2時点の調査のみであるが，社会全体の敵意の度合いの変化に伴った敵意の消費者行動への影響をより深く理解するためには，本来こういった時系列的な観察は今後も続けていく必要があることである。

◈ おわりに

本章の内容を，いま一度整理しておきたい。

(1) ブランドは現代マーケティングの中心的なテーマである。とくに，グローバル・マーケティングにおいては，進出先の市場におけるブランド間競争とブランドに対する理解の違いは，ブランド戦略を考えるうえでの分岐点になりうる。

(2) 各都市のブランド調査データの分析を行った。また，ブランド認知－ブランド理解－ブランド評価（選好）を同時に考慮するモデルを提起し，モ

デルの有効性を確認した。

⑶　消費者自民族中心主義や敵意感情など，ブランドの COO に焦点を当て，中国における反日感情下の消費者行動を説明するための新たなモデルを提起した。この修正敵意モデルは説明力も高く，敵意というより周囲のプレッシャーが評価や行為に与えることが明らかになった。

⑷　反日感情の影響の強さは地域間で異なるが，最大の問題は測定されたデータと実態がまったく一致しないことである。言説と行為が明らかに矛盾していることが示された。

　次章では，なぜこのようなフェイク・データが観察されてしまうのかについて，定性的な調査により明らかにしていきたい。

第4章

嫌いだけれど買う人たち

◆ はじめに

　前章では，既存の研究成果と定性的な調査に基づき，中国消費者の反日感情を考慮した購買意図形成を説明する修正敵意モデルを提示した。そして，このモデルを検証するために標準的なプロセスに則りデータ収集を行い，敵意，すなわち反日感情の購買意図への影響について検討した。実証分析の結果，データのモデルへの当てはまりもよく，敵意の影響よりも周囲の人たちの目が気になるという社会規範のプレッシャーの影響が大きいことや，戦争被害が大きく反日感情が高いとされる都市のほうが敵意の影響が強く出るということが明らかになった。

　しかしその一方で，とくに調査の進め方に大きな問題が見出せず，既存の理論との整合性，仮説の妥当性，統計的なモデルの当てはまりといった点においても分析結果は妥当であったにもかかわらず，そうして説明された購買意図と実際の購買行動がまったく一致していないという，マーケティング・リサーチにとっては本質的な問題が残ったのである。このようなデータから，現実の購買行動を反映した製品への態度と購買意図の関係を，日系の車とドイツ系，韓国系，アメリカ系，中国系の車との競合関係を考慮した数量モデルの分析により明らかにすることは困難である。すなわち，反日感情といった微妙な問題がある状況下では，日本というイメージにつながるブランドについてデータをとることが，大きな問題をはらむことがわかった。

　品質評価の調査として世界的に定評のある JD パワーのスコアを見ても，日

本車の品質は世界的に見て最高水準を示しており，さらに調査を実施した
2000年代後半は中国市場において日系ブランドのクルマのシェアは外資系で
はトップを走り，非常に好調に推移していた。このような状況下において，ド
イツ車，アメリカ車，韓国車と比べて圧倒的に低く評価される常識的な理由は
見当たらない。しかし，消費者には敵意があり，周囲の目のプレッシャーも感
じ，品質・デザインへの評価，また購買意図も，他の外資系メーカーに比べて
ダントツに低い。だが，それにもかかわらず実際には日本製品は選択されてい
るのである。しかも，乗用車は高価な買い物であり，容易に周囲の人たちに観
察されることからも，普通に考えれば購買意思決定においてはブランドが重要
な役割を果たしているはずである。もちろん，日本製品だけがタダ同然の低価
格で売られているわけでもない。

　第2章で検討したデータの分類における，"嫌いだけれど買う"というまっ
たく理屈に合わない現象がなぜ起こるのか，嫌いだけれど買う人たちの言葉を
テキスト・マイニングの手法を使って詳細に分析し，この問題を考察すること
が本章の目的である。

1. 嫌いだけれど買う人たちの言葉の分析

　第3章の，"嫌いだけれど買う"というデータが，どのような理由から測定
されるのかという問いに対する回答の糸口を探るために，中国の名門大学とし
て名高い広州市の中山大学のMBAの学生に対して，改めて日本車に対する印
象をグループ・インタビュー形式で聞いてみることにした。データ分析の詳細
は後述するが，予想した通り，グループ・インタビューにおいても，次のよう
な言葉が数多く聞かれた。

　　「欧米車は安全性が高いが日本車は安全性が低い。1番アメリカ車，2番ド
　　イツ車，3番国産車，4番日本車」（アメリカ車所有者）。
　　「日本車はただ安くて燃費が良いだけ。今は収入が追いつかないから日本
　　車を買っただけ。自分の収入が増えたら，ドイツ車を買いたい」（日本車所
　　有者）。
　　「（日本企業は）一番良いものは日本国内で，2番目は欧米に，一番品質の

悪いものを中国人に売っている」。

　調査時点においては，年率20パーセント程度の成長を見せる中国の自動車
市場にあって，日本車メーカーは中国企業との合弁会社を設立することで生
産・販売の体制を整えており，積極的なマーケティング活動もあって日本車の
当時のシェアはおおよそ25パーセントに達する勢いがあった。とくに広州市
には，ホンダ，トヨタ，日産がそれぞれ進出しており（もちろん合弁という形
式ではあるが），中国の中でも相対的に日本車のシェアが高いところであった。
トヨタ，ホンダ，日産などの日系メーカーは，組立工場をトップに協力工場が
階層的に連なる系列システムを中国でも構築しており，それに加えて生産設備
には最先端のものを導入しているので，製品の品質に問題はない（古川
(2006)）。
　さらに述べれば，販売店の経営者や店長に対するインタビューにおいては，
中国の消費者のこのような反日的な感情の影響を断片的にでも聞き取ることは
できなかった。高成長を実現している中で，われわれのアンケート調査の結果
を見せても，首をかしげるそぶりを見せるのみで差し迫った実感がなかったの
が実態であった。そして，少なくとも販売にはこのような非好意的な感情は影
響がないという公式見解が述べられるにとどまってしまう。実際の北京，上海，
広州のいくつもの販売店を見ていても，車を見に来た人々に非好意的な態度は
まったく見られない。
　それは，当時公表されたJDパワーの調査結果を見ても確認することができ
る[1]。十分なデータを確保できないという事情で除かれたメルセデス・ベンツ
などが含まれるプレミアム・セグメント以外の7つのセグメントにおいて，平
均点以上の高品質ブランド17車種のうちなんと15車種を日本車が占めていた
のである。したがって，グループ・インタビューの言説は明らかに誤りである
ということができる。何よりも驚かされるのは，中山大学のキャンパスにおい
ても日本車が最も目についたし，インタビューしたMBAの学生も日本車のユ
ーザーが多かったという事実である。中国の知的エリート層であるにもかかわ
らず，上記のような日本車に対する不当な評価，虚偽のデータが観察されるの
である。
　なぜこのような発言が出てくるのか。なぜ日本車の安全性に問題があるとい

うのか。前章のアンケート調査でも，今回のグループ・インタビュー調査でも，どの調査においても反日感情に起因すると思われる，このような（日本人の目からすると）バイアスのかかった回答が目につく。しかも，日本車の品質・安全性に問題があり日本車は嫌だといっていた人たちの多くが，どのような理由からか日本車に乗っているという，マーケティング・リサーチを行う立場から見れば理解困難な状況が目の前に展開していたのである。

　バイアスはそれ自体問題ではあるが，一定の傾向があれば修正することも可能であり，それほど致命的な要因ではない。しかし，"嫌いだけれど買う"という購買行動は，それとは違うややこしい問題を提起している。すでに見てきたように，消費者行動の教科書では，製品の認知から始まり，関心を持って情報収集を行い，好意的な態度が形成され，購買行動が起こると説明されるのが普通である。経済学ではもっとシンプルで，効用という一次元の尺度にすべての問題を押し込めて，消費者の選択行動を説明している。いずれにしても，"好きだから買う"のである。決して嫌いなものは買わない。このような前提に立つからこそ，道具主義的なモデルが役に立つのである。属性アプローチにおいては製品属性と効用を結びつけ，コンジョイント分析をはじめとする選択モデルを構築し，実証的に検討され，マーケティング活動に対する具体的な方策につながっていく。嫌いだけれど買うという購買行動は，このようなロジックを根底から覆す。それでは，嫌われればいいのではないか，というのでは，顧客志向とはまったく逆のマーケティングにしかならない。

　もちろん，前章の大学生に対する定性的な調査からもわかるように，中国の消費者の反日感情が日系製品の品質を高く評価することへの抵抗感を高めることは理解ができるし，日系ブランドが好きな人たちも周囲のプレッシャーから摩擦を回避するために本音をいわないのかもしれない。明らかにバイアスがかかった評価に対する反論や，日系製品を擁護する意見が日本車のユーザーからもなかなか出てこないことは，そのような理由からであると考えることもできる。

　しかし，一般的には消費者は自己の意思決定の正しさを確認したいので，購入した後でもその評価を高めるような情報を欲求することが認知的不協和研究の示すところである。すなわち，そもそも理由自体が後づけであり，事後的に自己の正当性を主張することはよくあることなのである（たとえば，ソロモン

（2015）参照）。したがって，自分の選択した日本車の悪口を言ったり，そのような意見に同調したりはしないというのが既存の理論の見方である。さらに重要なことは，クルマのように主観的な評価，感情的な価値が重要になる場合は，ブランド価値が品質評価に密接に結びつくが，このような状況下ではますます嫌いなものを買うことは正当化しづらいはずである。このように，既存の理論では嫌いだと言っていながらそのものを買う人々の行動をうまく説明することができない。

　以下では，この現象の説明可能な理由を考えるために，グループ・インタビューなどの言語データの分析を行った後に，なぜこのような中国の消費者の言説や行動が観察されるのかについて検討していきたい。

2. 言葉の「見える化」のメリット

　質問内容と調査協力者の概要については，巻末の補論②を参照してほしいが，13名中9人が日本車の現所有者であり，日系車の所有率が相当高い点に注意したい。さらに，LEXUS，プリウスといった先端的なイメージの車の所有者も含まれている。しかし，以下で詳細に分析されるように，グループで発言された日系車に対する評価は相当厳しい。

　「日本企業は一番良いものは日本国内で売る，2番目は欧米に，品質の悪いものを中国人に売っている」といった言葉は，3つのグループすべてで出てきた。しかしすでに述べたように，中国国内で生産されている日本車の品質は高品質であり，生産現場をじかに見てきた日本人からすればこのような発言は大変に意外である。インタビューの記録を主観的に解釈することは，このような言葉に過度にとらわれすぎる危険がある。

　たかだか3グループ，それもそれぞれ1時間程度ずつの今回のインタビューのデータでも，テープを起こすと4万字を超える。もちろん時間をかけて読み込んでいけばいろいろなことに気づかされるが，全体の構図を理解することは容易ではない。さらに困難なのは，分析したことを人に伝えるのが非常に難しい点である。「〜という意見があった」というだけでは，たとえそれが分析者にとっては本質的な点であると感じたとしても，その意見に反対の周囲の人々を説得することは難しい。

そこで，今回はグループ・インタビューで得られたデータをキーグラフとい
うテキスト・マイニングのソフトウェアを活用して分析を行った（詳細は大澤
(2006) を参照されたい）。グループ・インタビューで語られた言葉に対してテ
キスト・マイニングの手法を適用し，全体を俯瞰し視覚的に表現することで，
内容を誰にでもわかりやすく直感的に把握することが可能になり，「〜さんの
意見では」というような恣意的な解釈や説明を避けることができる。つまり，
テキスト・マイニングの手法をうまく使いこなすことで，分析者の主観的なバ
イアスを軽減すると同時に，分析結果の説得力も向上させることが可能になる
はずである。

(1) 全体の俯瞰図

　図1が，今回のグループ・インタビューの結果を視覚化したものであり，キ
ーグラフではシナリオ・マップと呼ばれる。ここで，黒丸が頻出頻度の高い言
葉であり，結びつきの強い（共起度の高い）言葉同士が実線で結ばれている。
このような実線で結ばれている言葉の集合はクラスターと呼ばれる。すなわち，
1つのクラスターはあるコンセプトを示しているといっていい。エピソードや
シナリオ（物語）といってもいい。
　また，点線はクラスター間をつなぐが，実線ほど結びつきが強くないことを
示している。そして，それぞれの言葉の中で，複数のクラスターをつなげる重
要な言葉はアミ丸と2重丸で示される。2重丸はアミ丸に比べて頻出頻度は低
いが，複数のクラスターをつなげるという点では重要な言葉であることを示し
ている。
　このことからもわかるように，実はキーグラフではシナリオ・マップを作成
するためには，黒丸，2重丸，アミ丸の個数というパラメーターを分析者が事前
に指定する必要がある。すなわち，図1のようなシナリオ・マップはデータを
入力すると自動的に計算されて出てくるものではなく，分析者がシナリオ・マ
ップを見ながら試行錯誤を繰り返し，結果が容易に解釈可能であり，またその
解釈が安定するようなシナリオ・マップが作成されるようにパラメーターを適当
に決めていく作業が必要になる。テキスト・マイニングというとコンピュータ
が自動的に文章を解析して有用な情報に縮約してくれるように思うが，コンピ
ュータはまだ依然として語られた話の内容を理解することはまったくできない。

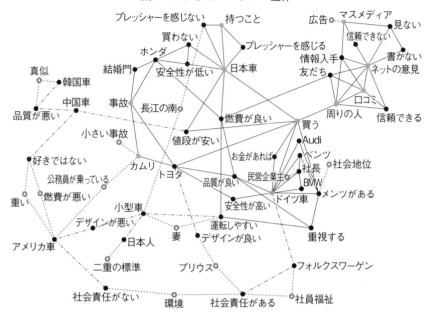

図1　シナリオ・マップ：全体

1つひとつの言葉の頻出頻度や同時に使われる頻度（共起度）を，数量的に処理するだけである。

　すなわち，最終的に採用されたシナリオ・マップは分析者の主観的な理解力に依存していることに注意しなくてはならない。しかし，それでもデータから分析したプロセスが説明されないまま結論を引き出すような，また分析者の個人的な才能に依存するような問題点はかなりの程度回避できるはずである。そして，出てきた結果がまったく解釈不能であるよりも，分析者がインタビューのデータを繰り返し読み込み，そこで気づいたさまざまな事柄が，シナリオ・マップに簡潔に表現されていることがより重要である。そのように簡潔に表現されたシナリオ・マップを詳しく考察することで，分析者の理解を整理し，見過ごしてきた解釈の可能性の発見やコンセプト間の関係のより深い理解が可能になるのである。

　図1は，そのような作業を経て作成されたシナリオ・マップである。分析者は何度となく試行錯誤を繰り返しているので，このマップからいくつかの重要なコンセプトを理解することができる。しかし，簡潔に表現されているとはい

いながら，ちょっと見ただけではまだ全体を容易に理解することは難しいかもしれない。そこで以下では，それらのコンセプトをより詳しく見ていくために，図1から見えてくるいくつかのコンセプトのそれぞれに焦点を当てて描いたサブ・シナリオ・マップを見ていくことにする。"嫌いだけれど買う"という，マーケティングにとって興味深い現象をより鮮明に浮かび上がらせるキーワードを選択したいからである。

(2) "日本車"という言葉のシナリオ・マップ

　今回の調査の目的は，反日感情が購買意図や購買行動にどのように影響を及ぼすかという問いに答えることである。そこで，まず「日本車」という言葉に着目し，サブ・シナリオ・マップを作成したのが図2である。このようなサブ・シナリオ・マップと全体のシナリオ・マップが異なるのは，サブ・シナリオ・マップはある1つの言葉，すなわちコンセプトに焦点を当てて再計算されているからである。以下では，とくに断らない限りどちらもシナリオ・マップあるいは単にマップということにする。

　"持つこと"，"プレッシャー"，"品質が悪い"，"安全性が低い"，"買わない"，"買う"といった言葉が日本車を中心に互いに結びつくキーワードである。興味深いのは，"安全性が高い"，"プレッシャーを感じる"，"プレッシャーを感じない"といったように，インタビュー形式のデータでは両方の意見が出てくる点である。

　まず，日本車を持つこととプレッシャーの関係について見てみよう。ここでいうプレッシャーというのは第2章で分析した社会規範からの圧力のことである。マップには示されていないが，なぜ持つことにプレッシャーを感じるかについて，インタビュー・データからいくつかの興味深い言葉を拾ってみよう。

　　「南京の人たちは日本車を持つことにきっとプレッシャーを感じると思う」。
　　「東北地方の人は日本車を持つことにプレッシャーを感じるように思う」。

　反対に，

　　「広州の人たちは開放的で，日本車を持つことにプレッシャーは感じない

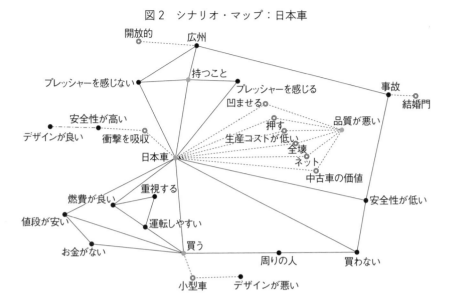

図2　シナリオ・マップ：日本車

と思う」。

　「長江の南では，消費者は実用性を重視しており，日本車の所有にとくに
プレッシャーは感じないのではないか」。

　ここで重要なのは，中国は広いので地域により反日感情の購買行動への影響
の強さは異なると，回答者が考えている点である。回答者は広州市にある中山
大学 MBA の学生であり，7 割が日本車ユーザーであっても，少なくともすべ
ての人が日本車を所有することに対して社会的な圧力がある可能性について認
識していることは見過ごせない重要な点である。反日感情の購買行動への影響
は自分にはないといいつつも，前章で実証的に考察したように，社会的な圧力
がある可能性を多くの人が認識しているのである。クルマといった象徴性の高
い商品にとって，このような感情は好意的な態度形成に少なくともプラスには
ならない。まず，この点を確認しておきたい。
　次に，安全性が低い，品質が悪いというのは何をもってそのように感じてい
るのかについて考えてみたい。特徴的なのは，品質が悪いことと，燃費が良い
とか，運転しやすいといったことは関係が弱かったという点である。関係が強
いのは，（ボンネットを）押すとペコペコする（凹む）という意見である。確か

に，日本車は軽量化を通して燃費や走行性能を上げるために超鋼力鋼板という高品質の素材を使用し，しかもボディの構造を工夫しボディが衝突時につぶれることで衝撃を吸収し，乗員が乗っている空間を守ることで乗員の生命を守るという発想で作られている。したがって，とくに小型車ではボンネットを押すとペコペコ凹むのは事実である。それに対して，ベンツやBMWといった高級車のボディは日本車の小型車のようにペコペコ凹まない。しかし，安全性については小型車であっても少なくとも実用上は十二分に考慮されていることは，世界的な品質評価の機関により証明されている。だから世界中で人々は，安心して日系各社の小型車を購入しているのである。

　一方で，インタビュー・データからわかることは，中国の消費者にはその点はあまりよく理解されていない可能性があるということである。この点と密接に関係するのが，「事故」というキーワードである。

(3)　"事故" という言葉のシナリオ・マップ

　図3は，"事故" というキーワードに着目したシナリオ・マップである。興味深いのは，事故はドイツ車にもあるが，日本車と密接に結びついており，しかも反日といった民族感情や所有することへの社会的プレッシャーというネガティブな感情がその背景にあることである。ここに出てくる「結婚門」というのは，ホンダのアコードが起こした事故のことである。結婚式の当日に花嫁とその家族の乗ったアコードが，運転者のスピードの出しすぎで事故を起こし，高速道路で真っ二つに全壊した写真がインターネット上で話題になった。全員が死亡したという痛ましい事故であったが，真相は単純なスピードの出しすぎであったという。

　これは，1つの交通事故であったが，状況がショッキングであり，写真がインターネット上に出たこともあって，事故当時は連日インターネット上でこの事故に対して日本車の安全性について多くの批判的な意見が出され盛り上がったという。グループ・インタビューでは，「私はとくに関心がない」という人がほとんどであったが，少なくとも全員がこの事故を認知していた点は重要である。ペコペコのボディ，死亡事故，ホンダ，安全性が低いといった知識が，多くの人たちに共有されていたことは事実である。もちろん，日本車の設計思想が衝撃吸収ボディにあり，安全性は世界トップクラスであるということを知

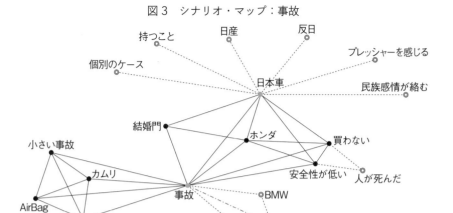

図3　シナリオ・マップ：事故

っている人もいる。

　「私は仕事で損害保険に関わっているので，車の安全性についてはよく知っています。日本車は衝突の力を車体が吸収し分散することで人命を守ります。2007年度，日本車の事故でひどいけがをした人は少なかったことを見ても，日本車の安全性は高いと思います。しかし，多くの人は私のいうことを信じない」。

　注意したいのは，このような正確な知識を持つ専門家の意見であっても，直感に反する意見には簡単には耳を貸さない現実があるという点である。当たり前のことであるが，中国の消費者が特別に非科学的かつ非論理的であるはずはない。このようなことにも，反日的な感情が影響を及ぼしていることは否定できないだろう。少なくとも，いま真剣に車の購入を考えていない人々にとって，このような日本車に対するポジティブな意見に共鳴するつもりはないというのが実態なのではないか。見たくないから見えない，聞きたくないから聞こえないのである。

　これまで見てきたように，日本車には反日という感情的な心理がその評価に影響を与えていることがわかった。それでは，なぜ日本車がよく売れているのであろうか。その理由を明らかにするために，“燃費の良さ”，“安全性が高い”，

"運転しやすさ"，"品質の良さ"，"割安感" といったポジティブな側面に焦点を当ててみよう。

（4）　日本車を "買う" 理由のシナリオ・マップ

　購買意図，購買行動という観点から図1の中で最も興味深いのは，"買う"，"重視する" という言葉につながるシナリオである。"安全性" についてはすでに見たので，"燃費" に焦点を当てて作成したシナリオ・マップ（図4）を見てみよう。

　このマップを見ると，日本車を買うのは燃費が良い，運転しやすいといった点に加えて値段の安さが評価されていることがわかる。ただし，後述するドイツ車，中国車，韓国車の評価と対比することでこの値段の安さは理解されなければならない。総合的に考えて値段の割に品質が大変優れている点が，中国の消費者からも評価されているのである。ホンダが低燃費に，トヨタが高品質に結びついていることは興味深いが，おそらく，被験者がイメージするクルマの違いによるものであろう。このマップには出てこないが，販売店や広告を見た感じでは，この調査を行った時点で，ホンダといえばフィット（小型車）が，トヨタといえばカムリ（中型車）がイメージされていた可能性が高い。

　さらに興味深いのは，友だち，口コミ，家族連れといった周囲の人々の影響が，買うという行為に強く影響を与えている可能性が読み取れることである。この点について詳細に考察するために，次では "口コミ"，続いて "面子" に焦点を当てたマップを見ていきたい。

（5）　"口コミ" という言葉のシナリオ・マップ

　"口コミ" という言葉にフォーカスしたマップが，図5である。共起度の関係で，自動車のホームページがネットの意見ではなく同僚という言葉とつながってしまっているが，全体を見れば，回答者が何を言いたいか理解することができる。すなわち，価格や燃費や性能について，友だち，同僚といった周りの人に意見を求め，そこで得られた意見が重要であり，信頼できるということが読み取れる。

　口コミと対比されるのが "マスメディア" である。図1でマスメディアという言葉とつながっているのは，"信頼できない"，"広告は見ない（信用しない）"

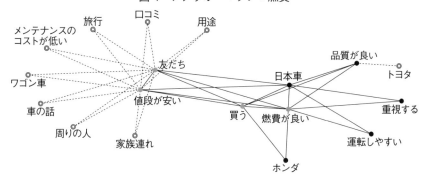

図4　シナリオ・マップ：燃費

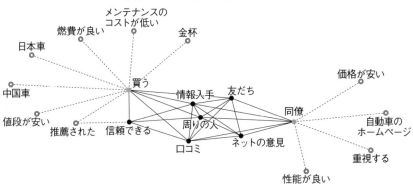

図5　シナリオ・マップ：口コミ

という評価である。マスメディアと口コミの関係については，中国の消費者も成熟した日本や欧米の消費者と類似している。マスメディアを用いた広告活動は，企業が販売を目的として行っているため，消費者が内容を割り引いて評価するのは当然である。それに対して，友だちなどから聞く本音は計算に基づいた打算がないので，信用される程度が高いのである。とくに，体験に基づいた意見は購買決定に影響があることが知られている。

　それでは，インターネットはどうか。調査時点においても，掲示板やブログで交わされる言葉が，中国の消費者の購買行動にどのような影響を与えるかに興味が集まっていた。クロスメディアの研究にも関心が高まっており，中国においても沿岸部を中心とした都市部においてはすでにインターネットは相当に普及しており，製品情報を集めるための重要な媒体であった。しかし今回のデ

ータに関しては，ネット上の意見について，"信用できない"，"自分で書き込むことはしない"といった批判的な評価が肯定的な評価よりも勝っていることがわかった。リアルの口コミにおいては，相手の専門知識や社会階層，あるいは相手との社会的な関係，同じ準拠集団に帰属しているかどうかなどを考慮することが可能であるといった特性が，このような違いをもたらしていると考えられる。

(6) "面子"という言葉のシナリオ・マップ

　今回の分析で最も興味深い発見は，"面子"というコンセプトである。梁・井上（2003），金・古川・施（2010）など多くの研究者が，中国人の社会的行動に影響を与える最も重要な特性として面子を取り上げている。日本語にも面子という言葉はあるが，中国人の考える面子には，次の2つの意味があるという。1つは，「リャン（臉）」である。これは道徳的な価値観である。清廉潔白で，道義的であり，正直で信用されている人は面子があるのである。モラルが高いことを積極的に示すことは，中国社会においてはとても重要であるという。

　もう1つは物質的な側面の評価であり，経済的豊かさや権力といった価値観を表す。そして，このような物質的な面子を高めることも中国社会においては非常に重要なことであるという。日本語の面子という言葉と区別するために，これ以降，中国人のメンツというときには，カタカナで表記することにする。

　また，梁・井上（2003）では，中国人の特徴として，環境に対する適応性の高さ，それに対応した概念として融通性，実用主義，企業家精神などを挙げている。さらに，集団主義からくる調和の重視も重要な特徴として挙げられている。

　図6は，このメンツという言葉にフォーカスしたものである。これはまさに中国の消費者が「メンツ」を重視すること，そのための手段，メンツを重視する理由をよく示している。ドイツ車としてイメージするものは「メンツ」を象徴するベンツであり，BMWであり，Audiである。「メンツ」を示す，あるいは高めるためにクルマを所有するのである。どの社会でもステータス・シンボルとしてのクルマの存在価値を無視することはできないが，社会におけるその範囲，奥行き，影響の大きさといったものは，中国では私たちが想像する以上に大きいといえそうである。

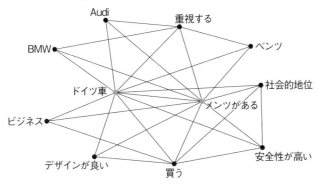

図6　シナリオ・マップ：メンツ

　実は，よく考えてみると「反日」という価値観は，メンツの中の「リャン」
の側面に非常に強く関わっていることがわかる。実用主義的な観点からは「反
日」にこだわる必要はないが，社会的な規範としての「反日」には従わなけれ
ばならない。そうでなければ「リャン＝メンツ」をなくすことになるからであ
る。実際にインタビューにおいて，日本車の良さを主張しようとした女性が周
囲の強い反論で口をつぐんだことがあったが，周囲との調和を重視し，モラル
を重視するのであれば，あえて日本車の擁護に回らないのは当然かもしれない。

(7)　"アメリカ車"，"韓国車"，"中国車"のシナリオ・マップ

　ドイツ国内ではドイツ車，日本なら日本車，アメリカならアメリカ車，イタ
リアでもフィアットのシェアが高い。このように自国のブランドに対する好意
的な態度は，自分自身が帰属している国に対する態度と関係している。これは，
第3章で触れた消費者自民族中心主義の表れである。それでは，中国の人たち
の中国車に対するイメージはどうか。それを示したのが図7である。
　これを見ると，奇瑞や吉利（現在は生産中止）といった民族系のブランド，
中国車を支持したい気持ちはあるが，値段が安い点が評価できるくらいで，調
査時点ではまだ品質に問題があり，金杯（だいぶ前のトヨタのハイエースがモデ
ルの商用車）のような配達車や実用車は，メンツを高めるものではないことが
読み取れる。したがって，「リャン」という観点からは好きでなくてはならな
いし，消費者自民族中心主義からも好きになりたい気持ちは強いが，現実的に
はあまり好きになれないという屈折した感情・態度が表れている。

図7　シナリオ・マップ：中国車

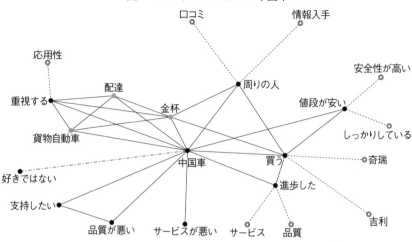

図8　シナリオ・マップ：アメリカ車

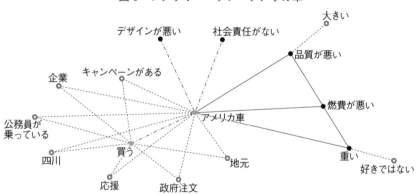

　図8を見ると，アメリカ車は燃費が悪いといったネガティブな評価がある一方で，ビュイックといった大型車を中心にとくに行政関係の権力者が乗っているというイメージは，「メンツ」という意味からは評価されているようである。また，図9の韓国車については，日本車の真似，品質が悪いといったネガティブなイメージが出てきている点が興味深い。ヒュンダイは北京で生産しているので，中山大学の MBA の学生からはとくに厳しい評価だったのかもしれない。

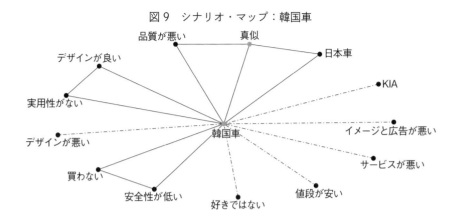

図9　シナリオ・マップ：韓国車

3. 中国社会のメンツは特別なのか[2]

　言葉の見える化から見えてきたのは，中国の消費者の言説や行為に最も大き
な影響を及ぼしているキーワードは「メンツ」ではないかというアイデアであ
る。しかし，メンツは中国人だけのものではないだろう。そこで，少し中国人
のメンツの特徴について考えてみたい。

　メンツの概念が初めて西洋で注目を浴びたのは，アメリカ人宣教師 A. スミ
スの著作『中国人の気質』（Smith（1894））に起因するといわれている。スミ
スは，中国人の特徴としてその著書の第１章に "Face（メンツ）" を取り上げ，
「メンツは中国人の性格の最大の特徴で……中国人にとっての "メンツ" はき
わめて複雑な意味合いを持つもので，それは西洋人として描写や理解できる範
囲をはるかに超える」としている。同様に，中国の著名な文学者で言語学者で
もある林語堂は，メンツについて「触れることのできない（intangible）抽象的
なものながら，中国人の人間関係において最も精緻な基準であり，中国人の社
会心理の最も微妙で特別なところに届くものであり……定義は不可能である」
と語っている（Lin（1935））。また，中国を代表する文学者の魯迅は，「聞けば
すぐわかりそうなメンツだが，それが一体何かについて考えようとすると，す
ぐさまわけがわからなくなってしまう」と述べている（Lu（1934））。

　このようなメンツをめぐる複雑さ，わかりにくさは，Mao（1994）が指摘し
ているように，中国社会におけるメンツが個人的な欲求や自己概念ではなく，

自分の属する集団・社会の基準・規範から生まれてくる社会的・文化的なものであることに原因がある。メンツは，社会や共同体と切り離して考えることができないものであり，相手にもメンツがあり，状況依存的に自分のメンツも相手のメンツも同時に立てなければならないのである。多くの研究者のメンツについて見解が一致しているのは，次のようなメンツの持つ二元性である。

　社会科学分野に最初にメンツ概念を導入した胡先縉は，メンツについての中国人の意識に対する考察からメンツの2つの判断基準を導き出し，それぞれを「臉」（リャン）と「面」（メンツ）と呼んでいる（Hu (1944)）。「臉」とは上述したように，正直で徳が高いという道徳的な面に比重を置く比較的パブリックなイメージを指し，「臉のある」人は，すなわち清廉潔白で道義的であり，正直で信用できるとみなされる。その一方で「面」は，比較的個人的で，個人が生涯を通じて築き上げていく名声・名誉を指す。したがって，臉を失うのは面を失うよりもはるかに深刻な問題となる。「面」は不運や失敗によって失ってしまう可能性のあるものであるのに対し，「臉」は個人の道徳・品格に関わるもので，これを失えば所属する共同体から非難され，社会的信用を失うに至るのである。また，臉は人格を形成する基本条件であり，臉を失うことは必然的にメンツを傷つけてしまうことになるため，2つの概念は必ずしも互いに完全に独立したものではないが，異なる2つの判断基準であることは間違いないと主張している。

　上記のようなメンツの二面性の議論は，その後の多くの研究者により受け入れられているが，判断基準の分け方の適切性および2つの基準間の関係についてはさまざまな議論が展開されている。たとえば，香港の心理学者である何友暉は，道徳的意味合いの有無で面と臉を区別することはできないとしている。臉と面の意味合いは文脈によって変化するもので，さらに特定の文脈においては両者は互換可能であり，完全に区別することは難しいとしている（Ho (1976)）。しかしいずれにしても，中国人のメンツ意識を理解するうえで，臉と面というメンツの二面性に焦点を当てることについては異論はないものと思われる。

　このように，さまざまな学術分野からメンツについての研究が行われているが，消費者行動の文脈でメンツを捉えた研究はまだ少ない。Li and Su (2007)は，中国人の消費者行動に対するメンツの影響について，以下のような3つの

特徴を挙げている。1つは，義務としての消費（obligation）である。これは，中国人はメンツの社会的意味合いから，メンツを維持あるいは挽回するための手段として消費行動を行うことがあるということである。メンツが消費行動を引き起こすニーズになるのである。この場合，個人は所属集団の消費を模倣するしかなく，そうしないと個人は集団の中で自らのメンツを失うだけでなく，ほかの集団の前で所属集団のメンツをつぶすことになる。2つ目は，差別化の手段としての消費である。急速な経済成長の下では，消費は他者を優越するメンツを構築する最も容易な方法であり，人々は自らの所属集団や社会階級を顕示するために高価格帯のブランドを購入するのである。したがって，高級ブランドは中国市場ではより高価格での販売が望ましい状況もありうるのである。3つ目は，他者志向の消費である。これは，中国人は自分のメンツだけでなく同時に他人のメンツにも多くの注意を払わなければならないことから生まれる消費性向である。ギフトの選択や宴会などがその典型である。

　これらの3点を考慮して中国とアメリカの消費者を対象に行った実証的な調査から，中国人は準拠集団の影響をより受けやすく，ブランドと価格を強くメンツと関連づけ，他者志向の消費ではより強くプレステージ性を意識するという消費者像が浮かび上がった。

　姜（2008）は，豊富な消費者インタビュー調査を用いて中国人のメンツと消費の関係について考察している。以下ではその一部を抜粋して紹介する。

　　「仕事関係の知人と会うとき自分がみすぼらしい格好だと，相手は自身が尊重されていないと感じるし自分も失礼だと思う。……友人にごちそうするときは，もちろん高級レストランに行くし，高価なメニューを頼む。そのほうが自分の経済能力を示せるし，お客さんに対しても誠意を示すことができるから。自分も相手もメンツを感じる」（男，48歳，個人事業主）。
　　「他人と同じレベルじゃないと。みすぼらしい格好をしてると見下されるから。……私は携帯にとくにこだわるわけでもなく，電話をかけてショート・メッセージを送るだけですが，クラスのみんなが新しい携帯を持っていて，かわいかったり格好良かったりするから，自分の携帯がみすぼらしい気がして，このサムスンを買ってしまった。3000元ぐらいしたかな」（男，22歳，大学生）。

「人より劣っていて見下されることが耐えられない。人が持っているもの
は私も持ちたいんです」（男，21歳，大学生）。

　「もちろん，人の目に触れるもの，たとえばファッションですね。あと化
粧品も，有名ブランドじゃないと。人に聞かれたとき，ブランドが有名なほ
ど，値段が高いほど，メンツが立つ」（女，25歳，OL）。

　「私のような年齢の人となると，普通ある程度経済能力があるでしょう。
だからいつも“メンツ”を気にしないわけにはいかない。洋服は最低でも中
クラスのものじゃないと。靴とか携帯も。私は園長として，とくに社会的地
位が高いわけでもないけれど，園長の身分に合ったような消費をしないと。
とくにファッション関係は大事ですね。だからいつも名前の知れたブラン
ド・ショップに行って，目立たないけれど一目で高品質だとわかる洋服や靴
を選びます。私のような階層ではみんな知っているようなブランドで，すご
く高いわけではないが，メンツを失うことはない。携帯電話はいつも人の目
にふれるものだから壊れるまで使うのではなく，適宜，新しいのに買え替え
ます」（女，44歳，幼稚園園長）。

　もう一度，中国人のメンツに関する議論を整理すると以下のようになる。面
（メンツ）は比較的個人的で，消費行動に強く結びつく。それに対して，臉（リ
ャン）は，比較的公的で，道徳的な面に比重を置く。臉を失うことは，所属す
る共同体から非難され，社会的信用を失うという意味においてきわめて深刻で
ある。重要なことは，このようなメンツが具体的な言説や行為として表出化す
るのは，メンツを意識するときの文脈・状況に強く依存するという点である。

　欧米では“Face”がメンツに近い。Face の研究者としてよく知られている
Goffman（1967）は，「Face は特定の社会活動の中で，自分が他者から獲得し
ようとし，実際に獲得できたポジティブな社会的価値」と定義している。すな
わち，Face とは社会での相互作用の中で個人のパブリックな顔・イメージで
あり，自分の属する社会や集団から付与されるものであるとしている。また，
経済学においては，メンツ消費と似たような概念としては，顕示的消費やステ
ータス・シンボルの消費などがある[3]。これらは贅沢品の消費行動を対象とし，
顕示をして社会的ステータスの向上を目指す点では共通するが，中国のメンツ
と比べて顕著な違いも存在する。中国では，顕示的消費であっても必ずしも見

せびらかしを目的とするのではなく，時には相手のメンツを守ることが目的となる。また，自ら進んで見せびらかすのではなく状況によりやむをえない場合がある。

　このように，消費者行動に対するメンツの影響は，他者との関わりの中においていかに自己のアイデンティティを表出化するかということによるものであり，第3章で考察したブランドの議論とオーバーラップするところが多い。自己のアイデンティティを，お金で買うことのできるブランドの持つパーソナリティを用いて理想に近づけようとする行為は，何も中国の消費者に特有のものではなく，どの社会でも観察される普遍的な消費者行動である。だからこそ，ブランド・パーソナリティの国際比較の調査には意味があるのである。しかし，そのような欲求がどのような状況でどのように具現化するかは，社会により大きく異なる。すなわち，ここで問題なのは，どのように異なるかではなく，どのような状況でどのように具現化するかという問いである。記号としてのブランドを利用する行為自体はそれほど驚くことではないが，ブランドを誰に対して，どのようなときに利用しようと考えるのか，その方略の差異を理解する必要があるのである。

　周囲の人々に対してブランドがメッセージを発しているとすれば，中国の人々のメンツはブランドに対する言説と行為によって理解されなくてはならない。したがって，同じブランドに対する言説と行為がどう考えても矛盾しているとすれば，そのメッセージを受信する状況に原因を求めざるをえない。すなわち，このようなメンツという欲求の具現化の違いをもたらす原因は，その場に居合わせた周囲の人々の違いによるものであると考えるのが自然であろう。したがって，中国の人々のメンツが表出化する特異性を議論するためには，社会構造，すなわち，それぞれの社会における人と人との関係のあり方の違いを理解することが重要である。この点については，次章以降でさまざまな実証的データを検証しながらより詳しく考えていきたい。

　ところで，このような言説や行為は，長い時間をかけて文化として沈着している。それゆえ，異文化の人にとっては同じように感じたり振る舞ったりすることがきわめて難しい。消費者行動に関していえば，中国では集団主義的な色彩が強く，欧米では個人主義的な色彩が強いというような議論につながっていくことになるが，この点については社会的規範の問題として第6章で詳しく検

討することにする。以下では，さしあたり中国人消費者の日本車に対する言説と行為の矛盾を説明する概念モデルを考えたい。そのための準備として，ある行為が選択される「場」について考えてみる。

4. 場における文脈の形成

　以下では，まずテキスト・マイニングの結果をもう一度整理したうえで，中国の消費者行動とメンツの関係を考え，言説と行為の矛盾が起きる状況を説明するモデルを考えたい。

(1)　中国人は，外集団の人々に対しては社会規範に従って発言し，行動することが重要であると考えている。たとえば，いまだに反日教育が行われている現状では，日本のことが好きか嫌いか，反日教育が正しいかどうかは別にして，公的な場においては通常は日本に対する敬意を表明することは社会のルールに違反することになる。日本車ブランドは日本の国ブランドと密接につながっているので，ネット上であっても外集団の面前で，日本車自慢をすることは自らメンツをつぶす行為になる可能性が出てくる。これは，実際の日本車所有者でも同じである。

(2)　そして，このような規範が明示的に周知されるようなメディア環境が整っている。社会的規範の白黒を決める役割を担っている中国共産党の公式見解は，公的なメディアをはじめ，マスメディア，ソーシャル・メディアなどすべてを通して通知される。同時に，個人のSNS等により拡散される。公式の規範に反対するという意味での，言論の自由は中国にはない。

(3)　クルマの購買行動は通常は高リスクであり，高関与である。したがって，複雑な情報処理プロセスに従い，熟慮され最終決定がなされているはずである。日本車の購入を考えてディーラーに来ている人たちや販売店の経営者の話を聞く限りでは，日本車のユーザー・潜在ユーザーは，日本車の情報を積極的に収集しており，非常にポジティブな評価を下している。自分たちの本音を言い合える内集団の人々に対しては，日本車の購入者は日本車の評価を本音で話し合っている。ここでは，嫌いだけれど買ったのではなく，好きだから買ったという合理的な意思決定がなされている。

(4)　このように，人々の言説や行為は内集団と外集団で異なることがある。

図10 場と文脈の関係を考える

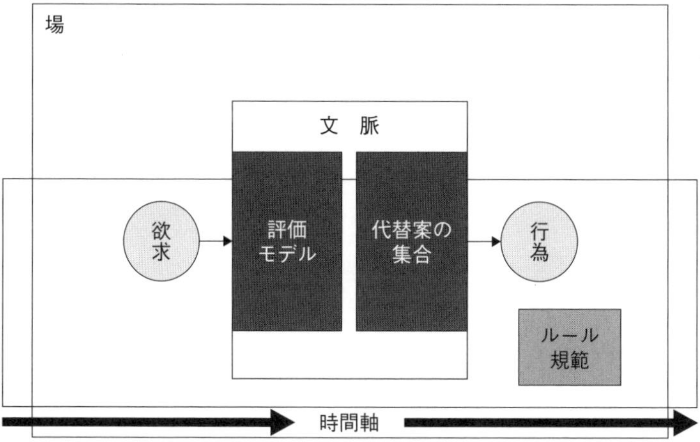

内集団と外集団の境界はお互いの人間関係で決まるが，この関係はきわめ
て複雑で，記述することは困難である。すなわち，本章で見てきた中国消
費者の日本車に対する言説と行為の矛盾は，相手が誰かという対人関係に
密接に関わっているように見える。

　ここで，言説や行為に関してどのような選択を行うかを考える環境を "場"
と呼ぶことにすれば，場の違いで内集団か外集団かを判断して，その場にふさ
わしい選択を行っていると考えれば，言説と行為の矛盾という現象をうまく説
明できる。言説や行為は，そのときに頭の中にある選択肢を評価することによ
り行われているため，場において適切な代替案と評価方法が選ばれているはず
だからである。この点を図示すると，図10のようになる。ここで，場，文脈
は次のように定義するものとする。

（1）場の定義

　人々が，計画したり実行したりする環境を，ここでは場ということにする。
限られた時間・空間の場合もあれば，長期間にわたり，複雑に変化する場もあ
る。ただし，ここでいう場は欲求に喚起されて初めて意味を持つ。すなわち，
どのような行為をするかを思考するときに認識される環境が場である。そのよ
うに考えると，場には行為が実現するために必要な人，もの，情報などが詰ま
っている必要がある。自身を取り巻く環境であるから，周囲の人たちが内集団

か外集団か，心地よい環境か不快な環境か，豊かな自然だが不便な環境か，何でもあるが喧噪の都会の中なのか，など場を構成する要因は多岐にわたる。さらに，自分の想定した行為には直接関係しない，あるいは予想外の人，もの，情報も存在している。この点については，次章でより詳しく検討したい。インターネット，SNS，仮想空間も場を構成する重要な環境要因である。

　このように，場には欲求を満たすことができる具体的な選択肢がなければならない。選択のために代替案を検討し，具体的に行為に至る状況が整っていることが重要である。言っていいことと悪いことの選択も場において行われる。また，代替案を絞り込んでいくための実践的な評価ルールの選択も，場において行われる。したがって，実際にどのようなルールを適用するかを決定するための情報がなければならない。私たちは，具体的な選択肢や評価ルールなど，欲求に対応して必要な情報を場からピックアップすると考えればいい。

　場において，以下で定義される文脈が形成され，その文脈の中で代替案を考え，どのような評価モデルに従うかといったことを考えるのである。そして，代替案の集合から，その場にふさわしい評価モデルに従って，ある行為が選択される。注意したいのは，場の中で文脈が形成されるが，文脈が形成される場と，実際の行為が起こる場は，物理的に必ずしも同じである必要はない点である。同じ場合もあれば，違う場合もある。場は時間の流れの中で，常に変化していくからである。

(2) 文脈の定義

　欲求に喚起されて，場において情報収集を行い，代替案を探索する。そして，場にふさわしい評価ルールを選択し，代替案から実行可能な選択肢を絞り込み，行為に至る。このようなモデルにおいて，選択のプロセスを考えるためには，評価モデルだけではなく，欲求に喚起された場の認識が代替案の形成に与える影響を考えることも重要である。代替案の集合に入らない選択肢は，評価の対象にならないからである。正確にいえば，評価対象となる代替案の集合がどのように形成されるのかを考えなくてはならない。そして，この選択肢の構成には，実行可能なものが含まれていなければならない。消費することが制度的に禁止されているものは，実行可能な選択肢ではない。反対に，概念的には自由に選択可能なものであっても，環境の認識の違いにより代替案に入ることもあ

れば入らないこともある。この欲求に喚起された状態において，場の中で生まれる選択のために設定される状況を文脈と定義することにする。すなわち，選択は文脈の中で行われるが，文脈は図10のように選択集合と評価ルールから構成される。

　このように，文脈は欲求と場の認識により決まってくるが，たとえば，同じビールでも，夕食ならば選択肢に入ることがあっても，多くの人にとっては朝食ではたとえ飲みたくても選択肢には入らないだろう。朝食時には，コーヒーや紅茶，お茶が想起される。それは，場の認識が違うからである。すなわち，場にふさわしい文脈が形成され，欲求に対応した代替案の集合と評価モデルが構成される。私たちは，その文脈において代替案の候補を検索し，文脈に合った評価モデルにより代替案が比較検討され，態度や意図が形成され，最終的にある行為に至ると考えるのである。

　もう1つ例を挙げよう。百貨店という場において，プレゼントを買おうとしているときのことを考えてもらいたい。母の日のプレゼントか，勤務先の職場で配るバレンタイン・デーのプレゼントか，努力の成果が認められたことに対する自分へのご褒美かなど，プレゼントの目的が異なると，場において形成される文脈も異なり，文脈が異なれば，探索される商品にも，選択肢の中から商品を選ぶ評価の仕方にも違いが生まれてくるのである。このように，場と文脈は欲求により密接につながることになる。すなわち，代替案の集合と選択のための評価ルールは，場において形成される文脈に依存して決定される。

5．2相モデル

　このような場と文脈を念頭に置くと，消費者行動における言説と行為をわかりやすく説明することができる。同じ人の同じブランドに対する言説や行為を観察していても，その場その場により異なることがあるのは，場において形成される文脈が異なるからである。場の認識が異なれば，異なった文脈が形成されるので，言説と行為が正反対になることはありうる。テキスト・マイニングの結果やメンツの議論から，中国人消費者は内集団と外集団により大きく態度や行動が異なることがわかったので，内集団の人を相手にしている状況なのか，外集団の人を相手にしている状況なのか，結局，その状況の認識の違いが，行

為の違いに現れていると考えられるのである。

　ところで，人々の言説や行為の振る舞い方の分類を考えるとき，「相」というコンセプトが便利である。水の分子の振る舞い方は，水の3つの相，すなわち固体，液体，気体で大きく異なるが，人々の言説や行為も，相の違いにより大きく異なると考えるのである。ここでは，以下のような2つの相を考え，中国人消費者の日本車のブランドに対する言説と行為の矛盾の検討を行った。

（1）　社会的規範重視相

　最後まで嫌いなままで高価なクルマの購入に踏み切っていると考えることは，どう考えても難しい。多くの実証的な研究により妥当性が認められている消費者行動理論における精緻化見込みモデルによれば，クルマの購入においては購入時点までに中心的な経路での複雑な情報処理を行い，多くの情報をさまざまな観点から考慮して，納得して，最終的なブランドを選択しているはずだからである。

　このような前提条件に立つと，これまで見てきた言説と購買行動の乖離を説明するためには，外集団の人に対峙している社会的規範重視相において自分の意見を述べるとき，とくにクルマの「購入を意識していない」日常的な状態と，内集団の人に対峙している社会的規範軽視相において自分の意見を述べるとき，とくにクルマの「購入を意識した」非日常的な状態の2相により大きく異なる可能性があると考えられる。

　反日が社会規範として意識されている状況下では，そのような規範を意識しなければならない人が周囲にいる社会的規範重視相においては，人々は日本車に対する評価が低くなるような社会的なレンズを通して日本車を見ているように振る舞わなくてはならない。すなわち，クルマの購入を意識していないときには，メンツにおける社会的な規範である「リャン」が支配する中で，"反日"というステレオタイプの会話を行うことが標準となる。この場合は日本車の評価を低く表明することが，分別のある人に求められるルールとされるので，人々は，とくに何かの問題解決を意識することがない場においては，「日本車は好きではない」といったステレオタイプの話し合いをしているのである。さもなければ，非常識であると思われ，リャンを，すなわちメンツを失ってしまうことを心配しなくてはならなくなる。

興味深いのは，このようなステレオタイプが増幅され強化されるメカニズムが社会に埋め込まれている点である。さらにこの相においては，マスメディア，SNS 等を通じたインターネット上の情報などを通して，社会的な規範の確認が常に行われている。とくに中国社会においては，最近では AI による情報統制も懸念されているようである。

(2)　社会的規範軽視相

　しかし，いったん購入を強く意識すると，クルマの購買は消費者にとって高関与の情報処理が求められるので，実用的な心理が強まる。高価な買い物であるからリスクも大きく，不満なまま購入することは認知的不協和をもたらし，決して気持ちの良いものではない。そのような結果を回避するために，友人・知人といった内集団に入る人々を中心に熱心に情報探索を行い，さまざまな側面から慎重に各ブランドの評価を行っていく。すなわち，購買モードに入ると，「リャン」の影響でステレオタイプの話をしていた人々も，スモールワールド効果もあり，周りにいる日本車の所有者やクルマの情報通に接触する確率が高くなるのである。その過程で，反日プレッシャーの弱い領域（社会的規範軽視相）に移る人が出てくる。たとえば，信頼できる友人などからの，日本車は燃費が良い，デザインが良い，品質が良いといった口コミ情報に接すれば，ディーラーに足を運ぶ人も多数出てくると考えられる。

　調査時点では 10 万元前半の価格のヴィッツといった小型車から，カムリ，クラウン，LEXUS といった高級車に至る製品ラインを持っている日系メーカーは，この段階では非常に有利な状況になる。すなわち，顧客の購入希望価格帯に存在する多数の日系ブランドは，購入対象の候補（考慮集合）に入る確率が高いはずである。トヨタのディーラーに行っても，ホンダのディーラーに行っても CNCAP で安全性能で最高評価の 5 つ星をとったことが誇らしげにディスプレイされている。ディーラーでは JD パワーの品質評価や CNCAP の安全性の評価が熱心にセールス・パーソンから説明されることになる。

　実際にディーラーで中国の消費者を観察していて興味深いのは，家族だけでなく友人・知人と連れ立ってかなりの人数のグループでクルマの周りをぐるりと取り囲んで熱心に見ている様子である。独りで決めているのではなく，集団で吟味することでリスクを回避している状況が見て取れるのである。この段階

図11　北京の日系車ディーラーの店内

では，それまでの反日バイアスの効果が減少し，日本車をポジティブに評価する情報を取得する心理的な状況になっているように思われる。このような集団的な行動と中価格帯からの豊富な製品ライン戦略が相乗効果を生み，日本車に対する知識は急速に深まっていくのではないかと考えられる。

　社会的規範軽視相では，態度形成やブランド選択については通常の消費者行動のモデルでの説明が可能になるだろう。安全性（衝撃吸収設計）についての知識（つぶれることで乗員を守る）やデザイン，装備，価格，ブランド・イメージなどが総合的に考慮され，通常の消費者行動をとる。日本車はコスト・パフォーマンスに優れているという意見をよく耳にする。コンジョイント分析なども，この段階の消費者に対しては適用可能であると思われる。さらにこの段階では，当然，高価＝高級＝メンツが高いといったステータス・シンボルとしての側面も重要になる。クルマのデザインなどの属性を含めて慎重に比較・評価が行われ，合理的な判断で選択，購買が行われている。このように考えると，中国消費者の言説と行動の乖離を理解できるのではないか。

　ただし，調査する観察者（日本人）にも特有のレンズがある点に注意したい。ディーラーでの観察は確かに重要であるが，本書で取り上げたようなステレオタイプで行われている対話の影響は考慮しない傾向が強いからである。「臭い

図12　2相モデル：メンツの影響

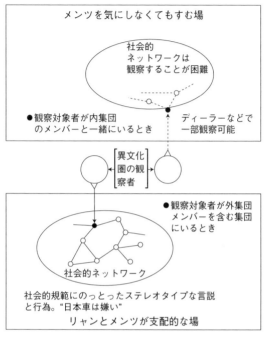

社会的規範軽視相

メンツを気にしなくてもすむ場

社会的
ネットワークは
観察することが困難

●観察対象者が内集団
のメンバーと一緒にいるとき

ディーラーなどで
一部観察可能

異文化
圏の観
察者

●観察対象者が外集団
メンバーを含む集団
にいるとき

社会的ネットワーク

社会的規範にのっとったステレオタイプな言説
と行為。"日本車は嫌い"

リャンとメンツが支配的な場

社会的規範重視相

ものに蓋」ではないが，販売状況が良い中では，あえて自国の優れた商品である日本車にネガティブな意見が生まれる背景に目を向けたくないのかもしれない。しかし，中国人に特有である対話上のクセやその背景にある人間関係や社会構造などについての知識が乏しければ，データを読み誤ってしまう危険性が高い点は心に留めておく必要があろう。

　日本人固有の特性として「甘え」という概念に着目したのは土居（1971）であるが，現状を自分の都合の良いように解釈する傾向が日本人に強いとしたら，それは問題である。山口（2003）は，一般論として問題解決の方法として周囲をコントロールするルートと，自分を周囲に合わせるルートの2つがあることを示したうえで，アジア人はアメリカ人と違って後者のルートをたどる傾向が強いと述べている。周囲が気になる点では日本人も中国人も似ているかもしれないが，これまで見てきたようにそれに対する対応の仕方には違いがある。ど

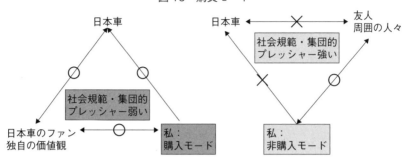

図 13　購買モード

のような違いがあるか，量的ではなく質的な側面の違いを認識することが重要
である。

(3)　バランス理論による解釈

　このような行為と言説の不一致は，バランス理論から理解することもできる。
Heider（1946）のバランス理論によれば，社会的規範重視相においては，たと
え内集団の友人であっても反日の人がいるので，日本車に対する評価が低い友
人とも良好な関係を持ち続けたいのであれば，日本車を高く評価したらバラン
スがとれないことになる。バランス理論とは3者の関係で，関係を＋（○）か
−（×）で示したときに，かけ算してプラスの関係にならなくてはならないと
いうものである。たとえは悪いが，私，嫁，姑と考えるとわかりやすいだろう。
この場合は，私（○）嫁，私（○）姑，嫁（×）姑のケースではバランスが崩
れており，不安定な状況が続くことになる。

　しかし，購買モードになると，社会的規範軽視相に入るので，現実的な感情
が支配するようになる。同時に日本車のファンや事情通と接触し，リアルな口
コミにより日本車の品質の良さを理解するようになり，その結果，日本車に対
する評価が−から＋に変化する可能性が出てくるのである。すなわち，同じ対
象を評価する場合でも，状況により正反対の評価が行われる可能性がある。

6.　予測力の向上を妨げている要因を考える

　販売実績と言説の乖離の原因として最初に疑われるのは，アンケート調査に

おけるサンプルの偏りである。しかし，本書のグループ・インタビューの内容の分析結果からも，単純なサンプルの偏りでは乖離の原因を理解することはできないことがわかる。観察対象者の置かれた状況によって答えはまったく違ってくるからである。場が異なれば，文脈も異なり，ルールも変わってくる。

　本章のテキスト・マイニングの結果からわかったことは，社会的規範重視相の人々からは定性的か定量的かといった調査手法にかかわらず，反日バイアスの答えが返ってくる可能性が高いということである。注意が必要なのは，すでに日本製の製品を所有している場合でも，「リャン」が重視される社会的な価値観の中では，バランス理論的に考えても，あえて周囲の意見に立ち向かい波風を立てるようなことはしないので，反日のステレオタイプの反応を示す傾向が強く表れることである。認知的不協和を解消したいという気持ちと社会規範を守るべきであるという気持ちが対立している興味深い状況下において，このような現象が観察されているのである。ただし，このような一見矛盾するような現象でも，２相モデルのような構造を考えれば，既存の消費者行動研究の知見と矛盾することなく説明可能なことはすでに示した。

　ここで，重要な役割を果たすのが「場」と「文脈」という概念である。選択は文脈の中で行われているからである。文脈における評価モデルは，最終的に選択肢を絞り込むルールであり，第２章で説明したように，行為をしないという選択肢を含めると，選択は，いくつかの代替案を比較し，検討し，評価することから始まると考えられる。そして，道具主義的な発想からは，高評価を得た選択肢が，行為につながっていくと推論するのである。ここでは，社会的規範をモデルに組み込むことは難しいことではないし，満足化モデルのように，必ずしも個人の満足度を厳密に最大化するような選択肢が選ばれると考える必要はない。それでも，代替案の集合の中から評価の高い選択肢が選ばれるという考え方は一貫している。

　しかし残念ながら，実際には消費者が選択を考えるときの文脈は意識の背後にあり，簡単に測定することはできない。したがって，評価対象となる選択肢の集合や適用される評価モデル（評価ルール）も測定することは難しく，それゆえに，中国の消費者の言説と行為の矛盾の理由がわかりにくいのである。しかも，クルマを所有するといった自己のアイデンティティの表出化につながる場合，実際に消費する「場」における周囲の人々の評価ルールについても意識

されているはずである。このように，選択肢の評価は完全に個人の自由意思のみで行われることはなく，意思決定する人が属する社会の制度や文化，集団の暗黙的なルールに従うことは，中国に限らないであろう。所属する集団の規範・ルール，正当性，常識と呼ばれるものが，評価モデルにおいて支配的な場合もあるだろう。

　たとえば，「旅の恥はかき捨て」といった言葉があるが，これは旅先という非日常的な空間の中で，自分を規制している日常的なルールから意図的に逸脱し，普段とは異なる評価モデルを使うということを意味している。また，仮に命が助かる唯一の手段が手術であっても，自分の信仰している宗教により手術ができないという場合もあるだろう。

　このように，場を構成する要因は多様であるが，文脈が生まれるのは，前提としての場があるからである。この意味からは，場と文脈は表裏一体であるといえよう。したがって，意思決定する人を中心にして考えると，意思決定のためのあらゆる環境が場に存在していなければならない。どのような環境に自分自身が存在するかによってどのような文脈を想定するかが決まり，どのような選択が実現できるかが決まり，評価モデルが決まり，体験の内容が決まってくるのである。また，少なくとも時間は逆行しないので，場は常に時間とともに変化しているという認識も重要である。子どもと大人でも，真夏と真冬でも，同じブランドのビールでもそれぞれの人にとっての意味は異なる。このように，体験が生まれる場は常に変化している。改めて，図 10 を確認してもらいたい。

　結局，予測力の向上を妨げているのは，文脈の理解が不十分なためである。文脈がうまく測定できないので，第 3 章で説明した属性アプローチにおいては，調査対象者は同一の文脈を想定しているという前提を置いているのである。これは，文脈については特別考えていないことと同じである。したがって，各人が自由意思でそれぞれの属性のウェイト付けして，各代替案の評価を行っているというモデルになるのである。1 人ひとりの，1 つひとつの"選択"を説明するためには，モデルの説明変数にその場その場の"文脈"を組み込まなくてはならない。しかし，測定できないという理由で，"文脈"は誤差項に押し込められてしまう。それでもなお，伝統的な経済理論に則った道具主義的で補償型の選択モデルがマーケティング・リサーチで利用されるのは，論理的に破たんすることがないこともあるが，測定されないものは計算できないからである。

したがって，予測力と解釈可能性というマーケティング・リサーチが果たさなければならない機能を向上させるためには，場と文脈についての理解を深めることが重要である。繰り返しになるが，消費者の選択の問題は，場と文脈によって決まってくると考えられるからである。意思決定者は，与えられた時空間のある場の中で，自分の欲求を実現するために思考し，形成された文脈において選択を行い，行為に至る。評価モデルは自分個人のことを考えていればそれでいい場合もあれば，場に合った規範・ルールのプレッシャーを強く意識する場合もあるだろう。また，行為の内容が決まったとしても，時間とともに場が変化することで，予期せぬ体験が偶発的に共創される場合もある。第5章と第6章では，選択と文脈の関係，場と文脈の関係，場におけるルールの変化などについてより詳細に考えていきたい。

　また，場の理解を深めることは，分析結果のインプリケーションを考えるうえでも重要である。たとえば，本書で見てきた「嫌いだけれど購買するメカニズム」はまだまだ解明が不十分な点も多いが，購買モードに入った人々の探索プロセスにおいては，消費者を次のような3つのセグメントに分類することが有効であるかもしれない。すなわち，熱烈反日派，中間派，隠れ親日派の3つである。

　この中で，熱烈反日派は探索プロセスにおいても，日本車を高く評価したり購入したりすることはない人たちである。なぜならば，日本車に対する個人的な評価に加えて，彼らのコミュニティに存在する反日の社会的規範プレッシャーが強く作用しているからである。彼らの心を開くのは相当困難な作業になろう。そこで，日本車メーカーとしては，おそらくは最も多数を占める中間派をねらうべきではないか。彼らは購買モードに入れば，購入希望価格帯の日系ブランドも考慮集合に含めて探索活動を行う。ここでは，周囲の日本車のユーザーやクルマの事情通が重要な役割を果たすはずである。さらに，納得して日本車を購入し満足しているが，社会的規範というプレッシャーの中では周囲にそのことを語りたがらない隠れ親日派の人々の存在は，日本車メーカーにとって重要であると思われる。情報探索のプロセスではとくに口コミが重視されることを考えると，満足している日本車ユーザーの推薦は効果が大きいはずだからである。隠れ親日派を梃子にして中間派の切り崩しを図っていくことが，日本車メーカーにとって当面最も有効なコミュニケーション戦略であると思われる。

本章では中国人の行動と言説の乖離を考えてきたが，中国ローカルの自動車メーカーが力をつけ品質的にあるレベルを超えるような状況が生まれたときに，反日といった社会的規範がどのような購買行動に影響をもたらすのであろうか。このような可能性を考えるためにも，集団的プレッシャーが果たしている役割について，セグメント間のグループ・ダイナミクスを考慮した継続的で，より詳細なコミュニケーション研究が望まれる。このような仮説の妥当性についても，次章でデータを示しながらもう少し考えてみたい。

◈ おわりに
　ここで，本章の内容をもう一度確認しておきたい。

(1) 日本車に対する本音を探るために，華南地区トップの中山大学のMBAの学生を対象にグループ・インタビューを行い，そこで得られたテキストデータを分析した。

(2) 中国人消費者の購買行動には，メンツという社会規範が大きな影響を与えていることがわかった。メンツには，道徳的な「リャン」という側面も重要であり，多様な人間関係の中で，さまざまな消費者行動として表出化していることがわかった。

(3) 日本車に対する言説と行為の矛盾は，このような「メンツ」の多元性により，合理的に説明することができる。場の違いを「相」と捉える，2相モデルを提起し，中国人消費者の購買行動の解明を試みた。

(4) 場における文脈を測定することができれば，マーケティング・リサーチの予測力を向上させることができる。

　第5章では，選択と文脈の関係について，第6章では，場と文脈の関係について考えていきたい。

　　＊　本章は，古川（2013b）と古川・金（2008）の内容を大幅に加筆修正したものである。
　　　加筆修正した部分についての責任はいうまでもなく筆者にある。

選択は文脈に依存する

◈ はじめに

　アイエンガー（2010）は『選択の科学』の中で，インドで生まれ育った自分の両親の結婚は，当人の意思とは無関係にインドの伝統的な風習に従って家族間の意思で勝手に決められ，両親は結婚式が終わって初めて顔を見ることができたことや，日本での滞在中にコーヒーや紅茶のように日本茶に砂糖を入れて飲みたかったのだが，店員に対してどう頼んでも体よく断られ続けた京都での体験談など，数々の興味深いエピソードを取り上げて，合理的な消費行動モデルから逸脱するこのような人間の選択行動の面白さを伝えている。本書で取り上げている「嫌いだけれど買う人たち」も，明らかに合理的に説明できないが，前章では社会的な暗黙のルールが選択を考える場や，そこで形成される文脈に与える影響を理解すれば説明できるということを述べてきた。

　ここまで議論してきた内容は，どちらかというと消費者の購買行動における商品の選択を，商品が持つ属性を中心に，商品を企画・製造する企業の立場から考えられたマーケティング・マネジメント論を念頭に置いてきた。しかし，モノが希少であるということの重要性が相対的に弱くなるにつれ，マーケティングの関心はモノそのものではなく，サービスや体験に移ってきている。モノとサービスは以下に述べるように不可分の関係であると考えるが，サービスはモノよりもはるかに偶有的であり，その価値を評価する視点の多様性が増す。本章では，このような問題意識から選択が行われる場に着目し，場と文脈の関係，選択における文脈の役割をもう少し掘り下げて検討したい。

1. モノとコトは表裏一体である

　モノ（モノとコトというときには，カタカナで表記する）はコトに対応する概念である。最近では，モノの消費よりコトの消費に人々の関心が移ってきたといわれる。マーケティングでもこのような変化に対応して，モノを売るマーケティングから，コトを共創するマーケティングへと理論的な関心が移ってきている。これは，物体としての"もの"が絶対的に不足していた時代から，高度成長期の大量生産・大量消費を善とする時代，環境意識や企業の社会的責任に対する関心が高まった時代，さらにものが余ったと感じるようになった時代を経て，現在では体験や経験から得られる価値がより重要になってきたと感じる人が増えてきている，という実務家の実感を反映しているのだろう。しかし，コトを経験することが重要だからといって，モノの重要性が軽視されていいものでもない。この点を確認するために，まず私たちの消費活動におけるコトとモノとの関係を確認することから議論を始めたい。

　消費におけるコトとは何か。マーケティングにおいては，コトは通常は体験という意味で使われることが多い。モノではなくコトのマーケティングというとき，イベントなどを通じてさまざまな体験を消費者に提供するといったイメージが強い。しかしここではコトを，消費する目的を意味すると定義したい。たとえば，同じ水道水でも，飲料水として認知されることもあれば，お風呂やシャワーの水と認知されることも，トイレの水やプールの水として認知されることもある。このように，同じモノを消費する場合でも，コトによりモノの意味や認知のされ方は異なる。マーケティングを考えるときは，たとえトイレの水が衛生的に問題ないとしても，トイレの水を飲む人は想定しなくても良い。言い換えれば，モノは選択する人の考えているコトにおいて，初めて意味づけられるのである。

　反対に，コトはモノがなければただの幻想にすぎない。砂漠の真ん中に取り残された人にとって，いくら水が欲しいと思ってもモノがなければコトが実現することはない。重要なのは，このようにモノとコトとはコインの裏表一体の関係であるということである。コトは問いであり，モノは解の集合であるということもできる。注意したいのは，モノとコトというときには，モノはコトに

対応するので，必ずしも物理的に存在するモノばかりでなく，仮想空間でもいいし，当然サービスも含まれるという点である。繰り返しになるが，同じモノでも，コトが異なれば，違うモノとして認知されるのである。

　このコトとモノの関係を考えるために，興味深い事例を1つ紹介したい。グローバルにラグジュアリー・ホテルを展開しているリッツカールトン　ホテルで実際に起こった事例である。当時リッツカールトン東京開業総支配人だったリコ・ドゥ・ブランク氏が，リッツカールトン大阪の総支配人時代に起こったエピソードとして以下のような話をしてくれた[1]。

　　「リッツカールトン大阪に宿泊していたあるご婦人は，リッツカールトンである特別な経験をすることになります。それは，ハウスキーピング部門（部屋の清掃などの業務）のある女性従業員が，廊下で偶然すれ違ったそのご婦人とその友人の次のような話を耳にしたことから始まります。話の内容は，今日がご婦人の誕生日であり，その日の夕食をホテルのフレンチ・レストランですることを楽しみにしているということでした。その晩，その女性従業員は正装して，ホテルの1階にあるケーキ・ショップでバースデー・ケーキを購入し，ディナーを楽しまれているご婦人たちにプレゼントしたということです。レストランのスタッフもみんなで協力してご婦人の誕生日を盛り上げ，ご婦人たちに大変喜ばれたそうです。そして，このエピソードを聞いたご婦人のご主人も大変に感動し，自身の経営する会社のパーティーをリッツカールトンで行っていただきました」。

　この事例がこれまでの議論と大きく異なるのは，消費者が商品を購入するという話ではないことである。そしてそれ以上に顕著に異なるのは，サービスの受容者である女性の特別な体験が，事前に予期されたものではなかった点であり，同時に，サービスの提供者であるホテルの従業員たちにとっても，この体験は事前に予定されていたものではなかった点である。さらにいえば，この女性の体験が引き金になって，ホテルとしては想定外の宴会を受注できた点である。この事例では，これら一連の予期せぬ体験や出来事が，偶発的に顧客とサービスの提供者により共創されたことを示している。

　このエピソードで，この女性が誕生日をフレンチ・レストランで友人と楽し

むという情報を従業員が入手したのはほんの偶然である。そして，バースデー・ケーキの購入とプレゼントという選択も，通常のホテル・サービスでは常識的には考えられない。このような条件下でこのエピソードが生まれたことを，どのように理解したらいいのであろうか。そのためには，まずリッツカールトンの文化やその文化を作り上げるための仕組みを理解しなければならない。

　驚くことにリッツカールトンには，具体的な作業手順を書いたマニュアルがない。ここで紹介したような驚くべきサービスが，マニュアルなしで世界中のリッツカールトンの現場で展開されているという。リッツカールトンで働いている人に尋ねると，必ず「クレド」と呼ばれる小さなメモの話になる。マニュアルの代わりに，支配人から従業員まで全員が持っているこの「クレド」と呼ばれるものには，目指すべき目標や行動規範が書かれている。しかし，折りたたむと小さな名刺大のカードになるクレドには，創始者であるホルスト・シェルツ氏の熱い思いなどが簡潔に書かれているだけで，何か特別な秘密の呪文が書かれているわけではなく，頑張れば数時間ですべてを記憶できてしまうようなものである。競合他社から簡単にまねされてしまうような内容なのに，なぜ他社はリッツカールトンのようなサービスを提供することができないのだろうか。それよりも，どのようにしてこのようなサービスを提供できる状況をつくっているのであろうか。先のリコ・ドゥ・ブランク氏の話から，この点についてもう少し詳しく考えてみたい。

　講演は次のようなメッセージで始められた。

　「最高の思い出づくりのお手伝いをする。これが私たちの仕事です」

そして，次のように話を続けた。

　「紳士淑女をおもてなしする私たちも紳士淑女です」

　顧客の奴隷ではない紳士淑女である従業員が，物事の道理をわきまえた紳士淑女である顧客のために仕事をするのである。本来，仕事という言葉は，「するコト」，であるように，仕事とはコトを実現するための行為を意味する。ブランク氏によれば，リッツカールトンの従業員の仕事は，顧客の最高の思い出

づくりの手伝いをするコトである。そして，この最高の思い出づくりの手伝い
のためには，顧客の気持ちを先読みすることが重要である。先ほどのクレドに
も，「リッツカールトンでお客様が経験されるもの，それは感覚を満たすここ
ちよさ，満ち足りた幸福感そしてお客様が言葉にされない願望やニーズをも先
読みしておこたえするサービスの心です」と明記されている。

　リッツカールトンでは，先の女性が体験したようなエピソードが日常的に展
開されているそうであるが，このようなエピソードが世界中のリッツカールト
ンで働く人たちに共有されるような仕組みが秀逸である。それは，ホテルのさ
まざまな職場で仕事の開始前に必ず行われる「ラインアップ」といわれるミー
ティングである。このミーティングでは，毎日，本部から送られてくる上述し
たようなリッツカールトンで称賛されるべきエピソードについて，従業員同士
の話し合いが行われる。この話し合いの中では，従業員 1 人ひとりが自分の職
場での体験を，本部から送られてきたエピソードの内容に重ね合わせて議論す
るのである。毎日，愚直に繰り返されるこのミーティングは，究極の集団的な
アクティブ・ラーニングである。リッツカールトンでは，このようにして感動
体験を顧客と共創することが常に奨励されている。つまり，マニュアルの代わ
りに強烈な企業文化の構築が強く意識されており，この集団に帰属する従業員
はそのような環境，すなわち場の中で仕事をすることを通じて，成長していく
仕組みを持っているのである。従業員が意思決定するための評価モデルは，こ
のような場において形成されていると考えられる。第 1 章の顧客志向の議論を，
そして第 4 章の場の議論をもう一度思い起こしていただきたい。

　つまり，このような暗黙のルールの中で育った従業員が，自身の職場におい
てたまたま遭遇したのが女性の誕生日の話であり，この場合の文脈には，顧客
との感動を共創するコトを実現するために彼女にとって実行可能ないくつかの
選択肢が考慮されていたはずである。最終的にその選択肢の中から，コトを実
現するために最善であると従業員が判断したのが，バースデー・ケーキの購入
とプレゼント，祝福だったのである。

　この事例が非常に示唆的なのは，従業員は女性たちの話を聞き耳を立てて能
動的に聞いていたのではないという点である。前から来る女性たちの話が自然
と聞こえてきたのである。聞こえてきたというのは正確ではないかもしれない。
楽しそうに話してくる人たちの話に自然に耳が向いたのであろう。

リッツカールトン ホテルでは，レストラン，ショップ，客室，食器などの什器，豪華な家具やテーブルが置かれた空間など，すべてのモノがコトを実現するために準備されている。足りないモノは，限られた予算であっても従業員に与えられ自己判断で使うことのできる予算により調達することが可能である。そして，ある人があるコトを実現するために職場を離れたら（ハウス・キーピングの女性が職場を離れたら），誰かがサポートに入らなくてはならないが，このようなことも自律的に行われるという。

2. 文脈の形成と場のアフォーダンス

さて，ここで重要な問いは，このような行動は誰にでもできるものなのか，もしできないとすれば，できない理由はどこにあるのかということである。通常，ホテルのハウスキーピングの仕事といえば客室の清掃，整備，管理などであり，顧客に快適な部屋を提供することが従業員に求められることであろう。したがって，普通のハウスキーピングの担当者にとってのコトは顧客との感動を共創することではない。コトが違えば文脈が違うのは当然である。この事例は，コトが違えば場から得られる情報に違いが出るということをはっきりと示しているのである。すなわち，これは，リッツカールトンで働いている人たちの場の認識が，競合他社の人たちが容易にまねのできないユニークなものであるということを示唆している。

文脈はコトを契機にして，場において形成されると定義したが，人により無意識的に場から得られる情報は異なり，場の認識に違いが出ていると考えられる。言い方を変えれば，同じ環境の中で，同じものを見たり聞いたりしても，人により状況の理解の内容が異なるということである。組織としてマーケティング活動を実行する立場からは，状況の理解が人によってばらばらなのは大きな問題である。この点も，第1章で繰り返し指摘した通りである。

同じ環境の中でも，人により場の認識に違いがあることは，心理学者ギブソンの「アフォーダンス」という考え方[2]がうまく説明してくれる。ギブソンによると，アフォーダンスとは，環境が私たちに提供する（アフォードする）意味や価値のことである。マーケティングの事例に即して言い換えれば，ヒト，モノ，サービスなどを含む時空からなる場は，すべての人に等しく情報をアフ

ォード（提供）していると考えるのである。場もその中にいる私たちも，刻一刻と変化しているが，それぞれの人の五感を通じた知覚システムが，場から行動や選択に必要な情報を取得しているという考え方である。

　ギブソンは，このような情報取得を「ピックアップ」と呼ぶ。必要な情報は人により，そしてコトにより異なるから，人によって異なる情報がピックアップされるのである。場の認知が，人やコトにより異なるのは，環境からピックアップされる情報がそれぞれ異なるからであるということになる。モノはコトの中でしか意味づけられないという考え方は，アフォーダンス理論からも正当化される。

　また，経験から学ぶことで人は成長することも，忘れてはならない重要な点である。マニュアルのないリッツカールトンの驚くべきところは，個々人のこのような体験に基づいた学習を組織的に振り返ることを通じて，組織文化として蓄積する仕組みを持っている点である。この事例は，おそらくこの従業員にとって忘れられない思い出となったことであろうし，この経験からの学習により，この従業員のその後の場の認知は大きく変わったことが予想される。そして，この従業員の変化は周囲にも影響を与えるだろう。このようなエピソードが組織内で語られることにより，より多くの人の自律的な行為を引き出すきっかけになったのではないかと思われる。組織的にマーケティングを実行していこうと思うなら，少なくともチームメンバー内のコミュニケーションがうまくいくように，メンバーを教育しなければならないことがわかる。

　ここまでは，事例を通じて意思決定者の選択と文脈に焦点を当てて，場，文脈，評価モデルの関係を論じてきた。しかし，リッツカールトンの事例で最も重要な点は，体験の共創が顧客を感動させたことにある。もし顧客を怒らせてしまったら，ホテルにとって大きなマイナスになりうる。やらないほうがましだったということになりかねない。だからこそ，一般的なホテルではこのようなサービスは行われていないし，消費者もホテルに宿泊するときにこのようなサービスを期待することはないのである。この点について，どのように考えたらいいのだろうか。

　すなわち，この事例を複雑なものにしている本質的な原因を捉えるためには，どのような問いを立てなければならないかを考えなくてはならない。この事例で前提とする消費者のイメージは，購買したものを消費するというこれまでの

消費者のイメージとはずいぶんと異なる。サービスにおいては，消費者自身も価値創造の当事者になるからである。良いサービスを享受しようと思ったら，消費者自身が能動的に関わる当事者にならざるをえない。そして，サービスの受益者もサービスの提供者も，価値を共創するという点においては，お互いに立場は対等になる。

　しかし，共創された体験の価値の最終的な評価は，顧客が行うのであってサービス提供者がするのではない。このエピソードを聞いたときに共感はするが，ある種の違和感を感じるとすればこの点ではないだろうか。すなわち，このエピソードが成功譚として成立するためには，顧客の女性が大変喜んだという結果が必要である。この女性が不愉快に思う可能性はなかったのだろうか。喜んでくれるに違いないという確信はどこから来るのか。このような疑問に答えるためには，サービスを共創するということを，サービスの受益者とサービスの提供者の選択が同じ場でなされたという枠組みで考えることで，検討しなくてはならない。

3. 文脈のシンクロとサービスの共創

　まず，この従業員は，なぜ，このサプライズ・サービスで顧客と感動体験を共創できると考えたのであろうか。この意図せざるエピソードは，自分自身の誕生日を楽しむことがこの顧客のコトであると従業員が知ったことから始まる。すなわち，この顧客のコトに対応したモノがフランス料理の選択であることを知り，顧客の文脈と選択の関係を理解したことになる。そして，この状況において，自分自身がどのようなサプライズ・サービスの提供が可能かを考えることが，リッツカールトンの従業員に課せられたコトであるかも理解している。もちろん，私たちは暗黙的なルールの中で物事を判断し，選択肢を評価し，生活を送っているので，何もかも自由に選択しているわけではない。この従業員が思いついたソリューションが，ホテルのケーキ・ショップで購入したバースデー・ケーキをサプライズ・プレゼントとしてレストランで提供するという行為であり，このような制約の中で意思決定した結果である。これが，サービス提供者の文脈と選択である。

　つまり，2つの文脈と選択が，ホテルの廊下という場でシンクロしているこ

とになる。そして，今回のサービスの共創が行われる，ホテルのレストランへと場は移っていくのである。これは，少なくともこの顧客にとっては予期していた場ではなくなっている。新たなモノ・コトが加わり，場からアフォードされる内容に違いが生まれている点で，同じ時空であってもまったく別の場になっていることに注意しなくてはならない。この新しい場における2人の予期せぬ体験は，今回ハッピーエンドで終わったわけであるが，2つの異なる文脈と選択がシンクロして生成された場における体験の共創には，新たな不確実性が生まれている。結局，この新たに形成された場における不確実性の源泉は，2つに大別できると考える。1つは，評価モデルから生まれるものであり，もう1つは，新たに形成された場における新たな文脈から生まれるものである。

　この場合，新たに形成された場における新たな文脈とは，ご婦人の誕生日を"ともに"祝うコトである。また，この場合の場には，サプライズ・プレゼントの光景を見て，おそらくはハッピー・バースデーを一緒に歌い拍手をする，たまたまレストランに居合わせた他の顧客も入るだろう。この場を共有しているそれぞれの顧客は，それぞれ異なったコトを考え，選択したモノを体験しているのであり，評価モデルもさまざまであろう。自分には無関係だと感じる顧客も中にはいるだろうが，そのような顧客であっても，偶有的に共有した場からアフォードされる情報は受け取らざるをえない。サービスの提供者としては，このような場における不確実性も考えなくてはならない。体験の共創とは，このような場，文脈，評価モデル，選択の中で行われるのである。

　驚くことにこの女性従業員は，自身の選択がほぼ確実に顧客を喜ばせるはずであると確信していた。これは，以下のようないくつもの不確定要因は，問題にならないと判断したのである。

　たとえば，ラグジュアリーなホテルに宿泊し，高級フレンチ・レストランで誕生日を祝う人が，正装しているとしても見ず知らずのハウス・キーピングの従業員が自身のプライベートな情報を知って祝福してくれることを素直に喜ぶという確信がなければならない。プライバシーを侵されることを嫌う人は，このようなサプライズは不快に思うかもしれない。あるいは，廊下で話をしていた時間帯とディナーの時間帯にはかなりの間があるので，きっとその女性と友人は，それまでの間何かをしていたはずである。ひょっとしたら，とても疲れているかもしれない。廊下で会ったときとは状況が変わっているかもしれない。

あるいは，この女性と一緒にいた友人とはどのような関係の人なのだろうか。友人と判断しているが，一緒にいることや，ここにいること自体を知られたくない有名人かもしれない。この場合，もしレストランにいた誰かに知られたり，それをSNSなどで投稿されたりしたら，思わぬ問題が生じるかもしれない。周囲の顧客たちは，もし自分のときに特別なサービスがなかったら，どう思うのだろうか。あるいは，ビジネスの真剣な話をしていた人にとってはノイズにすぎず，不快に思うかもしれない，などなど。

　しかし，幸いなことに，リッツカールトンではこれらは杞憂なのかもしれない。まず第1に，最初に述べたように，「紳士淑女をおもてなしする私たちも紳士淑女です」ということであり，「最高の思い出づくりのお手伝いをする」ということが，従業員らのするべきことだからである。このようなことが奨励されており，組織的に暗黙知を共有するような積極的な仕組みが日常的な職場の中に埋め込まれていることも見てきた。リッツカールトンのブランドはこのような環境で生まれ育っている。すなわち，このような行為は称賛されることはあっても，完全否定されることはミッションそのものを否定することになる。もし期待通りの成果が得られなかったら，どうすればよかったのかを〝ラインアップ〟で議論すればいいのである。

　ただし，リッツカールトンでなくとも，多くの場合幸いにも，このような危惧は杞憂に終わるだろう。次章で検討するが，それは私たちが明示的な規範や暗黙のルールを共有する共通の文化の中で生活しているからである。この状況においては，文脈や評価モデルを共有することがそれほど困難ではない。文化を共有している人たちが場を形成していることは，大変重要な点である。もし文化を共有していない人同士が価値を共創しようとしたら，大丈夫だと思っていた杞憂が現実のものとなりうる可能性は十分あるはずである。価値を共創すべき当事者たちが帰属する文化がまったく違えば，共有すべき文脈の理解の仕方が違ってきたり，評価モデルが違ってきたりするからである。このような条件下では，経験価値の共創は困難であろう。

　また，仮に相手の文化を理解することができたとしても，たとえば，リッツカールトンの文化を好まない人も多いはずである。誰かに不用意に干渉されることが望ましくない状況も多いはずである。忙しいビジネスパーソンにとっては，このようなハプニングは望ましくないノイズかもしれない。そのような文

脈では，他の選択肢を選べばいいのである。最高級のサービスを提供しようと，空間のデザイン，照明，1つひとつの調度品に至るあらゆる環境に神経をとがらせている事業者はほかにもたくさんいる。リッツカールトンで不愉快な思いをした人がいたとしても，次からほかの選択肢を選んでもらえばいいだけの話なのである。第3章で説明したように，ターゲティングがうまくいっていれば，不必要なミスマッチが起こる確率はぐっと低くなるはずである。

4. SD ロジックから文脈を考える

　このホテルの事例のように，顧客が購入したモノを消費することで価値を得るという伝統的なマーケティングの枠を越えた，顧客との価値の共創に注目が集まっている。そして，この顧客との共創により生まれる価値と文脈との関係を考察する場合に有効なフレームワークを提供してくれるのが，Vargo and Lusch（2004）が提唱した，サービス・ドミナント・ロジック（以下，SD ロジック）である。

　この SD ロジックは，GD ロジック（グッズ・ドミナント・ロジック）と対比される。従来のマーケティング理論の根幹をなす GD ロジックにおいては，何らかの価値を持つ製品が購入される，つまり貨幣に交換されることに焦点が絞られ，生産物を中心にさまざまなマーケティング活動の有効性が議論されてきた。それに対して，SD ロジックでは，サービスの捉え方が根本的に異なる。SD ロジックでは「サービス」を「他者あるいは自身の便益のために，行動やプロセス，パフォーマンスを通じて，自らの能力（知識やスキル）を活用すること」と定義し，すべての経済活動をサービスとして捉える。

　知識が価値を生むことはさまざまな学問領域で議論されている。たとえば，藤本（2003）は，自動車産業を中心とした日本企業のモノづくりを考察した『能力構築競争』の中で，モノづくりの価値の源泉をモノに対する設計情報（知識）の転写として把握しているが，SD ロジックにおいても価値を生み出す源泉は基本的には知識にあるという発想がある。また，野中・竹内（1996）の『知識創造企業』では，集団に焦点を当てて，集団の持つ形式知と暗黙知の循環から知識が創造される構造を考察している。ほぼ同時期に，集合的な知識が価値を生じるという現象に対する関心が，学問的な領域を越えて生まれてきた

ことは興味深い。いずれにしても，従来，サービスはモノではない何かと捉えられ，産業統計にあるような，第1次産業，第2次産業，第3次産業（サービス業）の分類が，それを理解する常識的な枠組みであったのに対して，SDロジックではサービスが経済活動そのものであるという捉え方をするのである。

　さらに，価値が共創されるという意味において，受動的な消費者観から能動的な消費者観へと，消費者の認識そのものが変化している。生産された製品を購入する，つまり貨幣と交換することを中心に考えるという発想から，消費者が体験することから得られる価値，すなわち使用価値を中心に考える発想に立つと，顧客は単なる購買者としての受動的な役割から，体験するという能動的な役割を果たす存在として認識されるようになる。藤川（2010）はこの点に関して，「セグメント化され，ターゲット化され，販促の対象」として認識されていた顧客が，「パートナーとしての顧客」として認識されるようになり，パートナーとしての顧客は自身の知識やスキルといったオペラント資源（能動的資源）を企業が提供する知識やスキルと組み合わせることを通じて，価値を享受すると説明している。このように，GDロジックが従来からのモノを中心としたマーケティングを念頭に置いて展開されているのに対して，SDロジックでは顧客の体験を中心に置いて議論が展開される。SDロジックでは，モノかサービスかの二元論で捉えるのではなく，モノにもサービスにも共通する論理を読み解こうとするのである。

　上述したホテルの事例はまさに，共創から生まれた体験価値を享受していることを示している。私たちの生活はこのように本質的に不確実性下の意思決定の連続であるが，選択からもたらされる体験の連続は「見ず知らずの土地に行く旅」にたとえられる。SDロジックという見方に立つと，私たちの体験の連続を「カスタマー・ジャーニー」というイメージで消費活動を把握することができる[3]。1回1回の経済的な取引に焦点を当てるのではなく，人は経験の連続の中でその価値を評価するのである。このような立場からSDロジックを説明するために用意されたのが，図1である。

　図1は，見る人の立場により具体的にどのようなマーケティング活動を想起するかが異なるだろう。たとえば流通小売業であれば，生活者の経験全体がビジネスのチャンスにつながるという見方が可能になる。消費者との関わり合いも取引ではなく，多様なタッチ・ポイントにおいて消費者との出会いの場を持

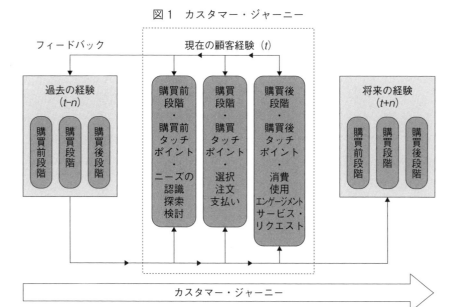

図1　カスタマー・ジャーニー

フィードバック　　　　　　現在の顧客経験（*t*）

過去の経験
（*t-n*）

購買前段階　購買段階　購買後段階

購買前段階
・
購買前タッチポイント
・
ニーズの認識
探索
検討

購買段階
・
購買タッチポイント
・
選択
注文
支払い

購買後段階
・
購買後タッチポイント
・
消費
使用
エンゲージメント
サービス・リクエスト

将来の経験
（*t+n*）

購買前段階　購買段階　購買後段階

カスタマー・ジャーニー

（出所）　Lemon and Verhoef（2016）より作成。

つといったほうが適切である。顧客との多様で数多いタッチ・ポイントにおいて，どのように顧客と向き合い，顧客のエンゲージメントを高めていくのかは大きな課題となってきている。

　受動的な顧客から能動的な顧客へと顧客に対する見方が変わると，「優良顧客」の捉え方も変わってくる。従来の見方では，たくさん買ってくれる顧客が優良顧客であり，今日のようにデータベースに顧客の購買データが蓄積されるようになると，顧客の生涯価値を計算することが可能になり，リレーションシップ・マーケティングの重要性が盛んにいわれるようになった。このときのキーワードは，カスタマー・ロイヤルティである。したがって，個々人を認識して，いかに各人のロイヤルティを高めるかがマーケティングの課題であった。

　しかし，スマホを手放さなくなった人たちによる SNS が今日のように普及すると，たくさん買ってくれる顧客だけではなく，たくさん買ってくれなくても，新規に良い顧客を紹介してくれる人や，既存顧客を引き留めてくれる人，あるいは利用の拡大を促してくれる人，企業の抱えている課題解決のアイデアを共創してくれる人などにも注目が集まるようになった。つまり，それぞれの

人が持っている社会的なネットワークが企業にもたらす価値が問われるようになってきたのである。ここでキーワードになるのは，エンゲージメントであり，日本語だと，「愛着」という言葉が感覚的に近いのかもしれない。

　エンゲージメントとロイヤルティは同じような意味にもとれるが，ロイヤルティは個々の顧客の購買行動に焦点を当てて，どの顧客がどれくらい企業にとって経済的な価値があるかを考えているのに対して，エンゲージメントは愛着を持った顧客がその顧客の持つ社会的ネットワークに及ぼす効果までを考えて顧客の経済的な価値を考えようとしている。どちらも損得勘定で計算している点では共通していても，顧客に対する認識はずいぶんと異なっているのである。ロイヤルティの測定には，社会的ネットワークのデータは必要ないが，エンゲージメントの経済価値の測定にはそれが必要となる。現時点では，オンライン・ゲームのような一部の事例でのデータしかないので，実証的な測定は十分行われているとはいえないが，データの環境が整うに従って，各個人別のエンゲージメント・スコアのようなものが利用されるようになるだろう（たとえば，山本・松村（2017））。

　このように，モノの取引に焦点を当ててきた GD ロジックに代わって，カスタマー・ジャーニーのように，単なる消費ばかりでなく多様な状況における人と人とのインタラクションまでを考察の範囲に取り込んだ SD ロジックという新しい見方が出てきたのは，技術進化に伴う新しい時代の流れであり，後戻りすることはない。

　ところで，カスタマー・ジャーニーにおいては，それぞれ異なる状況下で選択が行われ，連続する体験の連鎖から価値が生まれる。データを測定する立場からいえることは，消費者の意図や選択肢に対する評価，それらと行為との関係を観察・測定しなければ，ダイナミックに変化する人の心理を捉えることはできないということである。

　たとえば，定期検診で「ガン」が見つかったとする。そのような状況になったら，普通の人は病気を直したいという欲求が生まれ，さまざまな情報取得に努めるはずである。情報をピックアップする場から，治療法や医療機関などのさまざまな選択肢の情報を集めなくてはならない。自分自身の専門知識が豊富かどうか，情報取得能力の高さ，友人などに専門家がいるかどうか，家族，子ども，仕事，保険，経済状況など，それぞれの人が置かれた状況により，つま

り人により，文脈の形成は異なる。親しい友人・知人の情報から，SNS，ネット上のコミュニティなどを通じてガンに関する専門知識・情報を得るだろう。所属する集団における常識，ルール，宗教観などの影響もあるだろう。取得した情報の量と質，体験により評価モデルは変化する。このような状況下で，治療法，医療機関の代替案から現実的な選択集合が検討される。

　医療機関が決まったら，医師と対話しながら治療方針を決めて治療を進めていくといった一連のプロセスが続いていく。治療が続くプロセスは，まさにカスタマー・ジャーニーのメタファーが大変よく当てはまる。各段階で，人はさまざまな体験による学習によって以前の自分とは異なる自分になっていくであろう。これまで気づかなかったことにも気づくようになるはずである。問題設定に一貫性があっても，選択のための文脈と評価モデルは常に変化していく可能性を持っている。これまで価値があると思っていたものが急に色あせて見えるかもしれない。GD ロジックからは，このようなダイナミックな変化に対応する人の感情と行為をうまく説明することはできない。

5. 場による選択の操作

　これまでの議論から，顧客体験を中心に考えると，文脈の形成と選択の関係を理解することが重要であることがわかった。文脈が場の中で形成されることを考えれば，場を操作することで文脈を変えることが可能かどうかが次の問いになろう。

　人々のモノ・コトに対する評価フレームを操作することで，効用関数に新しい知見をもたらし，行動経済学の道を拓いたのは，カーネマンとトヴァースキーの先駆的な研究である（Kahneman and Tversky (1979), Tversky and Kahneman (1981)）。彼らはこの中で，さまざまな実験を行っている。たとえば，がん患者に手術をすれば95% 治るか，手術をしても5% は死亡するかといったように言い回しを変えて，提供する情報を操作するだけで，簡単に評価フレームに影響を与えることが可能であり，結果として選択が変わってくることを示している。このような実験を通して，私たちが物事を評価する価値関数が，いかに状況依存的であるかということを教えてくれた（図2参照）。

　すなわち，私たちはあらゆる物事を評価するときには，まず参照点（リファ

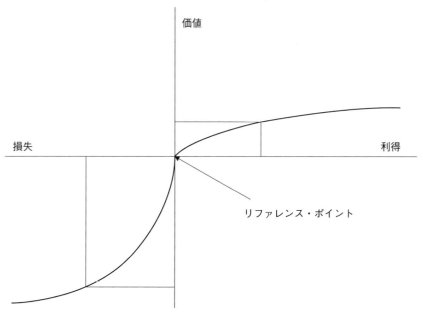

図2　プロスペクト理論

（出所）　Kahneman and Tversky（1979）より作成。

レンス・ポイント）を決めて，そこから選択肢がもたらす便益と損失の大きさにより心理的な価値の大きさ，すなわち満足か不満足かが決まるという価値関数を提起したのである。価値関数の形状にも大きな特徴があり，参照点から期待が上回る場合はリスク回避的であり（これは経済学が前提とする効用関数と同じである），期待が裏切られる場合は反対にリスクをとるようになることを実証的に示した。経済学の効用関数に真正面から挑戦した彼らの研究は，その後多くの研究に引き継がれた。

　トヴァースキーとカーネマンの行った次の実験も，私たちの価値関数がいかに経済学が前提としている効用関数の前提条件からずれているかを鮮やかに示している。

　設問1；
　　a.　確実に240ドルもらえる。（84％）
　　b.　25％で1000ドルもらえるが，75％は何ももらえない。（16％）

設問 2 ;
　　c.　確実に 750 ドル失う。（13%）
　　d.　75% で 1000 ドル失うが，25% は何も失わない。（87%）
設問 3 ;
　　e.　25% で 240 ドルもらえるが，75% で 760 ドル失う。（0%）
　　f.　25% で 250 ドルもらえるが，75% で 750 ドル失う。（100%）

　設問 1 と 2 では，人々は利得に対してはリスク回避的であるのに対して，損失についてはリスク選好的であることがわかる。この実験が鮮やかなのは，設問 3 である。実は多くの被験者が選択した設問 1 の a と設問 2 の d を合成したものが，設問 3 の e であり，選択した人が少なかった b と c を合成したものが設問 3 の f になる。設問 3 は，参加した被験者が合理的であることをはっきり示している一方で，まったく同じ人たちがその選択肢をバラバラにして提示させられたときには，正反対の反応を示したのである。このことは，意思決定者が認識した文脈の中における選択が，いかに経済学が前提とする合理性を欠いたものになっているかを如実に示している。

　マーケティングに関して，ひときわ興味深いのは Simonson and Tversky（1992）の研究である。彼らの研究は，まさに文脈における選択を考察の対象にし，実験によって文脈がいかに選択を変えるかを実証的に確認している。ここで彼らが文脈として取り上げているのは，もっぱら代替案の集合による文脈の形成であり，この文脈が選択に及ぼす効果を実験により検証している。彼らの文脈効果などにはさまざまなものがあるが，興味深い事例をいくつか紹介したい。

　文脈効果の中でも広く知られているものに，いわゆる "松竹梅" 効果がある。トヴァースキーたちが "妥協効果" と呼んでいるこの効果は，高いもの，安いもの，中間の価格帯のものの 3 つを提示されると，人々の選択が中間のものに集まる傾向のことをいう。たとえば，被験者に通販カタログに載っていた高級機種，中級機種，低級機種の 3 つのカメラの情報を提示して，どれを選択するかという質問をした結果，以下のような結果を得た（表 1）。カメラはいずれも日本製（ミノルタ）のもので，品質には定評があり，もちろん機能的にはどれもまったく問題のない製品である。低級機種と中級機種を提示された場合には，

表 1 　極端の回避効果：妥協効果（カメラの選択）

高級機：高機能，高価格	469.99 ドル	21%	—
中級機	239.99 ドル	57%	50%
低級機：低機能，低価格	169.99 ドル	22%	50%

（出所）　Simonson and Tversky（1992）より作成。

選択比率はほぼ同数で拮抗していたのに，3つを同時に提示された場合には中級機種の選択比率が高くなることがわかる。

　さらに，大きな問題なのは中級機種の選択比率が2つの機種を比較した場合よりも3つの機種を比較したときのほうが大きくなっていることである。経済学における選択理論では，通常，効用関数は無関係な代替案からの独立性を満たさなければならない。したがって，2つから3つに選択肢が増えた場合に，選択確率が増えてしまうことがあってはならないことになる。この実験結果はこの原則が成立しないことを示しているが，私たちの日常的な感覚からも，松竹梅という代替案が提示されたときに，竹，すなわち中位の選択肢を選ぶことが多いのではないだろうか。

　この実験で，もう1つ強調しなければならないのは，影響を受けた代替案が低級機種だった点である。最上級機種を選択集合に加えた結果，最低級機種が大きく影響を受けるのは，第3章で展開した規範的な属性アプローチの考え方からは導出できない。人々の好き・嫌いの好みの分布，選好構造が変わらないという前提に立てば，類似した，すなわち距離が近い代替案が強く影響されるというのが従来のポジショニングの考え方である。この考え方に従えば，最上位機種の導入は，相対的に類似性が高い中位機種により強く影響するはずである。この点からも，従来の規範的アプローチに正面から疑問を突き付けているといえるだろう。

　さらに，高品質・高価格に対して中品質・中価格で競合している2つの対象に，あえて中品質・中価格の近くに劣位の選択肢を加えて3つの選択肢の状況をつくることで，合理的な消費者からは想定できない高品質・高価格の選択確率が減少する可能性についても実験により確認している。これは，Huber et al.（1982）などでも“おとり効果”として提唱されていたが，このような現象が無意識的かつ普遍的に起こっている可能性を強く示唆している点は，場のデザインを考えるうえできわめて重要である。

このように，トヴァースキーらは，さまざまな状況を設定した実験を繰り返すことで，代替案が２つから３つ以上に変わると，人々の判断が意図せざる方向に変わることを検討している。ただし，彼らの実験においては，たとえば，すべての実験で常に中位の選択肢に選好が集中するわけではなく，３番目の代替案を追加した場合に最上位の選択肢に選好が集まることもあれば，最下位の選択肢に集まる場合もある。つまり，ここで提起された効果は探索的であり，必ずしも既存の理論から導出されたものではない。選択肢が２つから３つになると，人々の選択行動が変わるということは示せても，どのような条件が整えば，選択結果に想定通りの変化を引き起こすことができるかという，予測レベルまで議論が展開されているわけではない。この点は，マーケティング実務という観点からはやや残念である。

　しかし，彼らの考えた文脈は選択肢の組み合わせであり，適用可能性は高く，応用範囲も広いだろう。カスタマー・ジャーニーという観点に立つと，その時その時の意思決定における環境において存在する代替案の集合自体が，その人の選択に影響するということである。これは，実務的に大きな可能性を示唆している。すなわち，選択される確率は低いとわかっていても，低価格帯から高価格帯にかけて製品ラインを構築することで消費者の選択を意図的に，かつ消費者に気づかれることなく操作できることを意味しているからである。当然，トータルの収益は変わるはずである。アリエリー（2013）が『予想どおり不合理』の中で，さまざまな実験を通して主張しているように，店舗に入ったとき，最初に目につく商品により店舗内の行為が変わる可能性があるのである。

　マーケティング，とくにプライシングに影響する状況設定についても触れておきたい。Thaler（1985）は，トヴァースキーらの価値関数を前提とした“心理的算術”について考察している。ここでは，総効用は製品からの効用と取引からの効用に分けられ，人々は，参照点からの乖離を評価することで総効用を計算し，それぞれの選択肢が望ましいものかどうかを評価する。さらに，選択することが望ましいかどうかは社会的な規範に影響を受けると考えている。消費者はこれらの点を，心理的に計算して選択を行っていると考えると，次のような疑問に答えることができる。

　たとえば，表２のようなイベントにおいて，イベントの主催者は一見客（いちげん）に対しては顧客がそのときの状況により支払ってもいいと思う上限に価格を設定す

表2　心理的算術の数値例（メジャーなスポーツ競技のチケット料金）

1983　ワールド・シリーズ	25-30 ドル
1984　スーパーボール	全席 60 ドル
1984　インディアナポリス	最高価格 75 ドル
1981　ホームズ対クーニーのボクシング・タイトルマッチ	最高価格 600 ドル

（出所）　Thaler（1985）より作成。

るのに対して，常連客の場合にはそうしないのはなぜかといった疑問である。
この表2では，ボクシングのタイトルマッチのプロモーターと顧客の関係が一
見客になる。ボクシングではプロモーターと顧客との関係が一度限りが想定さ
れるのに対して，野球やアメリカン・フットボールでは，子どものときからチー
ムとの関係が始まり継続する。セイラーはこのような継続的な関係の中で参
照価格が心の中に形成されているから安易に価格を上げることは顧客に大きな
不満を発生させてしまい，もし顧客との関係を大事にしようと思うのならば，
たとえ需要が供給を大きく上回るような状況でも安易な価格引き上げをするこ
とは合理的でないと主張しているのである。このほかにも，自分で買うことの
できるものでも，ぜいたく品をもらうととてもうれしく感じるのはなぜかとか，
現金でもらうよりも具体的な商品，たとえば海外旅行を景品でもらうほうがう
れしいのはなぜかといったことを，現実の事例を解説することで説明している。
これらは，従来の経済学ではうまく説明することができない現象なのである。
　このように，製品ポートフォリオと選択，プライシングと選択の関係など，
文脈の形成という観点から見ると，マーケティング活動の研究に残された課題
がいかに広範囲にわたり，消費者の情報処理の仕組みにはよくわかっていない
ことがどれほど多いかがわかる。第4章で，クルマの事例を検討したが，中国
における日系車のブランド・ポートフォリオは階層的であり，比較的低価格帯
から高価格帯までフルラインで多様なブランドが展開されている。この点は，
低価格帯で低品質のブランドを中心に展開しているブランドと比較すると，メ
ンツを重視する中国消費者にとって日系車ブランドの魅力度を増している可能
性がある。ある文脈を形成するときに，私たちは環境（場）から意識的，無意
識的にさまざまな情報をピックアップする。そのような情報に基づいて，より
良い行為を考えているはずである。したがって，どのような場をデザインする
かでピックアップする情報に影響を与え，それによって結果的に行為に影響を

与えることができる。マーケティングの実務家にとっても，以下のような点は参考になるはずである。

〈高いと感じるか安いと感じるかは，選択する文脈に依存する〉
〈商品ラインが顧客の商品・サービスの文脈を形成する場合がある〉
〈同じものでも提示のされ方が変わると，人々の選択が変わる可能性がある〉

6. 対人関係と文脈を考える

　これまでの議論は，欲求により動機づけられた個人が文脈を形成し，コトを実現するためのモノを比較検討し，最終的に何らかの選択が行われるというものであった。モノやコトは，場からアフォードされる情報に影響を受けるので，場を操作することにより選択を操作できる可能性についても考えてきた。ここで少し視点を変えて，ある欲求を喚起するような状況や，あるいは，ある欲求が喚起された状況において，対人コミュニケーションが意思決定に与える影響について考えてみたい。以下では，人間関係と文脈の関係について，すなわち人間関係の相違が選択にどのような影響を与えるかについて考えていきたい。
　たとえば，たとえ親子や親しい友人であったとしても，もし病院でその人から治療を受けることになった場合には医者と患者という関係になり，親子の関係や友人関係とは異なることになる。あるいは，小さな子どもを連れて家族で旅行するときと，上司と行くビジネス・トリップでは，同じ旅であっても，移動手段の選択・手配，宿泊先の選定から現地での食事に至るまで，まったく異なった文脈を形成し選択することになるだろう。このように，誰とどのような目的を共有するかを考えることが，文脈の形成に影響するのは明らかであるが，このような人間関係は一体どのように分類することができるのであろうか。
　人間関係の分類で，最もわかりやすいのは内集団か外集団かだろう。しかし，内集団のデータは外集団の観察者にとっては把握が難しい。この問題点を克服するためによく使われる方法に参与観察がある（佐藤（2002））。観察者自身が集団内に入り込み観察するこの方法は，たとえば家庭内の行動観察から新製品開発のヒントを得る目的など，マーケティング・リサーチにおいてもとられる方法である。ただし，観察がうまくいくかどうかは，集団のメンバーに，自分

たちの仲間であると認めてもらえるかどうかによる。実際には，内集団の準構
成員として認めてもらうことは難しいかもしれない。たとえば，日本は“村社
会”だといわれることがあるが，この場合の村社会は閉塞的で，よそ者を排除
し，外部との積極的な関係を嫌う集団を意味する。このような村社会は1つの
内集団であり，それは観察者を含む村の外部の人々は外集団であることを意味
する。内集団は“われわれ”であり，外集団は”あいつら”の関係になる。こ
のような集団によそ者である観察者が認めてもらうまでには，かなりの努力と
運と時間が必要であろう。

　この村社会の典型例は，政治における派閥のようなものであり，有力者を頂
点にした序列関係を持ち，年功序列型のタテ型社会とされる（中根（1967））。
このように人と人とのつながり方の性質から，集団の性質を考えることはきわ
めて興味深いし，このようにミクロの関係からマクロの性質を論じることはさ
まざまな学問領域で関心を持たれている。しかし，その村の中の人間関係をも
う少し詳しく見れば，そこにはまた内集団と外集団が存在する。また，ある個
人に着目すれば，同じ集団においても学閥や同郷などのさまざまな要因で他の
人とつながっている。したがって，個人間の心理的な距離は，村社会であって
も年齢だけで決まるものではない。村社会における同年齢層でも，心理的な距
離が近い人もいれば遠い人もいる。

　このような人と人との関わり合い，すなわち紐帯は，「ネットワーク」とし
てさまざまな学問分野で研究されている。とくに社会学においては，ネットワー
ク論として膨大な研究が行われており，野沢（2006）の『リーディングス
ネットワーク論』には，1954年のバーンズの記念碑的な業績から2001年のバー
トの論文まで，それぞれ独立した7つの代表的な論文がネットワーク論の系
譜がわかるように収録されている。以下で，収録されている7つの論文を簡単
に紹介したい。

　Barnes（1954）の先駆的研究では，ノルウェーの人口4600名のブレムネス
というある島内の一教区が観察対象として取り上げられ，フィールドワークに
よりその地域コミュニティにおける社会メンバー間の体系的な相互作用が明ら
かにされている。同様に，Bott（1955）では，ロンドンの20組の家族が観察対
象として集中的に調査され，夫婦の役割と社会的ネットワークの関係が詳細に
論じられている。

このような流れの中で出てきた Milgram（1967）の研究は，スモール・ワールド問題としてよく知られているものである。ここでは，アメリカのカンザス州，ネブラスカ州のある都市の人に，見ず知らずのマサチューセッツ州のある神学校の学生の妻や株式仲買人から，友人と知人の連鎖だけを使ってメッセージを届けてもらうという有名な実験が行われた。結果は，驚くことにわずか6名程度の媒介人により，アメリカという広大な国で見ず知らずの2人がつながることがわかったのである。このように，ミルグラムの研究では，ごく限られた地域ではなくネットワークのマクロ・レベルの性質に関心が持たれるようになった。さらに，Granovetter（1973）のよく知られた「弱い紐帯の強さ」の研究では，マクロ・レベルとミクロ・レベルの連結が意図されるようになった。この研究では，たまにしか会わないような弱い紐帯が，実は強い紐帯より重要な情報を提供しうるものであり，全体的な社会統合に不可欠であるという興味深い論点が提起されている。さらに，Wellman（1979）は，カナダのトロント大都市圏内の845名に対するサーベイ調査などから，親密な紐帯をより詳しく測定することで，ネットワークがどのような構造を持ち，どのように使われているかを明らかにし，コミュニティ問題について検討している。

　また，Coleman（1988）では，社会関係資本が高校生の人的資本形成に及ぼす影響を社会構造的な条件から検討し，第2章で説明した合理的行為モデルで検証している。ここではネットワークの閉鎖性が社会関係資本の効果を高めるという実証結果が示されたが，Burt（2001）では反対に，ネットワークの構造的隙間が社会関係資本をもたらすことを，企業の経営管理者の昇進やボーナスとネットワーク構造の関係を分析することで明らかにしている。

　このような社会科学における，さまざまな観点からのネットワークの性質についての興味深い分析結果に触発されて，より多くの学問領域の研究者の関心が集まるようになった。バラバシ（2002）のスケールフリー・ネットワークやワッツ（2004）のスモールワールド・ネットワークなど，社会現象を引き起こすネットワーク構造の性質に対する数学的な理解も進んでいる。バラバシやワッツは，自然科学の知見を用いて大規模ネットワーク構造の分析を行ったが，彼らの研究成果に触発されてマーケティング分野でもネットワーク構造の分析が行われるようになってきている。

　しかしそれらは，ある数学的な性質から導かれたネットワーク構造から現実

の大規模停電やウィルスの伝播などのネットワークを検討することで新たな知見をもたらしたが，マクロのネットワーク構造とその性質を研究対象にしており，残念ながら社会学のようにミクロの人と人との属人的な関係にまでは踏み込んでいない。また，上述したような社会学の研究においては，ミクロ・レベルの紐帯のデータは，週に何度会っているかとか，親子関係かどうかといった，サーベイ調査で回答しやすい形式的な項目に制限されているため，実質的な人間関係を測定しているわけではなく，説明変数として大きな問題がある。たとえば，弱い紐帯か強い紐帯かの二分法ではなく，文脈により紐帯の解釈や効果は異なってくるはずである。あるいは，友人・知人関係といっても，文脈により，さまざまな違いがあるのではないだろうか。つまり，対人関係と文脈の関係をうまく捕捉することができていないのである。文脈に対応した複雑な人間関係の分類に関して参考になるのは，社会学者 Fiske（1992）の尺度論に基づいた4類型である。

　尺度論では尺度（物差し）は，名義尺度，順序尺度，間隔尺度，比例尺度の4種類に分けられる。フィスクはこれらの物差しに，考察の対象となる2人の関係性，つまり紐帯の持つ性質に，共有（sharing），階層（hierarchy），平等（equality），つり合い（proportionality）の4種類の人間関係のコンセプトを対応させることで，共同社会的共有（CS: communal sharing），権威階層（AR: authority ranking），平等な調和（EM: equality matching），マーケット・プライシング（MP: market pricing）の4つの人間関係を提唱し，基本的にはすべての人間関係はこの4分類で対応できると主張している。対人関係による購買意思決定への影響といった観点からも，大変に有用な分類法であると思うので，簡単に説明したい。

　まず，名義尺度とは，0か1かどちらかに分類される関係に適用される尺度であり，共同社会的共有（CS）は，人間関係に当てはめると内集団か外集団かという関係がイメージされる。内集団の人と外集団の人とでは，関わり方がまったく異なるのはいうまでもない。トリアンディス（2002）は『個人主義と集団主義』で，さまざまな社会に共通する内集団の特徴として，"個人がその集団成員の幸福に関心を持っていること，公平な見返りがなくてもその集団成員との協力をいとわないこと，そしてその集団成員から離れると不安を感じること"などを挙げている。内集団と外集団の境界線上にあるあいまいな関係もあ

るが，そのような集団について，トリアンディスは，集団主義的な人たちはこのあいまいな集団を外集団とみなす傾向が強く，個人主義的な人たちはこの集団を準内集団とみなす傾向が強いと主張している。集団主義的・個人主義的な文化が，集団の境界線の引き方にも影響しているといった点については，次章で詳しく考えてみたい。ここでの内集団は運命共同体のようなイメージであり，家族関係が典型的である。経済関係については，内集団内では貸し借りの関係が厳密ではなく，むしろ軽視される。親は子どもを育てる義務があるが，子育てにかかった費用を厳密に記録し，きちんと利子を計算して将来返済を迫る人は少ないだろう。

　次に，権威階層（AR）の関係は順序尺度に対応している。順序尺度とは，大きさの比較のみ可能な尺度で，任意の2つ対象を比べたときにどちらが大きいかを知ることができる。人間関係に当てはめると，上下関係が当てはまり，経済的な関係においては，資源の分配は地位により決まる。この関係においては，権威が上というだけでより多くの分配を受けるという「不平等」な分配は自然なことになる。トリアンディスは，このような権威階層が強調される社会では，敬意，相違，忠義，服従といったことに人々の関心が集まり，不作法が罰せられると述べている。

　また，間隔尺度は平等な調和（EM）関係に対応する。尺度の目盛りの間隔が等しくなるとき，間隔尺度と呼ばれる。この平等な調和関係の例としては，誰でも等しく一票を投じる権利があるといった民主主義国家の投票制度などがわかりやすい。経済関係においては，友人間の貸し借りの関係などが典型的である。たとえば，経済力に明らかに格差がある友人関係では，食事をおごったりおごられたりするときに，対等な関係が意識されれば，貸し借りは金額ではなく回数でバランスをとるという考え方もある。貸したものは返済しなければいけないという関係はあっても，対等な関係を維持するための暗黙的なルールが適用されてもかまわない。

　それに対して，比例尺度に対応するマーケット・プライシング（MP）の関係においては，貸し借りはビジネス関係になり，借りたお金は金利を含めて厳密に返済しなくてはならない。比例尺度は，ゼロ点が決まるところが間隔尺度と異なり，経済関係においては金利まで計算可能になる。同じ貸借関係でも，金利が厳密に定義され，返済できない場合のことなどがきちんと契約書で交わ

されることになるような関係が典型的である。

　このように，人間関係を 4 タイプに分類しても，現実には 1 対 1 の関係ばかりでなく，複雑な社会ネットワーク関係の中で，相手との関係性が決まってくる。しかし，対人関係がつくる文脈がどのように行為の決定に影響を及ぼすかについて考える際には，フィスクの 4 分類はきわめて有効である。

7. 対人関係がつくる文脈の影響

　以下では，このような人間関係の中で，友人・知人という関係に焦点を当てた実験を紹介したい[4]。この実験においては，"病気になってお金に困っている「友人」がいます。あなたなら，いくらまでサポートしますか？"という単純な質問に対する反応を聞いている。親身になって話を聞くとか，相手の立場に立って相談するという設問ではないのは，お金の貸し借りの話はマーケティングにおける企業と顧客の関係を考えるうえで，とてもわかりやすいからである。ただし，同じ友人・知人関係でも，距離感にはずいぶん違いがあろう。そこで，その友人との関係についてフィスクを参考にして，次のような類型を考えた。

　〈1. 非常に仲が良く，他人にいえないような個人的な悩みについても相談できる関係〉
　〈2. 仲が良く，2 人きりで遊びに行くことができる関係〉
　〈3. みんなで遊ぶことはあるけれども，2 人きりで遊ぶほどではない関係〉
　〈4. 顔と名前は一致するし，会えば挨拶を交わすけれども，それ以上は何もない関係〉

　友人関係であるから，マーケット・プライシングの関係は考えなくてもいいだろう。このような関係を念頭に置いて，次のような質問に答えてもらった。

　〈その相手が重い病気にかかり，あなたは現在 300 万円（中国では 10 万元）の貯金を持っていると仮定します。あなたは，いくらまでその相手に提供しますか〉

実施されたサーベイ調査は，楽天リサーチが持っている，中国，台湾，日本のパネルを対象に行われ，サンプル数はそれぞれ300である。友人関係の類型については4通り考えているので，それぞれの関係について75サンプルを割り振っている。

　さらに，メンツ意識に関しても，以下のような項目について測定している。ただし，第4章で検討したように中国人のメンツには道徳的な側面の「リャン」も含まれているが，ここでは友人関係を前提にして回答してもらっているので，この側面については聞いていない。メンツに対する質問項目については，次章で詳しく検討しているので，参照してもらいたい。

〈友人関係を維持するために，ときどきおごることがある〉
〈金銭的に困ったときは友人に相談する〉
〈自分の時計が高級ブランドのイミテーションだとその友人に見破られたら，恥ずかしい〉
〈自分のクルマや家が友人より見劣りするのを友人に見られたら，いやな気がする〉
〈友人に見せびらかしたい〉
〈友人に対して，知識が豊富で何でも知っているようなふりをする〉
〈友人に頼まれたことがうまくいっていなくても，その場しのぎでとりあえず大丈夫ということがある〉

　図3は，最初に持っていると仮定してもらった金額のどれくらいの比率のお金をサポートするかを表している。この図を見て明らかなのは，同じ友人関係でも，関係の密接度によりサポート比率は大きく影響を受ける点である。

　予想した通り，どの国においても関係性が弱くなるに従ってサポート比率は下がる傾向にある。すべての国において，対人関係の類型2から3，すなわち2人きりで遊びに行ける関係かどうかで断層があり，これは統計的に有意であることがわかる。同じ友人といっても，2人きりで遊びに行けるか，ほかの友人と一緒になら遊びに行けるかで，異なった人間関係として認識していることがわかる。しかし，対人類型3から4の差は，中国，台湾で有意であるが，日本では有意でない。また，集団主義的な文化においてとくにメンツを重んじる

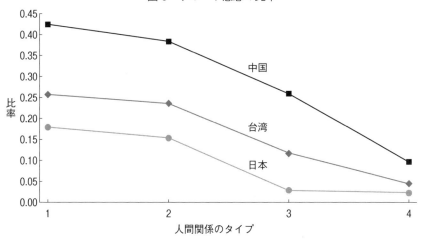

図3 サポート意思の比率

（縦軸）比率
（横軸）人間関係のタイプ

中国

台湾

日本

中国のサポート比率が最も高く，対人関係1，2において，各国間の差は統計的に有意である。これらのことから，サポート比率は対人関係の近さに依存しており，その依存のパターンは国により差があることが示唆される。同じ"友人"という言葉を使っていても，その中身は文化により異なり，友人関係の分類の仕方に各国の特徴が見て取れるのは大変に興味深い。図4，図5は，中国と日本の友人タイプ別のサポート金額の分布を表している。これを見ても，日中の友人に期待する行動に明確で大きな違いがあることがわかる。

　次に，友人関係のタイプとメンツ意識の関係を見るために，メンツ意識のデータを因子分析にかけた。因子分析の結果は，表3に示されている。2因子の累積寄与率は55％であり。回転後の負荷量行列から，因子1は見栄を張る，偽物とばれて恥ずかしいなどの項目に相関が強いので，"メンツ因子"と名づけた。また，因子2は，関係性を維持したり，何か困ったことがあったら助成を求めたりするといった項目と相関が強いので，"関係因子"と名づけた。友人類型のタイプ間，および各国の違いが直感的に見えるように，中国，台湾，日本のそれぞれ4タイプの因子得点の平均をプロットしたものが図6である。この図6を見ると，意識のうえでも，友人関係1，2と友人関係3，4は各国とも共通して区別していることがわかる。友人の中でもとても親しい関係になると，関係を維持するための努力を行い，その人に対しては格好つけたり，知っ

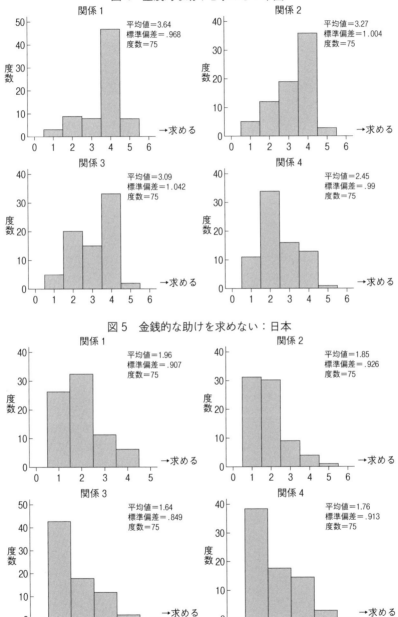

図 4　金銭的な助けを求める：中国

関係 1
平均値＝3.64
標準偏差＝.968
度数＝75

関係 2
平均値＝3.27
標準偏差＝1.004
度数＝75

関係 3
平均値＝3.09
標準偏差＝1.042
度数＝75

関係 4
平均値＝2.45
標準偏差＝.99
度数＝75

図 5　金銭的な助けを求めない：日本

関係 1
平均値＝1.96
標準偏差＝.907
度数＝75

関係 2
平均値＝1.85
標準偏差＝.926
度数＝75

関係 3
平均値＝1.64
標準偏差＝.849
度数＝75

関係 4
平均値＝1.76
標準偏差＝.913
度数＝75

表 3　回転後の成分行列

	メンツ因子	関係性因子	
X₃	0.71	− 0.193	偽物とよばれても気にならない。
X₄	0.684	0.082	車や住居で劣等感を感じる。
X₅	0.679	0.365	見栄を張りたい。
X₆	0.674	0.27	知識が豊富なふりをする。
X₇	0.619	0.227	その場しのぎでとりあえず大丈夫と答える。
X₁	0.107	0.797	食事をご馳走することがある。
X₂	0.127	0.788	金銭的に困ったら助けを求める。

因子抽出法：主成分分析
回転法：Kaiser の正規化を伴うバリマックス法

図 6　対人関係別のメンツと関係性構築努力

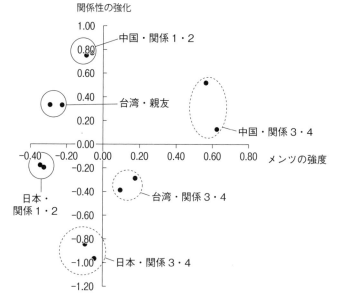

162

たかぶりをしたりする必要がなくなることがわかる。

　このような友人に対する意識と友人に対するサポート比率の関係は，どのようにつながっているのであろうか。ここでは，図7のように，第2章で紹介した合理的行為モデルを用いて分析を行った。推定されたパラメーターは，図8の通りである。推定されたパラメーターは，すべて 0.001 レベルの両側検定で統計的に有意であり，モデルの適合度を示す指標である，GFI = 0.986，AGFI = 0.971，RMSEA = 0.046 もデータとモデルはフィットしている。すなわち，相手に対するメンツ意識や関係を維持したい気持ちが，相手の窮状をどの程度サポートするかにつながっているというモデルは，日本でも台湾でも中国でもよく当てはまるが，友人関係の強さにより相手に対する意識も行為も大きく異なることがわかる。

　また，これまでの議論を踏まえると，以下のような点を指摘することができる。まず，友人の境界線が国により異なる。先に取り上げた，集団主義的な性向が強いとあいまいな関係は外集団として認識されるというトリアンディスの主張を踏まえると，メンツ意識，すなわち集団主義的な性向が日本より強い中国では，人生を語り合える，2人で旅ができるレベルの友人は内集団であり，他の友人関係は外集団ということになろう。反対に，中国と比較して相対的に集団主義的な性向の弱い日本では，友人には内集団的な認識がより強く出ていると思われる。これは，全般的に金銭的なサポートを避けるという文化の影響があるかもしれないが，友人関係の境界が中国ほど厳密ではないことを反映している。

　内集団・外集団の境界がこのように文化的な要因により微妙に異なってくることは，マーケティング活動を考えるうえで，本来もっと注意深く扱われていなければならないはずである。たとえば，企業のコミュニケーション活動を考えてみよう。今日では，SNS上の口コミの研究が盛んに行われているが，そこではインフルエンサーといったように口コミの発信源に注目が集まることが多い。もともと企業の広告が信用できないことと対比される中で口コミの重要性が語られているが，そうであるなら誰の誰に対する口コミかについて考慮されなければならないことは，この分析結果を見れば明らかである。しかしながら，通常この点について配慮されないのは，わずか4類型であっても，測定することができないからである。口コミの相手がたとえ友人の範疇に入るとして

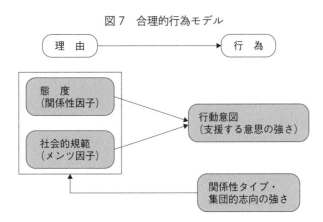

図7　合理的行為モデル

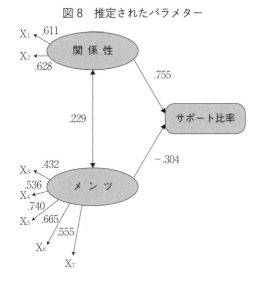

図8　推定されたパラメーター

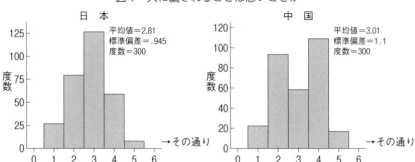

図9　人に騙されることは悪いことか

も，どのような友人関係か明確にしなければ，とくに集団主義的な性向の強い文化圏においては，口コミの効果を見極めることは難しいように思う。通常，"友人からの口コミの効果"というように友人関係をことのほか分類することなく分析されるが，そのような分析ではデータの信頼性に欠ける可能性があることを忘れてはならない。

　この点と関連して面白いのは，人を騙す行為に対する意識である。

〈騙すほうに非があることは当然としても，むしろ騙されるほうに問題があるという意見に対してどう思いますか〉

　この質問は，騙された人と自分との関係性は問わず，一般論として聞いているが，回答は，「まったくその通り」，「その通り」の合計は日本では22％であり，およそ8割の人は騙される人に共感するが，中国では42％にのぼり，騙される人にも問題があると感じる人の割合は高い（図9）。

　もっと興味深いのは，この質問に対する分布で，日本では「どちらともいえない」という回答が最も多いが，中国では山が2つになっており，意見が分かれていることがわかる。さらに，騙すことが悪いことは道徳的に正しいので，中国のデータは「リャン」の影響で，自分の意見ではなく社会的な規範に沿った回答をする可能性が日本より高くなるはずである。このことを考えると，騙されたほうに問題があると考える人の比率は実際にはもっと高いものと思われる。

　中国では，自己人（ズージーレン）という言葉がある。いわゆる内集団のことであり，このコ

ミュニティの一員になれるかどうかが，ビジネスがうまくいくかどうかの最初の関門であるといわれたりするが，これは自己人でない人には当たり障りのない対応をするのが普通であるということを意味している[5]。日本でも村社会といったりするが，昨今の企業の品質問題を見ると類似した問題はどこの社会でも普遍的なのかもしれない。いずれにしても，選択を考える文脈において，人と人との関係が重要であることはここでの分析で検証された通りであり，第4章で提起された2相モデルの妥当性を支持するものである。

8. 関係性の強さがかえって気まずさを生む[6]

　さて，このように人間関係の類型が場の中で文脈を生み出し，顧客の体験価値に影響することが明らかになると，さまざまなマーケティング活動，とくにサービスを提供する局面で次のような問いを提起できる。すなわち，企業と顧客との関係は親密になればなるほど良いのかという問いである。ここでは，化粧品などの対面販売における人間関係の親密さの程度が顧客の休験価値にどのような影響を与えるかを考えてみたい。

　対面販売における経験価値の共創における人間関係の影響は，これまでの議論を踏まえると次のようにいうことができるだろう。すなわち，場を共有した人たちが，文脈をシンクロさせることで価値を共創するときに，この文脈の形成過程において当事者同士の関係性がどのように考慮されるのかということである。直感的には，顧客と従業員との関係が密になればなるほど，共有された場において文脈をシンクロさせやすくなるので，共創される価値は高まると考えられる。したがって，このような立場からのマーケティング研究においては，対面状況において，サービス提供者の配慮不足により生じる顧客の不快な感情に焦点を当て，互いを理解できないことから発生するサービス受益者のネガティブな感情をどのようにマネジメントするかというのが，研究のテーマになる。

　このように共創される経験価値は，サービス提供者と受益者の人間関係によって影響を受けることが前提とされ，顧客をよく理解することができれば問題は解消すると考えているのである。しかし，これまで見てきたようにモノ中心のマーケティングに比較して，サービス価値が共創されるプロセスはきわめてダイナミックであり，不確実性も高い。すなわち，日常的な状況においてはそ

れまで継続的な接触により構築されている関係性が，サービス共創の文脈を形成しシンクロさせる与件となり，必ずしも関係性が強いことが顧客満足につながることにはならないのではないかという疑問がわいてくる。

　たとえば，デパートの化粧品売り場や美容院など親密な会話がなされるところでなくても，銀行，郵便局，宅急便，スーパーマーケットなどでも，日常的な接触の中で顧客と従業員が顔見知りの関係になっている場合は多い。このような環境下においては，人間関係を考慮しなければ，形成される文脈の意味を理解することはできないのではないか。次に見るように，顔見知りの美容院に行った場合と，見ず知らずの美容院に行った場合の顧客の満足度には，顔見知りゆえの"気まずさ"が生じる可能性もあるのではないかという疑問が出てくる（図10）。

　このような問題意識から，以下では，次のような４つのシナリオに対する反応を測定することで，対人関係のタイプが購買意図へ及ぼす影響を考察している。さらに，文化による人間関係の違いを考慮するために，比較対象として考えられた４つのシナリオに従って，日本，中国，韓国，タイの４カ国で同じ実験を行い，設定した文脈が選択に影響を及ぼすかどうか，その効果について考察した。このシナリオは，２つの観点から考えられている。１つは，顧客とサービス提供者の関係であり，もう１つは，サービスのカテゴリーの違いである。顧客とサービス提供者の関係は，継続して２年程度の関係がある場合の対面と，初めて対面する場合の２通りを考えた。また，サービスのカテゴリーとして，美容院と食品の買い物を考えた。設定は非常に単純なようだが，日常的な場面における，かつ４カ国で共通の質問を考えるということになると，いろいろな制約が出てくる。美容院といっても，国によりイメージが異なる。対人関係も，本来もっと多様な関係性が考えられるが，種々の検討を踏まえて，以下のようなシナリオについてサーベイ調査を行った。

〈シナリオ１：あなたは新しい街に引っ越してきて近くの美容院に初めて行きました。スタイリストは大変親切で上手にやってくれています。そのスタイリストが，髪のダメージを治すヘアケア用品を勧めてきました。あなたはその商品にはほとんど魅力を感じなかったのですが，相手に対してどのような感情を抱き，どのような選択をしますか〉

〈シナリオ2：あなたは，これまで2年間通っている美容院にいます。スタイリストは大変親切で上手にやってくれています。そのスタイリストが，髪のダメージを治すヘアケア用品を勧めてきました。あなたはその商品にはほとんど魅力を感じなかったのですが，相手に対してどのような感情を抱き，どのような選択をしますか〉

〈シナリオ3：あなたは近所のスーパーに来ました。ある販売員が店頭で試食販売をしていました。あなたは試食しましたが，ほとんど魅力を感じませんでした。あなたは，相手に対してどのような感情を抱き，どのような選択をしますか〉

〈シナリオ4：あなたはここ2年程通ってなじみになっている加工食品を売る小さなお店に来ました。ある日，店主が試食を勧めてきました。あなたは試食しましたがほとんど魅力を感じませんでした。あなたは，相手に対してどのような感情を抱き，どのような選択をしますか〉

　この実験では，留保価格（いくらまで支払いたいか）と，人間関係からくる場のプレッシャーのほかに，どの程度メンツにこだわるのかや，製品関与の程度などを測定し，これらの変数が留保価格と場のプレッシャーに影響を与えるかどうかを統計的に検証している。
　結果をわかりやすく図示すると，図11のようになる。この図は日本のケースである。これを見ると，美容院のヘアケア用品と食品のどちらのカテゴリーにおいても関係は右上がりであること，すなわち，初めてあった人よりもなじみの人に対するほうが，場のプレッシャーと留保価格の関係が強くなることがわかる。そして，一見客と常連客の影響の受け方の強さは，食品カテゴリーのほうが大きいことが読み取れる。
　分析結果の一部をまとめたものが，表4である。すべてのケースで相関係数がプラスの値をとっているのは，場のプレッシャーが留保価格を上げるということを意味する。これらを単純に考えれば，やはり顧客との関係性を強化することが利益を増やすことにつながると考えてしまいそうになるが，表の結果を詳細に見ると，必ずしもそうともいえないことがわかる。

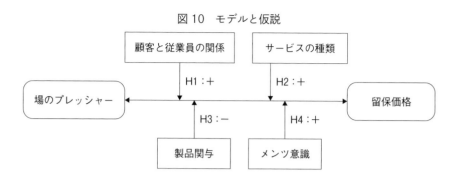
図 10　モデルと仮説

図 11　顧客 - 従業員の関係とサービスの種類の違いによる留保価格に対する場のプレッシャーの影響の比較：日本

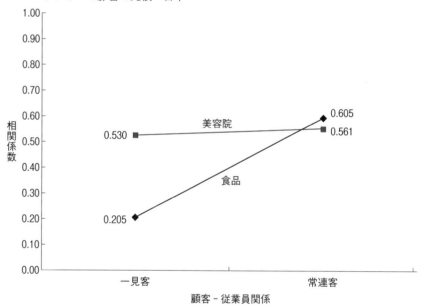

　表 5 を見ると，すべての相関係数はプラスの値をとっており，どこの地域でも場のプレッシャーが留保価格（支払ってもよいと考える金額）を高めることがわかる。また，タイを除いて，中国，韓国，日本では顧客と従業員の人間関係が強まるほど，すなわち，友人に似た関係になるほど，相関関係が強くなることがわかる。つまり，タイを除くどの地域でも，人間関係が密になるほど，

表4　場のプレッシャーが留保価格に及ぼす影響①

	一見客			常連客		
	美容院		食　品	美容院		食　品
中　国	0.411***	>	0.225*	0.505**	=	0.443***
日　本	0.530***	>	0.205*	0.561**	=	0.605***
韓　国	0.313**	>	0.256	0.448**	=	0.463***
タ　イ	0.418***	<	0.441***	0.363***	<	0.562***

(注)　サンプル・サイズは一見客と常連客で同数。サンプル・サイズ（美容院）：日本＝98，中国＝73，韓国＝55，タイ＝71。サンプル・サイズ（スーパーの食品）：日本＝78，中国＝70，韓国＝33，タイ＝38。
*** P 値＜＝0.01，** P 値＜＝0.05，* P 値＜＝0.10。

表5　場のプレッシャーが留保価格に及ぼす影響②

	美容院			食　品		
	一見客		常連客	一見客		常連客
中　国	0.411***	<	0.505**	0.225*	<	0.443***
日　本	0.530***	<	0.561**	0.205*	<	0.605***
韓　国	0.313**	<	0.448**	0.256	<	0.463***
タ　イ	0.418***	>	0.363***	0.441***	<	0.562***

(注)　表4に同じ。

人々は提案されたことを拒否しにくくなる傾向があることがわかる。さらに，関係性がない場合，つまり一見客の場合は，食品よりも美容院のほうが場のプレッシャーと留保価格との結びつきが明瞭であり，専門家の知識がより大きな効果をもたらすことが示されている。これは，評価の対象となる商品カテゴリーの性質が場のプレッシャーの効果を左右する可能性を示唆している。

　ただし，場のプレッシャーは，もちろん顧客にとっては快適なものではない。場を共有した人たちの間で，文脈が共有され，サービスの共創から経験価値が生まれる。このような状況で，サービス提供者の働きかけを拒否した場合，場のプレッシャーは，"気まずさ"を生じる。このような感情はサービスの受益者にとって決して望ましいものではない。

　関係性がない場合には，場のプレッシャーが弱く，気まずさを感じないので，対面販売であっても相手からの提案を断りやすいと考えるのが自然であろう。したがって，安易に関係性の強さを梃子にして，顧客が受け入れにくい提案をすることは，顧客からすれば関係を切るという選択に結び付く可能性が高くな

るのではないか。残念ながら，顧客との関係性の強さを細かく測定できていないので，ここでの実験から顧客との関係性の強さと気まずさの強さの関係を明確に論証することはできない。関係性が弱いときは気まずさも生じないが，留保価格を上げることもできない。関係性を高めると留保価格を上げることはできるが，気まずさが生じる可能性が高くなる。もし，もっと緊密な関係になったらどうなるのであろうか。宝飾・アクセサリーやクルマといった高価な商品になると，一般的に顧客と営業担当者との関係性は強いほうがいいと考えられているが，必ずしもそうでない可能性を今回の実証結果は示している。営業担当者と顧客との関係性のマネジメントについては，このような観点からの知見の蓄積が求められる。

　本章では，言説と行為の矛盾という選択問題に対して，文脈の果たす役割を考えた。とくに，モノよりコトといわれる時代においては，GD ロジックからSD ロジックへと発想の転換が求められている。GD ロジックの世界観では，サービスはモノを補完するものであったが，SD ロジックでは，「サービス」を「他者あるいは自身の便益のために，行動やプロセス，パフォーマンスを通じて，自らの能力（知識やスキル）を活用すること」と定義し，すべての経済活動をサービスとして捉えている。このような発想においては，消費者は従来の受動的な立場から，より能動的に価値創造に関わるようになる。すなわち，モノ・サービスの提供者との価値共創が重要になるのである。もし，そうであるとすれば，消費者が考える文脈とモノ・サービスの提供者が考える文脈をシンクロさせなければならない。しかしながら，サービスの価値が共創される場においては，予期せぬ出来事が起こりうるので，事前にそのプロセスを設計することは難しい。だから，サービスの価値共創を行うためには，サービス提供者が場からアフォードされる情報を適切にピックアップすることが望まれるのである。

　このように，選択は場の中でつくられる文脈において考えられるので，選択の結果として体験する価値は実は場に依存することになる。そこで文脈において想起される製品，そして対人関係について，実証的な結果に基づいて検討した。たとえば，製品の評価については，私たちが対象を評価するときの価値関数は対象とは直接関係しない参照点の影響を受け，どのような選択肢を想起し

たかで選択結果が変わってきてしまう。あるいは，モノから得られる効用に加えて取引から得られる効用まで考えた心理的な算術を考えると，一見，非合理的な選択でも，合理的に説明することができる。同じようなことは，対人関係がつくる文脈についてもいえる。すなわち，文脈においてどのような関係を持った人を想起するかによって選択が異なってくることを説明できる。人間関係が文脈に大きく影響することは第4章でも検討したが，本章での実験から，人間関係とメンツと文脈が関係していることが確認された。さらに消費者にとっては，サービス提供者との人間関係が，親しければ親しいほどいいのかというと，必ずしもそうともいえないのではないかという点に関して，実証的に検討した。

　このように，選択は文脈においてなされるが，その文脈は場の中で形成されるため，サービス提供者は場のマネジメントに細心の注意を払い，顧客が場からどのような情報をピックアップするかを考えなければならない。そこで検討されるべきことは，文化の中で成立している場が消費者行動に与える影響である。次章では，この点について実証的に検討したい。

◆ おわりに
　最後に，本章で議論した点をもう一度整理しておきたい。
(1)　SDロジックの世界観では，顧客とサービス提供者による価値共創の質が問われることになる。質を高めるためには，顧客とサービス提供者により共有された場において，双方が持つ文脈をシンクロさせなければならない。
(2)　文脈において想起される製品ポートフォリオにより，選択結果は異なる。同様に，文脈において想起される人間関係で，選択結果は異なる。
(3)　共有，階層，平等，つり合いといった観点から対人類型を考えることができるが，どのような対人関係を意識するかで，文脈は影響を受け，選択内容が変わってくる。
(4)　対人関係の強さは，顧客とサービス提供者の間に気まずさを生む可能性がある。
(5)　サービス提供者は，場のマネジメントを考えなくてはならない。

第6章

ルールの多元性と文脈の形成

◆ はじめに

　文化と選択の関係を論じたニスベット（2004）の『木を見る西洋人　森を見る東洋人』には，興味深い事例があふれている。文化により選択は影響を受ける。ニスベットは，アメリカ人と日本人が同じものを見ても，そのことからピックアップする情報に大きな違いがあることをさまざまな実験により検証している。一例を挙げると，3つの選択肢の描かれた絵を被験者に見せて，似ているか似ていないかで，2つのグループに分けるという実験がある。このように対象が，似ているか似ていないかというパターン認識の判断能力は，心理学においては人の最も基本的な能力であるとされており，計量心理学においては，対象間の類似性の測度から対象がどのように区別されているかを視覚的に表現する多次元尺度法などの手法が開発されている。この多次元尺度法はブランドのイメージ調査などで，マーケティング・リサーチにおいても，知覚マップ作成手法の1つとしてよく利用されている。

　ニスベットのこの単純な実験の結果は，驚くべきものであった。たとえば，草と牛とニワトリの描かれた絵を見せて，この3つを2つのグループに分類させる作業をさせると，日本人は草と牛を1つのグループとする傾向が強いのに対して，アメリカ人はニワトリと牛を1つのグループとする性向が強かった。実験結果から，ニスベットは東洋人が関係性を重視し，西洋人がカテゴリーを重視する傾向が強いという主張をしている。このような実験結果から，集団主義・個人主義の話とつなげるのは論理的にだいぶ飛躍してしまうように思うが，

生まれ育った文化的な影響が対象間の類似性の判断まで及んでいる可能性は否定できない。すなわち，心理学の中でも最も信頼されているパターン認識が，同じものを同じように見せても，文化の違いにより理解が異なることを示したわけである。裏を返せば，このことは文化が違えば文脈の形成が違うことを意味している。代替案の集合が異なれば，選択結果が異なることは十分に考えられる。文化の違いが場において形成される文脈に違いをもたらし，結果として選択結果が異なってくる可能性は，想像以上に大きいのではないか。文脈は文化から生まれるのである。

　前章では，場と文脈の関係，文脈と選択の関係について，実証的な分析結果を見ながら検討を行った。本章では，引き続き場に注目しながら，場における社会規範，文化の影響について検討したい。また，中国におけるメンツに関する実証的な分析結果を取り上げ，文化が文脈形成に与える影響について考えてみたい。

1. ルールに従う

　哲学者のヒース（2013）は，『ルールに従う』の中で，従来の合理的な選択モデルの構造自体が持つある不完全性を明らかにし，合理的な選択モデルが現実の社会現象をうまく説明できない理由をさまざまな知見に基づいて詳細に検討している。そこでは，私たちの選択がいかに社会的規範に強く制約されているかということを示しつつ，なぜそれが継続的・安定的に維持されているかを考察している。

　ヒースは，まず道具主義的なアプローチについて考察している。すでに第1章でも述べたように，マーケティング・リサーチの依拠しているアプローチは道具主義的であるが，ヒースによればホッブズ以来発達してきた主体の「合理的意思決定」のモデルであり，「実践的合理性の道具的把握」である。この点に関して，ヒースは次のように述べている。

　　「心の中で作用しているとホッブズが想像しているメカニズムは，きわめて明晰に理解することができる。魅力と忌避は磁荷のようなものである。思考ないし表象は，この磁荷を受ける鉄片のようなものである。……われわれ

は利用可能な行為の集合に直面し，それぞれがもたらすさまざまな帰結のすべてを想像することで『それらをチャージする』，そして，これらの結果に対するわれわれの魅力と忌避が行為に逆戻りするようにするのである。こうして，われわれは最も強い魅力または最も忌避的でない力を持つ行為に対して動かされるのである」。

また，次のようなホッブズの言葉を引用している。

「誰かの欲望や欲求の対象は，どのようなものであれ，彼が自分自身で善と呼ぶものである。そして，彼の憎悪と忌避の対象は悪であり，彼の軽視の対象は見下げた，とるに足らないものである」。

すなわちホッブズにとっては，実践的に熟慮することとは，実行可能な行為のどれを選択すれば欲求を満たすことができるかを，信念に基づいて決定することであると考えられる。これは，第1章で説明した不確実性下における意思決定問題の考え方そのものであり，経済学やマーケティング・サイエンスが道具主義的であるといわれるゆえんである。これは，経済学はこのような哲学的な背景・思想から発展してきているということでもある。

この場合の，道具的把握とは，"実践的推論が目的を実現する最良の手段を発見するために，われわれの信念を用いることからなるということ，そして行為は目的によってのみ評価される"ということを意味している。すなわち，実行可能な代替案から選択するということのみに焦点を置いているのである。このような考え方は，現在の洗練された選択理論やゲーム理論の基礎となっている。マーケティング・リサーチにおける属性アプローチでも，合理的主体が自身の期待効用を最大化するために，利用可能な選択肢を，その結果としてもたらされる選好の大きさにより順序づけし，この順序づけられたデータから最善の結果をもたらすと期待される行為を選択するというアイデアは同じである。どんなにモデルを複雑にしても，このような構造を持ったモデルは道具主義的なのである。

そして，このような合理的な意思決定者が複数存在し，社会的インタラクションがなされる状況において，集団の中で各人がどのような選択を行うかとい

った問題は，ゲーム理論の中で取り扱われている。しかし，もちろんゲーム理論ですべての社会現象を説明することができると考えている人は少ないだろう。このことは，合理性の道具主義的把握が非社会的文脈である個人のモデルから，社会的文脈，とくに社会的規範の理解へと拡張する場を考えれば明らかである。

　よく知られているのは，実験ゲーム理論である。ゲーム理論の中でもよく知られている「囚人のジレンマ」や「公共財ゲーム」といったゲームを，実際に参加者を募って実験すると，理論が予想するようには人々は行動しないことが繰り返し示されている。ヒースの本には多くの興味深い事例が紹介されているが，たとえば，公共財ゲームがある。このゲームでは，与えられたポイントを「公共」アカウントか「私的」アカウントかに割り振ることが各プレーヤーに求められる。最初に，ある決められたルールで「公共」アカウントのポイントが，それぞれのプレーヤーに配分される。合理的選択理論では，このゲームの唯一の均衡解として，各プレーヤーは公共アカウントにはまったく割り振らないことを予測する。しかし実際にこのゲームをやってみると，公共アカウントへの割り振りは理論が予想するよりずっと多く，各プレーヤーはおおよそ自分の手持ちの4割から6割を公共アカウントに寄付するということが多くの実験により確認されている。重要な点は，この公共財ゲームは一度限りで匿名であり，さらに懲罰や報酬，互恵性の可能性がないという状況においても，人々が協力している点である。

　もう1つ，よく知られた実験ゲームに「最後通牒ゲーム」というゲームがある。ここでは，2人のプレーヤーがいて，最初のプレーヤーが与えられたお金の配分を決定し，それをもう1人のプレーヤーに提案する。提案されたプレーヤーは，その提案を受け入れることも拒否することもできるというゲームである。このゲームでは，提案されたプレーヤーが提案を受け入れた場合のみ，その提案通りに実行され，拒否した場合は両プレーヤーとも何も得られない。少し考えれば，提案された側のプレーヤーには，たとえ提案された金額が少なくても，いかなる取り分でもその提案を積極的に拒否する理由はないことがわかる。したがって，どのような割合が提案されたとしても，その提案は受け入れられるだろうと考えられる。

　しかし，実験の結果は驚くものであり，ヒースによれば，工業化社会（先進国）においては，オファーの平均はおよそ44％であり，20％を下回るオファ

ーはおよそ半数で拒否されるという。また、非工業化社会ではより大きな変動を示しているが、一般的にどの実験結果も合理的選択理論の期待からは大きくかけ離れていることが明らかになった。たとえば、パプアニューギニアでは、50% を超えるオファーがしばしば提案され、かつ多くの場合拒否されたという。これらの事実は、社会秩序というのは懲罰により道具的に動機づけられる帰結として成立しているのだと簡単に片づけることはできないことを示している。

このような議論を積み重ねることで、ヒースは選択の結果ではなく、規範により善悪が重みづけられている行為そのものに対する評価を「原理」と呼び、従来の合理的選択モデルの拡張を提起している。

哲学者であるヒースは、このようなルールに従う行為が起こる理由を、私たちの生得的な模倣的学習による文化伝承や規範同調的な性向、言語や志向的計画システムといったさまざまな観点から論じ、“合理性からルールが生まれ行為を制約しているのではなく、ルールこそが合理性の根本にある” という主張を展開している。

ヒースは、ルールという言葉を社会規範や道徳と同じ意味で使っているが、これまでの本書の議論に大きく関わってくるのは以下の4点である。まず第1に、集団の規範が従来の合理的選択モデルに反映されなくてはならないことが挙げられる。第2に、合理性が規範を生み出しているのではなく、集団の規範が合理性を支えており、規範は欲求による選択結果ではなく、行為に対する評価を行う点である。第3に、規範による行為に対する評価は、欲求とは別であり、欲求と同様に行為の集合を形成する。すなわち、規範は選択肢を評価する文脈の形成に影響を与える。第4に、規範自体は、遺伝的に継承される部分、すなわち生得的な部分と、文化的に継承される部分があるが、文化的に継承される規範については、集団的な体験から生まれる対話により生成、変化、進化しうるという点である。

マーケティングが面白いのは、経済学が均衡を理解しようとするのに対して、常に競争優位に立つために均衡を崩そうという行為や、市場の変化に関心がある点である。ヒースの議論の展開においては、合理性モデルが経済学の選好という1次元の尺度に則っている点、また、TPBモデルのようなトレード・オフ型のモデルではなく、決定木のような刈込型のモデルになっている点に注意

が必要であるが，ヒースの合理的選択理論の捉え直しは，マーケティング・リサーチにおけるデータ分析の進め方についても注意を喚起しているといえる。好きだから買うという単純なモデルの適用には，その前提条件について，たとえば第2章で述べたような慎重な吟味が必要なことを教えてくれる。TPBモデルが社会規範をモデルに含んでいるといっても，安易に適用することが難しいことは，第3章の修正敵意モデルで示された結果がたとえ理論的にうまく解釈できたとしても実際のデータと乖離があることからも，明らかである。

　また，選択結果に対する評価ではなく，行為そのものが評価の対象になる点は，規範の内容を把握するうえで大変に興味深い。たとえば，ライフスタイルの調査などにおいて，"人前でタバコを吸う"，"ブランド品を身に着けるのが好き"といった行為などに対する評価が測定されるが，社会規範の場合にも同様に行為そのものを測定項目とすることが正当化されるのである。

　さらに，前章との関連でいえば，選択肢の集合を形成するときに，集団の持つ常識が重要な役割を果たす点も見逃すことのできない重要な点である。すなわち，文脈自体が規範の中でつくられていることを忘れてはならない。もし規範が異なれば，同じ場にいたとしても選択肢の集合自体がまったく異なる可能性を考えなくてはならない。場からアフォードされる情報のどれをピックアップするかが違ってくる可能性があるからである。文脈は規範から常に影響を受けていると考えられる。ギフトのマーケティングなどを考えるときは，この点はとくに重要である（たとえば，南（1998）を参照）。そして，このようなプロセスの基盤となっている集団の規範自体が，集団的な体験と対話の中で，時間の経過とともに変化していることも考えなくてはならない。

　ヒースの議論は，一見マーケティング・リサーチには関係ないように見えるが，このように実は非常に関わり合いが強い。以下ではまず，これまでに問題となった，中国の消費者の"メンツ"を取り上げ，中国のいくつかの都市と東京で行われた調査データの分析を通して，行為とメンツの関係を考えていきたい。

2. メンツと集団主義の関係

　これまで，中国消費者の"嫌いだけれど買う"という，言説と行為の矛盾に

ついて考えてきた。ヒースに従えば，中国の消費者は中国社会固有のルールに従っているだけで，自己矛盾しているとは思っていないと考えるのが自然である。自分の好きなもの，買いたいものを選んだときに，それが社会的に批判の対象になるような場合には，通常は対立構造・心理的葛藤が生じるはずである。ところが，自分の所有しているブランドが社会規範に矛盾する場合でも，それを公では批判するという行為によって暗黙的・社会的に許容されるルールがあれば，外集団に対してはごく自然に社交辞令として振る舞っているにすぎないと解釈すべきであろう。

　しかしこれは，異文化圏の外集団に属する観察者にとっては難しい状況である。なぜならば，多くの暗黙のルールがある内集団の規範を理解することができないからである。外集団に属する人にとっては，そのルールを理解することがきわめて難しいのは，規範は通常あいまいで不確実性が大きいからである。適否の判断がきわめて主観的かつ状況依存的であるために，理解するのが難しく学習するのに時間がかかる。すなわち，競技スポーツのルールブックのように，起こりうる状況とその場合の判断を言語化できるような単純なものではなく，言葉で記述することが困難であるような暗黙的なルールは，どのような状況でそのルールが適用されるか，その線引きを見極めることが大切であり，同時に困難なのである。しかも，そのルールの強度は，同じ文化圏・言語圏にあってもかなり大きな地域差や帰属集団による相違があるかもしれない。

　ただし，このような視点や数量的なデータの限界を踏まえたうえで，中国消費者のメンツ意識の測定結果と行為との関係を検討することは大変に意味のあることであると考える。そこで以下では，このような中国消費者のメンツの構造を数量的に分析することで，メンツについてより深く考察し，その行動に与える影響を考えていきたい。

　ところで，これまでの議論からも明らかなように，メンツは集団内で他人との関係において意識される感情である。集団に現れる文化の相違については，社会学からのアプローチが盛んである。よく知られているのは，ホフステード他（2013）の『多文化世界』である。そこでは，何らかの問題が発生したときの人々の解決法の相違に焦点を当てて，権力格差，集団主義と個人主義，女性らしさと男性らしさ，不確実性の回避の程度の4つの次元に着目し，さまざまな国の文化の違いについて考察している。このような着想のもとになったのは，

ホフステード（1984）の『経営文化の国際比較』である。そこでは，グローバルに展開している IBM の社員に対する調査などで得られた膨大なデータに基づいて，実証的な分析結果を考察する中から，上記の 4 つの次元を明らかにしている。IBM の社員という特殊なサンプルではあるが，各国の社員は国籍以外はきわめて類似しており，国と国との比較という点では理想的なサンプルであるというホフステードの主張は説得力がある。ホフステード他（2013）では，ボンドによる中国人に対する価値観の研究成果に基づいて提起された，長期志向 - 短期志向を 5 つ目の次元として加えて議論を展開している。

　ホフステード（1984）では IBM の社員のデータが中心であるために，以下のように行為に関わる質問が中心となっている。

　たとえば，権力格差志向については，次のような質問をしている。

　　「あなたの経験から考えて，次の問題はどれくらい起こっていると思いますか――社員が管理職に反対することをしりごみする」。
　　「上司が実際に行っている意思決定スタイルについての部下の捉え方（独裁的スタイル，温情主義的なスタイルなど）」。
　　「上司の意思決定スタイルとして部下が好ましいと思っているスタイル（相談的スタイル，多数決に任せるスタイルなど）」。

　あるいは，以下のような仕事の目標に関する 14 の質問から，個人主義 - 集団主義，男性らしさ - 女性らしさのスコアが算出されている。参考までに，以下にいくつかを示す。

　　自分の家族の生活に振り向ける時間的余裕
　　自由に自分の考えで仕事ができる
　　訓練の機会が多い
　　自分の技術や能力を十分に発揮できる
　　良い仕事したときに十分認められる
　　やりがいがあり達成感の得られる仕事である
　　仕事のうえでは直属の上司とよい関係が持てる
　　自分と家族にとって望ましい地域に住む，など

一見して価値観を調査する質問項目としては特殊であることが見て取れるが，その理由は，IBMという特異な企業の社員が，日常的な仕事の体験を通して感じていることを測定したデータだからである。ここでは，望ましいか，望ましくないかではなく，行為とその理由の関係を尋ねている点で，また被験者の同質性も考慮するとデータにはそれぞれの国の文化の差が反映されていると考えられる。

　ただし，高学歴の人が多い，IBMの企業文化が独特である，それぞれの国のIBMの中での役割が異なるので社員に求められる属性も違ってくるといった点で，サンプルの問題を指摘することもできるだろう。その一方で，単一企業に属する各国のビジネスパーソンのデータは，サンプル母集団としては同質的であり大きな利点がある。ホフステード（1984）では，この質問項目を利用した分析結果の正当性や説得力を高めるために，価値観をめぐる膨大な研究を取り上げ，既存研究の研究成果とデータ分析の結果との整合性を注意深く検討している。少なくとも，平均値の差を比較することで，文化の差を表出しようというこの新しい試みは，なにがしかの傾向を示唆していると考えて問題はないように思われる。

　本書の分析に関連のある数値を拾ってみると，権力格差指標では，最も高いスコアはマレーシアの104に対して，最も低いスコアはオーストリアの11であった。欧米諸国の多くは権力格差指標のスコアが平均して低い。日本は76カ国中49位であり，中間の位置を占めているのに対して，中国は12位，香港が27位と相対的にスコアは高い。台湾は43位であり，日本と中国の間に入る。

　また，個人主義指標では，最も高いスコアはアメリカの91であり，最も低いスコアはグアテマラの6である。ここでも，上位30カ国はすべて欧米諸国で占められている。日本のスコアは46であり，この指標でも35位とほぼ中間の位置を占めている。ここでも，中国のスコアは20，順位は58位であり，76カ国中では相対的に集団主義的な傾向が強いということになっている。この調査では，台湾のスコアが17であり，中国よりも集団主義的であるとされているのは興味深い。社員数が少数だったかどうかという測定上の問題も気になるところである。

　これら2つの指標，権力格差指標と個人主義指標のスコアを2次元上にプロットすると，正の相関があることを視覚化することができる。権力格差が小さ

い国は個人主義的傾向が強く，権力格差が大きい国は集団主義的傾向が強いことが読み取れる。繰り返しになるが，ホフステードは彼の主張を正当化するために関連する多くの研究成果を検討しており，個人主義指標の算出に使われている質問項目が果たして"個人主義"を測定しているかどうか，結果の解釈に"個人主義"というラベルを付けていいかどうかには疑問が残るが，少なくとも平均スコアに"個人主義－集団主義"の文化的差異が反映されていると考える妥当性はあるように思われる。

また，"男性らしさ指標"も興味深い。ここでは最も高いスコアはスロバキアの110であり，日本が95で"2位"につけている。最も低いスコアはスウェーデンの5であり，北欧諸国のスコアが概して低い。ただし，欧米諸国もこのスコアに関してはかなりばらついており，オーストリアが3位，ドイツ11位となっている。

このような多国間の比較は大変に興味深いので，多くの研究者の注目を集めた。メンツを考えるうえでも，多くの示唆を与えてくれる。とくに，個人主義－集団主義の議論は関連性が高いので，関連する研究をいくつか取り上げてみたい。

トリアンディス（2002）の『個人主義と集団主義』は，集団主義は親密に結びついた人々が織りなす社会的パターンであり，個人主義は緩やかに結びついた人々が織りなす社会的パターンであると定義し，きわめて広範囲に及ぶ膨大な研究成果を取り上げ，個人主義・集団主義の特質，地理的分布，対人関係や異文化対応などに及ぼす影響，協働するための訓練などのトピックスについて，比較検討している。トリアンディスは，個人としては人は個人主義者であると同時に集団主義者でもあり，社会生活の中でうまく両者のバランスをとることが望ましいという立場をとっており，極端な個人主義・集団主義はともに社会に悪影響を及ぼすと考えている。そして，個人主義・集団主義という2つのレンズを通して社会を分析することの有用性を示している。多くの研究成果の中でも，トリアンディスがとりわけ注目しているのは，ホフステードの研究であり，また以下のマーカスと北山の研究（Markus and Kitayama (1991)）である。

トリアンディスは，個人主義と集団主義を考察するうえで，マーカスと北山による独立か相互依存かに加えて，同一か異質かという観点を取り入れることで，水平的個人主義（独立・同一），水平的集団主義（相互依存・同一），垂直的

個人主義（独立・異質），垂直的集団主義（相互依存・異質）の4つのタイプを区分している。トリアンディスによれば，集団主義文化において水平的というときには，そこには社会的連帯の間隔や内集団成員との一体感がある。一方，垂直的というときには，内集団に仕えるという感覚や内集団の利益のために犠牲になるという感覚，義務で行うという感覚がある。個人主義文化であるにせよ集団主義文化であるにせよ，垂直次元では不平等が認められ，地位に特権が認められるとされる。また，ホフステード（1984）の研究から集団主義が権力格差と比較的高い相関を持つので，垂直的集団主義と水平的個人主義が，世界の中で「典型的」なパターンであるとしている。

　マーカスと北山は，人々が自己をどのように捉えているかについて考察している。日本人は自己を他人との関係や社会的文脈的に依存することで成り立つ存在という「相互依存的自己観」で自己を捉える，すなわち集団主義的な価値観により自己を捉えているとしている。その一方で，アメリカ人は自己というものを他人や社会的文脈から切り離された独立した存在という「独立的自己観」で自己を捉える，すなわち個人主義的な価値観で自己を捉えているとしている。マーカスと北山によれば，西ヨーロッパの国々，アメリカ，カナダなどで「独立的自己観」が，アジアなどその他の国々では「相互依存的価値観」が相対的に強いことを実証的に示している。この結果は，ホフステードらの実証研究と符合しており，彼らの調査においても欧米人は個人主義的であり，日本人は集団主義的であるという“通説”と一致している。

　高野（2008）はこのようなステレオタイプの議論に対して，『「集団主義」という錯覚』において，「集団主義」を個人より集団を優先する傾向，「個人主義」を集団より個人を優先する傾向と捉えたうえで，日本人がアメリカ人より集団主義的であるという通説が幻想にすぎないと主張している。まず，恥，タテ社会，甘えなど，従来の多くの日本人論が実験データに基づく厳密な学問的（科学的）方法に依拠していないことを指摘し，これらは読み物としては面白くても批判の対象にはならないことを述べている。

　そのうえで，実証的なデータ分析からも通説は必ずしも支持されないことを指摘している。注意したいのは，高野が取り上げた比較研究は，日本とアメリカの比較に焦点を当てているものであり，さらに直接的に個人主義・集団主義の測定に焦点を当てたものであるという点である。その結果，日本人の比較対

象としてアメリカ人を取り上げた 11 の研究のうち，7 件の研究が日米間にははっきりした差を見出しておらず，さらに 3 件は，反対の調査結果になっていたことを確認したのである。また，協力性や同調性においても実証分析の結果が正反対になるものもあり，日本人がアメリカ人に比べて集団主義的であるという通説が成立しないことを述べている。

　さらに高野は，上述したホフステードの研究や北山（1998）の『自己と感情』やマーカスと北山（Markus and Kitayama（1991））の膨大なサーベイ・データに基づく実証研究を批判の対象として取り上げ，これらの研究の基礎となるデータ分析のプロセスに内在する諸問題についても詳細に検討し，批判している。この中には，質問票調査における問題点も取り上げられている。本書の第 2 章でも検討したように回答者はある状況の中で質問に答えており，自分の答えの中に準拠集団など他者の意見が反映されている可能性は十分に考えられる。ただし逆にこのような実験データは，もともと日常生活のある特殊な状況を想定して測定されるものであり，被験者の選定も難しい問題をはらんでおり，厳密に文化比較を実証的なデータ分析にのみ基づいて行うのは難しいという北山の反論も理解できる。

　さて，幸いなことに，科学的実証主義に立つ高野の批判や，日本人が集団主義的かどうかということについては，マーケティングではほとんど問題にならない。それは，実際には個々人はそれぞれ個人主義的でもあり集団主義的でもあるからである。たとえば，ギリシャ人であるトリアンディス自身，自身の価値観を質問票に答えることで測定した結果，37％ は水平的個人主義者，23％ は垂直的個人主義者，27％ は水平的集団主義者，そして 13％ は垂直的集団主義者であると述べている。

　そして，日本人の平均スコアとアメリカ人の平均スコアを比較することにあまり意味がないのは，マーケティングにおいては集団を相対的に同質ないくつかのグループに分けて，その中から重要な集団をターゲットとして規定し，その集団に適応するマーケティング活動を検討していくからである。アメリカ人といっても，多様な人種・文化のモザイクであるといわれ，近接していても団塊ジュニアと，生まれたときからインターネットに接してきたクラウド・ネイティブの世代とは集団に対する意識が異なるといわれるように，世代間のギャップも大きい。このように，すべてのアメリカ人にとって最適なマーケティン

グの方法があると考えることはできない。

　ただし，それにもかかわらず，安易に自国の成功体験を異文化の他国にその
まま持ち込むのは，危険この上ないことはこれまでの議論から明らかであろう。
文化的環境も時代の変化のスピードも異なるのである。グローバル・マーケティ
ングを考えるうえで，日本市場で通用しているという理由だけで，日本で行
っているマーケティングをどこの地域でも当てはめようというのは見当違いで
ある。

　このような観点に立てば，ホフステードが社会の特徴を捉える物差しとして，
権力格差，個人主義・集団主義，男らしさ・女らしさ，不確実性の忌避，短期
的・長期的視点の5つを主張していることや，トリアンディスが，この中でも
個人主義・集団主義がより根幹的な文化の型であるとして人々の行為の違いを
説明する大きな要因であると主張していることが，いかに重要であるかがわか
る。それは，TPBモデルにおいて，個々人の選択行為を説明するために検討
すべき社会規範の要因において，個人主義・集団主義という要因がきわめて重
要であることを教えてくれるからである。

　ヒースの議論に照らすと，暗黙的なルールに該当する部分に，個人主義的か
集団主義的かということが大きく関わってくるということになる。すなわち，
選択・行為が合理的な判断と乖離する理由を考える際に，個人主義的か集団主
義的かという要因が重要な役割を果たしていると考えられる。以下では，集団
主義的な側面を色濃く反映している，メンツという概念についての実証研究を
見ていきたい。

3. メンツを測定する尺度

　中国人にとってメンツという社会規範はきわめて重要であるといわれる。実
際，どの中国人に尋ねても，社会生活においてメンツを維持することは非常に
重要であるという答えが返ってくる。このようなメンツについては，第4章と
第5章でも触れたが，ここでは2010年にビデオリサーチ社の協力を得て行っ
た調査の結果を見ていきたい。メンツの二面性についてはすでに第4章と第5
章で述べた通りであるが，この調査においては，社会的な規範を守ることを是
とする"lian（以下，リャン）"については無視して，もっぱら"mian（以下，

表 1　メンツの因子構造

質問項目	因　子		
	1	2	3
外国ブランドの薄型テレビを買うことは，周りに自慢できる	.909	.638	.601
外国ブランドのスキンケア化粧品を使うことは，周りに自慢できる	.899	.639	.610
外国ブランドの自動車を買うことは，周りに自慢できる	.890	.620	.604
海外旅行は周りに自慢できる	.815	.620	.600
高くても高級ブランド商品を買いたい	.695	.504	.631
国産品より輸入品を買いたい	.680	.548	.565
みんなが持っているものを持ってないと気がすまない	.609	.883	.545
ランク下の車を持ったり，マンションに住んでいるとヒケメを感じる	.625	.846	.554
無理をしても，周囲と同じ程度の生活レベルを維持したい	.590	.808	.550
会社の同僚が自分より先に出世すると，転職したくなる	.451	.652	.480
無理をしても，他人からよく思われたいと努める方だ	.527	.599	.536
社会的地位に不相応な買物を他人に知られたくない	.528	.611	.777
自分の社会的地位にふさわしくない行いを他人に知られたくない	.476	.495	.741
他人にけちと言われたくない	.518	.438	.626
自分や家族のみだしなみを気にする	.500	.391	.617
他人への贈り物のランクをとても気にする	.548	.429	.588

因子1＝面子強化　因子2＝面子維持　因子3＝面子（喪失）防御

（注）　因子抽出法は主因子法，回転法はカイザーの正規化を伴うプロマックス法。

メンツ）"の測定に焦点を当てている。測定項目については，トリアンディス（2002），姜（2008），Shi, Furukawa, and Jin（2011）や金（2007）などを参考に，表1のような質問項目を設定した。たとえば，姜は中国広州市を中心に，"メンツ"について以下のようなインタビュー調査を行い，測定項目の検討を行っている（姜（2008））。

個人の対人イメージ：尊厳，身分，地位，富，能力の証明など

「他人の前でのイメージをよくし，他人から尊重されること，他人に受け入れられ認められるように感じたい，ということ」（女，25歳，OL）。

「メンツとは個人の身分・地位の象徴。……常にお客さんに会う立場のため，個人のイメージを考慮しないといけないし，また自分の身分ともふさわしくない。自社の製品までランクが下がってしまうような気がしますね」（男，23歳，営業職）。

積極的な姿勢：見せびらかし

　「メンツとは，ほかの人より上に立つということでしょう。……いい洋服を着て，いいものを使うと他人も認めてくれる。実際，私は他人の評価がとても気になりますね。人の前で見せびらかすことでメンツが立つと感じるし，とても愉快な気分になれるんです」（男，23歳，運転手）。

　「人に羨ましがられるのが好きです。人ができないことが私にできて，人に買えない物が私に買えるってすごくいい気分だから」（女，17歳，高校生）。

消極的な姿勢：横並び，劣るところを隠すため

　「人より劣っていて見下されることが耐えられない。人が持っているものは私も持ちたいんです」（男，21歳，大学生）。

　このように，メンツとは，中国の人々が日常生活の中で，上下関係や周囲の人たちとの関係を円滑にするための社会的に共有されたルールであるということができる。また，このような人々の意見からも，個人主義・集団主義，権力格差が，ホフステードらが文化の特徴を捉える物差しであるという主張は妥当であるといえよう。

　本章で分析するデータは，北京，上海，広州，成都，西安，瀋陽の各都市の1985名に対するインターネット調査により収集されたものである。2010年1月の調査であり，"外国ブランドの薄型テレビを買うこと"といった，今日では中国でもすでに古臭くなった項目もあるが，「舶来品信仰」などと揶揄されることがあるとしても，このような質問を行うことでメンツとブランドの関係を把握することができる。データは因子分析や共分散構造モデルで分析されたが，分析結果を見ても，メンツ意識がこのような質問項目によりうまく測定できることを示している。

　図1は，因子分析により得られた因子負荷量であり，予想通り3因子でメンツを捉えられていることがわかる。推定された各因子と質問項目との関わり合いの強さから，各因子の内容を理解することができる。すなわち，メンツは，"社会的地位にふさわしくない行いを見られたくない"，"ケチといわれたくない"といった目上の人に対する気遣いと目下の人に対するライバル意識，すなわち権力格差に敏感かどうか，"無理をしても周りの人と同じ生活レベルを維

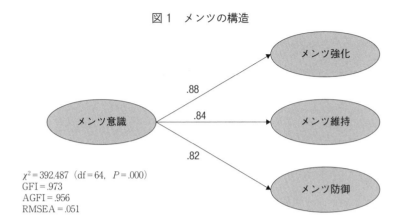

図 1　メンツの構造

$\chi^2 = 392.487$（df = 64，$P = .000$）
GFI = .973
AGFI = .956
RMSEA = .051

持したい”，“会社の同僚が自分より先に出世すると転職したくなる”といった
同じレベルの友人や同僚，すなわち集団に対する帰属意識や同調性を強く意識
するかどうか，“高くても高級ブランドを買いたい”，“国産品より外国製品を
買いたい”といった集団内での上昇志向的な意識を強く持つかどうかにより，
理解することができることがわかる。ここでは，それぞれメンツ防御，メンツ
維持，メンツ強化という名前を付けている。

4. メンツ意識と購買意思決定の関係

　それでは，このようなメンツ意識と購買意識にはどのような関連性があるの
であろうか。2010 年の調査では，クルマ，液晶テレビ，化粧品について購買
意図などを聞いているが，以下ではクルマのデータを見ていきたい[1]。図 2 は
ブランドとメンツの関係を示している。それぞれのブランドがメンツを獲得す
るのにどの程度役に立つかを，5 点尺度で尋ねたものである。それぞれのブラ
ンドの平均スコアを見ると，やはり BMW，ベンツといったドイツ車が際立っ
ていることがわかる。また，ドイツ車，日本車，中国車，アメリカ車などを比
較したときに，最も好きなクルマを答えてもらったところ，ドイツ車が 994 人
でトップ，続いて日本車 368 人，中国車 344 人，アメリカ車 163 人と続き，日
本車が好きな人は少なくなかった。日本車の評価が第 3 章で見た 2006 年，
2007 年の調査に比べて高くなっているが，これは，反日感情が弱まったこと

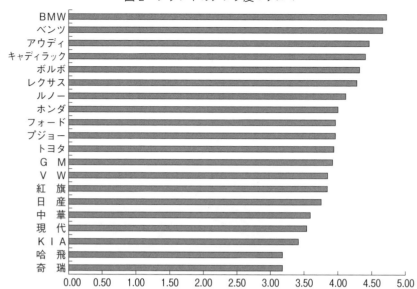
図2　ブランドのメンツ度：クルマ

に関係があると思われる。

　次に，メンツ意識とブランドとの関係をより詳しく見るために，推定された
因子得点を国ブランドごとに集計して平均スコアを算出したものが，図3であ
る。注意しなければならないのは，ドイツ車には，高級車カテゴリーのベンツ，
BMWといったブランドと大衆車カテゴリーのフォルクスワーゲンがある点で
ある。ここではこれを区別したいので，ドイツ車が一番好きであると答えたグ
ループについては，購買意図のデータにより高級車グループと大衆車グループ
に分けて平均スコアを算出した。これを見ると，ドイツ車の高級車（BMW，
ベンツ，アウディ）を好む人たちのメンツ意識の平均値が，他のグループに比
べて非常に高いことがわかる。つまり，高価格のドイツ車を好む人たちは，メ
ンツを気にしていることが理解されるのである。

　少し視点を変えて，集団主義的な性向が高いのならば，周囲の人たちが気に
なるはずである。そこで，自分の周囲で最もよく見かけるクルマ別に見てみた
ものが，図4，図5，図6である。たとえば，自分の周りにドイツ車の所有者
が一番多い人たちのデータを見たものが図4である。この図を見ると，自分の
周りにドイツ車ユーザーが多いグループでは，ドイツ高級車グループのメンツ

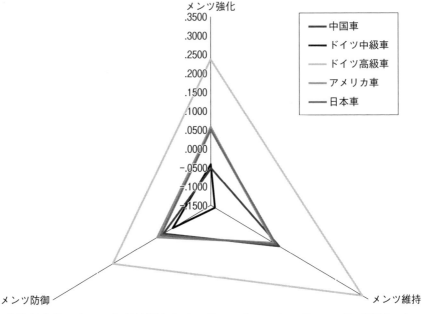

図3　好きなブランド別のメンツ意識：クルマ

メンツ強化

.3500
.3000
.2500
.2000
.1500
.1000
.0500
.0000
-.0500
-.1000
-.1500

中国車
ドイツ中級車
ドイツ高級車
アメリカ車
日本車

メンツ防御　　　　　　　　　　　　　　　　　　　　　　メンツ維持

意識が非常に高いことが確認される。その一方で，このグループに帰属してい
る人たちの中で日本車に最も好意を寄せている人たちのメンツ意識がきわめて
低いことがわかる。周りにドイツ車ユーザーが多いにもかかわらず，あえて日
本車が好きだと答える人たちのメンツ意識は低いということである。中国で，
会社の職場の駐車場に停めてあるクルマを見回して，ベンツや BMW などが
多い中に日本車に出会ったような場合をイメージしてもらえればいいのではな
いかと思う。

　同様に，日本車ユーザーが周りに最も多いと答えた人たちのグループでは，
やはりドイツ高級車を最も支持する人たちのメンツ意識が高いが，日本車を支
持する人たちのメンツ意識も高いことがわかる。とくに，メンツ防御とメンツ
強化，すなわち，地位相応であることや背伸びしたい気持ちは，日本車支持者
も高級ドイツ車支持者も，同じくらい強い気持ちを抱いていることがわかる。
　中国車ユーザーが一番多いと答えた人も多いが，このグループの特徴はどう
だろうか。図6を見ると，中国車ユーザーが周りに多いグループにおいて，高
級ドイツ車を支持している人たちは，非常にメンツ意識が高いことがわかる。

図4 好きな国ブランド別のメンツ意識：クルマ（周囲にドイツ車ユーザーが一番多い場合）

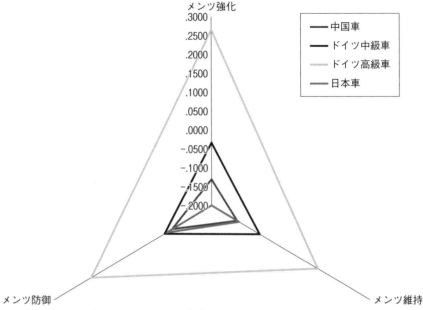

図5 好きな国ブランド別のメンツ意識：クルマ（周囲に日本車ユーザーが一番多い場合）

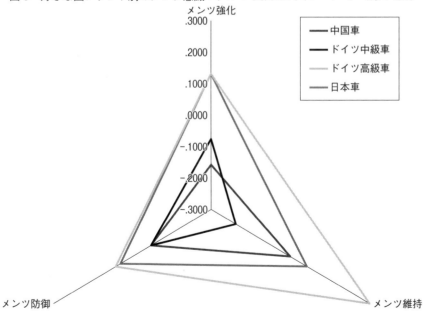

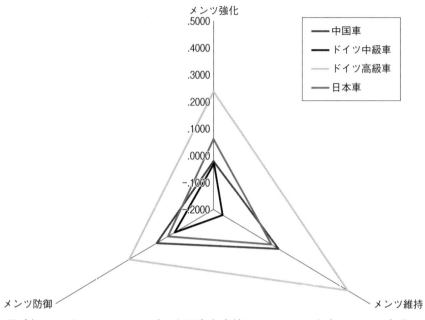

図6 好きな国ブランド別のメンツ意識：クルマ（周囲に中国車ユーザーが一番多い場合）

メンツ強化

.5000
.4000
.3000
.2000
.1000
.0000
-.1000
-.2000

中国車
ドイツ中級車
ドイツ高級車
日本車

メンツ防御　　　　　　　　　　　　　　　　　　　　　　メンツ維持

　興味深いのは，このグループで中国車を支持している人たちも，メンツ意識が高いという点である。
　このような点を踏まえて，図7を見てもらいたい。この図は，周囲の人たちの国ブランドのデータに，今後の購買意図を聞いたデータを結びつけたものである。これを見ると，たとえば，ドイツ車ユーザーが周りに一番多いグループの人たちは，73％の人が次回はドイツ車を購入したいと考えていることがわかる。それに対して，日本車の購入を考えている人は，わずか10％にすぎない。圧倒的多数が，ドイツ車を支持しているグループである。それに対して，中国車ユーザーが最も多いグループでは，このグループが917人と最も多いが，約半数が次回はドイツ車にスイッチしたいと考えており，日本車と中国車はそれぞれ2割程度であることがわかる。最後に，日本車の場合は，397人の中で，次回はドイツ車にスイッチしたい人が，ほぼ半数であり，次回も日本車を購入したいと考える人が約3割を占めている。
　このデータを，先のメンツ意識とあわせて考えると，メンツ意識が購買意図に結びついていること，とくに，メンツの低いクルマにスイッチする気持ちは

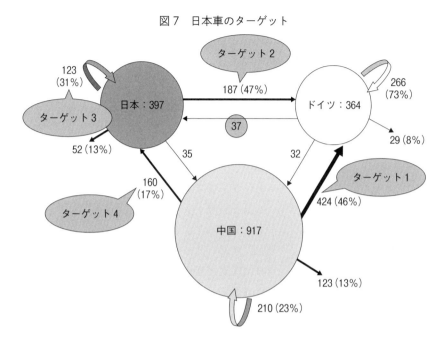

図7　日本車のターゲット

ターゲット2

123
(31%)

日本：397

187（47%）

ドイツ：364

266
(73%)

ターゲット3

37

52（13%）

29（8%）

35

32

160
(17%)

ターゲット1

ターゲット4

424（46%）

中国：917

123（13%）

210（23%）

弱いことが見て取れる。また，たとえば，日本車を念頭に置いたときに，ドイツ車ユーザー層からのスイッチが期待できるのは，少数のメンツ意識の低い人たちであるのに対して，日本車ユーザー層，中国車ユーザー層では比較的メンツ意識の高い人たちが日本車を支持していることがわかる。また，ドイツ車，とりわけ高級ドイツ車層の人たちは，全体の中でもメンツ意識がとても高い人たちであることがわかる。このような点を考えると，日本車のポジショニングからは高級ドイツ車支持層ではなく，中国車ユーザー層や日本車ユーザー層をターゲットにして，メンツ意識を刺激するようなマーケティング活動が効果的であることが想定できる。さらに，前章の，価格階層の効果などを考えると，製品ラインアップが比較的低価格から高価格帯まで揃っている点は，有利に働いているのではないかと推定される。

5. 言説と行為の矛盾問題を振り返る

これまでの議論を振り返って，もう一度，第4章で取り上げた，嫌いだけれ

ど買うという言説と行為の矛盾について整理しておきたい。第5章では，私たちの選択問題を場，文脈，評価モデルの3つの視点から考察することで，コトを実現するという現象を既存のマーケティング研究の枠組みの中でも説明できることを示した。この考え方を，中国の消費者の日本車に対する言説と行為の矛盾という問題に当てはめると，次のようになるだろう。

まず，消費者が直面する場には，高価格・高品質のBMW，メルセデス・ベンツに代表される外国車から，名前を聞いたこともない中国ローカルの低品質低価格のクルマまで，まさに世界中のクルマが販売されている。クルマの品質評価としては定評のあるJDパワーの評価において，安全性や燃費，故障率などの点で最優秀の評価を得ている日本車も，このような場において販売されている。すなわち，中国の消費者は世界中のブランドが手に入る状況にあり，このような状況の中でクルマの選択問題に直面しているのである。

もちろん，それぞれの人には経済状況，社会的地位，家族構成，居住地域などそれぞれの事情があり，クルマに対する欲求の違いは，文脈形成の違いをもたらす。それぞれの人がどのようなコトを実現したいかで，どのようなモノを評価の対象にするべきか，代替案の候補は異なってくる。すなわち，欲求の違いが文脈における選択肢の集合の違いとなる。

また，クルマのような高価格で人からも容易に観察可能なものの購買においては，多くの情報源から情報を収集し，代替案をさまざまな観点から比較・評価することで最終的な選択に至るのが普通である。すなわち，精緻化見込みモデルにおける中心的な経路をたどるはずである。しかし，このようなことは中国の消費者にのみ当てはまるわけではない。ここまでは，中国の消費者に限らず，どこの国・地域の消費者でもあまり変わることはないのではないか。ところが，代替案の評価における中国人消費者の評価モデルはかなり特異である。それは，中国の消費者にとってきわめて重要な，"メンツ"というルール，社会規範の存在があるからである。

このメンツが，中国の消費者の選択行為に大きな影響を与えている。そして，この中国人のメンツには，道徳的な側面である"リャン"と，社会関係から制約される側面としての"メンツ"の二面性がある。この二面性が日本車に対する言説と行為の矛盾という現象を引き起こしていると考えることができるのである。メンツは，当然，集団の中で規定されるものであり，道徳的な側面であ

る"リャン"は公的な場面で求められる社会的正義につながっている。それに対して，自分と知人・友人などとの社会的な関係に対応する側面である"メンツ"は，上司・部下の関係や内集団・外集団の関係など多様な関係性の中で求められる内容が異なってくる。どちらの側面も，集団主義的なものであっても，表出する内容・現象は大きく異なる。

　グループ・インタビューやアンケート調査などの状況下では，"リャン"の側面が重視され，公的な見解が展開される可能性が高い。高級ドイツ車に対する意識調査など社会規範と矛盾しない場合は問題がなくとも，たとえば中国共産党に対する意識調査などでは公的な見解が色濃く反映されるはずである。いじめのデータと同じ構造であるが，そこでは共産党が絶対的な権力を握っている点で，より圧力は強いはずである。日本車に対する調査が難しいのは，いまだに反日教育が行われている現状があり，"親日"であることが公式見解と一致しないからである。"メンツ"は水平的・垂直的関係と内集団・外集団で顕在化される内容が異なる。第5章で検討したように，血縁関係など内集団と認識される場合には，メンツはそれほど重視されない。関係が近くなればなるほどメンツを意識する必要はなくなるが，友人というカテゴリーでも，2人で一緒に旅行に行けるくらい心理的な距離が近い場合とそうでない場合では対応が大きく異なることは，実証的にも明らかである。

　このような状況において，人々は選択肢を評価し，実際の購買行動へとつながっていく。忘れてならないのは，このようにして選択された結果は，周囲の人々が所有しているブランドという形で，その人の接する場に反映されてくるということである。友人など身近な人々や準拠集団の所有しているブランドは，その人の選択に大きく影響することが分析の結果からうかがえる。

　高級ドイツ車ユーザー層では，メンツ意識の強い人が多い。この層から日本車へのブランド遷移を引き起こすことは難しいだろう。日本車ユーザー層のメンツ意識も高く，より高級なブランドへのスイッチを考えている人も多い。このような層をいかに引き留めるかが課題になろう。また，同じメンツ意識が高い人でも，中国車ユーザー層から日本車への誘導は比較的容易かもしれない。いずれにしても，集団主義的な文化において，日常的に接している環境によってアフォードされている情報の中から，意識的・無意識的に多様な情報をピックアップしつつ，コトを考える中で選択のための文脈を設定しているのである。

残念ながら，日本車について調査する場合には，本音を直接的にアンケート調査から推定することが少なからず難しいことは，これまで何度も述べてきた通りである。内集団の人に見せるのとは違う，外集団向けの顔を見せているからである。内集団において人々は，本音で語り合っているはずである。どのような情報処理プロセス，評価プロセスをたどっているかという様子は，データを集めたり分析したりする外集団の人間には容易には観察できない。社会規範に反する場合はとくにそうで，言説と行為の矛盾が顕在化する可能性がある。本音と建前が正反対になるような場合では，この問題が調査結果を左右する。とりわけ，中国の場合は，メンツが社会規範になっており，あまりにも常識になっているため，アンケートに答える人たちは，言説と行為の矛盾の存在を意識すらしていない可能性もある。そのような状況下では，少なくとも同じ質問に対する時系列データが必要であり，断片的な実証分析の結果をつなぎ合わせて推測していくしか方法はないように思われる。これが，第2章でも説明した，被験者が意識的・無意識的に"嘘"をつく典型的な状況である。

6. 社会的ルールの生成と変容

　これまで，社会規範やルールが，いかに私たちの日常的な選択行動において重要な役割を果たしてきたかを考察してきたが，最後に，社会的なルールの生成や変容について考えてみたい。

　私たちの社会にはさまざまなルールがある。法律で罰則規定が決まっているものも多い。企業経営もグローバル化する中で，知的財産権の保護や社会的責任，コーポレート・ガバナンスといった各地域における規制に対する対応が重要性を増してきている。一方で，道徳や倫理観など，明示的な罰則規定のないルールもある。罰則規定がないからといって，判断の難しさや重要性はこのような暗黙的ルールも明示的なルールと変わることはない。むしろ，暗黙的である分だけ，人による解釈の違いが問題を引き起こすことも多いだろう。

　このようなルールの中で，ここで問題にすべきなのは，もちろん消費に関するルールである。消費するためにも，明示化されていない暗黙的なルールを社会的に共有することが求められている。最もわかりやすい例は，マナーやエチケットだろう。正式な晩餐会で，フィンガー・ボールの水を飲んでしまったと

いった笑い話や，みんなが物知りの年寄りの真似をして煮ものの芋をわざと箸を滑らせて落とすといった「芋ころがし」など人気の落語の演目もある。普段とは違うシチュエーションで，ドレスコードなどで気をもむ人も多いのではないか。このように，集団でモノ・サービスを楽しむ場合に知っておくべきルールは実に多岐にわたり，知らないと多くの人の前で恥をかくことになる。ルールが大事なのはスポーツ競技と同じでも，勝ち負けではない。知らないと恥ずかしい思いをするだけでは済まない場合もあろう。鹿鳴館時代の日本の先人たちが，それまでの自分たちの振る舞い，歩き方から髪形，履物，着るものに至るまですべてを西欧風に変えたことを思えば，見えるか見えないかにかかわらずルールの重要性が理解できる。小学校で隊列を組んで歩く練習をするが，このような細部の1つひとつの体験の積み重ねによって社会的なルールが個々人に埋め込まれていく。

　現在でも，まったく新しいモノやサービスを創造し，マーケティングを実行していくときにこの問題が大きなハードルになることがある。たとえば，ファッション産業を考えてみよう。ファッションでは常に美意識自体を操作することで，新市場の創造が行われてきたが，考えてみれば，美の基準が変わるというのはおかしな話である。何が美しいかという評価の基準自体が変わりうるというのは，普段は意識することはないかもしれない。同じ自然の風景を見ていても，心象風景といったりするが，今と昔では美しさという観点からも違って見えているかもしれないのである。

　大正・昭和の時代の美人のイメージが，今日と違うのはなぜなのだろうか。ユーウェン（1990）は，『浪費の政治学』の中で，このような美の基準が，西欧社会でここ1世紀ほどでどのような変遷を遂げたかを，豊富な事例分析を通じて詳細に検証している。新しい美意識が従来のものに取って代わるときには，従来の規範と新しい規範がぶつかり合い，新しい基準は徐々に社会の中で正当性を確立していった。この様子を，ユーウェンは，富を生み出す源泉の変化とメディアの進歩によってスマートに説明している。

　ユーウェンの本には多くの写真が掲載されているが，シャーロック・ホームズが活躍した19世紀から20世紀の初めのころの女性は，豊満なイメージが美しいとされており，スカートも足首まで覆い，ペチコートでふんわりチューリップのように膨らませたシルエットだったことがわかる。ユーウェンは，農業

が富の中心であった社会から，やがて富が都市の工場から生まれるようになるにつれ，そして，工場で女性が働くようになるにつれ，女性のファッションが次第に動きやすいものに変わっていった様子を詳しく説明している。

このような変化にマーケティングは重要な役割を果たす。写真というメディアも，登場した初期には高価な肖像画の代わりに利用されていたが，すぐに雑誌や新聞に採用され，とくに広告に利用されたことが，このような流行がグローバルに同時並行的に展開していくことに寄与した。しかし，美の基準を変えていくことにマーケティング以上に大きな役割を果たしたのは，富の源泉が時代とともに変化したことであると，ユーウェンは主張している。農業の時代から工業の時代を経て，金融（つまり虚構）が富を生み出す源泉の中心になる時代になると，シルエットはますます希薄化していった。たかだか100年の間に，女性の美はふくよかな体形からミニスカートのすらっとした体形に，建築のデザインもゴチック建築のようなどっしりしたものから，近代的な機能的ですっきりしたデザインに移っていくのである。

すなわち，普遍的と思われる美意識の基準も変わりうるものであり，それが経済を支える仕組みや思想の変化，そしてイノベーションと結びついているというユーウェンの主張は，マーケティングにとってもきわめて示唆に富むものである。個人の努力や1社の努力で，どうなるというものではない時代のスタンダード，思考の型があり，しかし，それも何らかの契機により変わりうるという認識である。社会が新しいものを受け入れるのは，実は生活を支えているマクロ的な条件が整うことが重要であり，これは長期的なトレンドが社会規範に与える影響を考える必要があることを意味している。

このような議論は，ある時期にイノベーションが社会に普及するかどうかというロジャースの研究とは異なっている点に注意しなくてはならない。ロジャースは，どんなに優れていても新しいものは必ずしも社会に受け入れられない，普及しないことを膨大な事例研究で明らかにしているが，これらはイノベーションの採用を決める人たちとその人たちの意見に追随する人たちがいて，採用を決める人たちがイエスといわない限り社会への普及は起こらない，という社会集団のネットワーク構造と普及との関連性の問題である。美意識の変遷のような議論には，日々のミクロのマーケティング活動が世の中を動かしていくとしても，かなり長い時間軸を意識し，社会の規範自体が変わっていくことを考

えなくてはならない。

　最近のマーケティング研究でも，このような問題に対して，主として新制度派的なアプローチからの研究がなされるようになった。たとえば，Humphreys（2010）は，アメリカにおいてカジノに対する社会的な認識枠組みが“危険，不真面目，ギャング”というネガティブなイメージから，“ビジネス，地域経済への貢献”といったポジティブな要素を含むイメージに変容していく様子を，新聞記事の長期間の時系列データから分析し，このような社会意識の変化を伴いながら，新市場が出現・存続していく過程を捉えている。

　実際，カジノの代名詞であるラスベガスも，ここ数十年でギャンブルの町から，世界一流のショーやミュージカルなど家族連れで行って違和感なく楽しめる町へと，そして今では世界中のラグジュアリー・ブランドのショップが集まる一大エンターテイメント都市へ，さらに，大きな展示会やビジネス・コンベンションができる場所へと，すっかりと様変わりしている。これは，ラスベガスを理解する認知枠組み自体が変わってきていることを意味している。ラスベガスが生み出す経済的な価値は大きく成長し，マーケティングの成功事例として取り上げられるようになった。

　同じような視点から，アメリカにおけるヨガのイメージがどのように変容していったかを取り上げた，Ertimur and Coskuner-Balli（2015）の研究がある。ここでは，当初はスピリテュアルなものであったヨガが，医学会により健康に寄与する効果が学術データにより検証されたことや，それが企業の保険から健康増進のため勧められたことなどにより，必ずしもスピリテュアルな側面が求めらなくなっていったことを多様なデータに基づいて描き出している。すなわち，霊的ロジックとは，詠唱や瞑想，経典の講読といった宗教的なヨガ実践を要求するものであるのに対して，医学的ロジックとは，医学的根拠に基づいて，患者を怪我から回復させたり，痛みに対処したり，健康上の問題，たとえばコレステロール過多や心臓病などを解決するといった医療としてのヨガ実践を要求するものである。また，健康的ロジックとは，運動機能学を拠りどころにしながら，たとえばヨガ以外のスポーツのパフォーマンス改善といった，身体上のベネフィットを目的としたヨガ実践を要求するものである。このように，異質な制度的ロジックに対応しながら複数のヨガ・ブランドが競争を展開していく様子が示されている。

このような正当性が確立していく様子を研究対象にしている研究に共通しているのは，言葉の分析である。松井（2013）は，『ことばとマーケティング』において，"癒される"という言葉が"癒し"になり，本来の意味とは異なる使われ方として社会に広がっていく様子を，企業のマーケティング活動との関係という新たな視点から検証している。言葉として使われることで，抽象的な新たな価値観を，明示的にコミュニケーション可能にすることによって，その価値観が社会に伝播し，人々の行為を変えていくことになることを実証的に示しており，マーケティング・コミュニケーションを仕掛ける新たな視点を提供している。ただし，ここでの言葉の分析は"癒し"という言葉の量的な分析に偏っており，言葉と言葉の関係性を分析することで文章の意味を解析するといった枠組みでの研究ではない。

　従来の研究が，このように言葉の頻度といった単純な分析に頼っていたのに対して，飯島（2016），飯島・古川（2017）では，言葉の結びつき方を分析することで，新たな正当性の確立プロセスを視覚的に分析することに成功している。ここでは，古楽という新しいクラシック音楽のジャンルが誕生し，成長し，確固たる位置づけを獲得するプロセスを実証的に考察しているが，飯島（2016）では，音楽学，古楽演奏，評論，聴衆という，それぞれ異なる制度ロジックに属する主体間の相互作用を丁寧な聞き取り調査により考察したうえで，日本の音楽雑誌としては最も歴史の長い『音楽の友』に掲載された古楽に関する1975年から2014年までの3964件の記事を分析対象とし，とくにその中の355件の特集記事を，第4章でも使用されたキーグラフ，あるいはその結果明らかになったキーワードを因子分析などで分析している。

　このような分析から明らかになったのは，古楽が確立していく過程は大きく4期に分けられ，それぞれの段階で古楽というものに対する解釈が拡大していっているということである。図8は，古楽器，オリジナル楽器，ピリオド楽器（period: それぞれの時期の楽器）という言葉の出現頻度を表しているが，導入期においては，チェンバロ，古楽器といった言葉が使われていたのが，オリジナル楽器，ピリオド楽器というように，古楽の意味，すなわち正当性の内容がアップデートされる節目節目で，新しい言葉が誕生し古い言葉から置き換わっていくことが明らかにされた。同時に，バッハやヘンデルからモーツァルト，さらにベートヴェン，ブラームスやメンデルスゾーンと並行的に演奏曲が拡大し

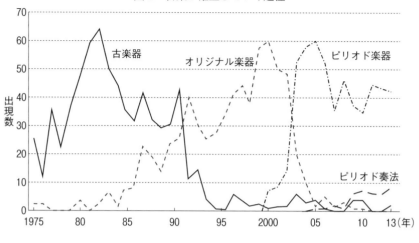

図 8　古楽が確立していく過程

（出所）　飯島（2016）。

ていくことも明らかになった。すなわち，一貫してモダンに対比されるコンセ
プトであっても，チェンバロでバッハを演奏するといった狭義の古楽の意味が，
作曲家が活躍したそれぞれに時代に人々がどのような音楽体験を楽しんでいた
のかに興味が移るにつれて，ピリオド楽器，ピリオド奏法というように古楽の
意味内容が拡大していったのである。

　飯島・古川（2017）では，古楽がモダンとの対比の中で意味を確立していっ
た様子に，古楽とモダンのダイナミックな相互関係という観点から切り込んで
いる。ここでもやはり『音楽の友』から，特集記事が取り上げられ，分析され
ている。ただし，ここで分析された特集記事は，編集されている時点でプレゼ
ンスの高い演奏家を業界全体から比較的多数選び出し，彼らの演奏の仕方につ
いて記述しているものが取り上げられている[2]。飯島（2016）の分析結果を踏
まえて，1975年，1982年，1993年，2005年の特集記事が選ばれ，分析された。
1975年の記事の中にも，「古楽」という文字はあるが，頻度が少ないので図に
現れることはない。「古楽」に対する注目度が明らかに増えてきた1982年の時
点でもまだ図には点として現れることはなかった。それが，1993年には「古
楽」という言葉がマップ上の点として現れるようになる。しかし，やはり全体
として見れば，音楽業界の大多数はモダン演奏家の描写が占めている状況に変

わりはなかった。それが一変するのは 2005 年の特集である。古楽が高頻度語として高頻度なノード化したのである。モダン楽器と古楽器（ピリオド楽器）を「両刀使い」する演奏家が増え，古楽に無関心でいられない状況になったことがわかる。この時期では，業界の支配的なスタイルであるモダン演奏を語るうえで，古楽が欠かせないキーワードとして存在感を示すようになっていることが読み取れる。

7. 文脈は文化から生まれる

　私たちは日常的に選択を迫られている。あるものを選択するということは，あるものが選択されなかったことを意味する。今日の昼食でもし蕎麦を食べたとしたら，生涯でほかの何かを昼食に選択する機会が 1 回分少なくなったということである。昼食で何を食べようが個人の勝手だが，代替案・選択集合から何かが選ばれているという事実は受け止めなければなるまい。

　本章の冒頭で考察したヒースの議論に戻れば，私たちの選択行為は，選択結果に対する効用を予想し，それが最大になるように選択肢を選ぶという“道具的”なモデルでは必ずしも十分に説明できない。ヒースによれば，一見，非合理的に思える行為を選択するのは，結果ではなく行為そのものに対する評価を重視する社会的なルールが存在するからである。たとえば，仮に反社会的な行為により効用が得られると考えたとしても，そして社会的な制裁が厳しくないとしても，多くの人がそのような行為を行わないと自主的に規制するのは，社会規範，倫理観，道徳観というものに従っているからである。セイラーの心理的算術においても，このような暗黙的なルールをどのようにして経済学のフレームに取り込むかが検討されていることを見てきた。私たちは，このような社会的ルールを日々の体験を通じて学習して生きている。私たちの行為は決して自由気ままなものではなく，ルールに従っているということを認識することは重要である。

　アイエンガー（2010）のエピソードも同様である。前章で，アイエンガー自身による，京都のあるレストランで日本茶に砂糖を入れて飲みたかったがその願いはかなわなかったというエピソードを紹介したが，彼女は，ただ日本茶に紅茶やコーヒーのように，砂糖を入れて飲みたかっただけである。しかし，対

応した日本人がお茶には砂糖は入れないものだということを外国人であるアイエンガーに懇切丁寧に説明する，という落語のような実話である。とうとう，この日本人は「この店には砂糖がない」というのだが，仕方なくコーヒーに変えたアイエンガーのもとには砂糖が添えられたコーヒーが出てくるという落ちになる。

　このエピソードが面白いのは，ルールを共有している日本人同士なら問題にならないことが，ルールを共有していない人に対峙すると摩擦を生じるという点である。このケースでの日本人従業員の対応は日本のルールに従ったものであり，対する顧客であるアイエンガーは自国のルールに従って主張したのである。日本茶に砂糖という組み合わせは選択肢としてありえない人にとって，たとえ顧客からの要望で実は簡単に対応可能であってもそれをしないというのはきわめて興味深い。

　このエピソードに対する反応が，日本人と欧米人で大きく異なることはこれまでの議論から明らかであろう。アイエンガーにとっては，選択肢に砂糖入りの日本茶があっても，日本人には砂糖入りの日本茶は常識的な選択肢としては想起できない。それは暗黙的に拒否するからである。すなわち，旅先で少し休んで何かを飲みたいと思った人にとって，その場において形成される文脈はその意思決定者の身に染みついた暗黙的なルール，すなわち文化に根差しているのである。消費者行動論における，ニーズとウォンツの区別も同じである。のどの渇きをうるおしたいのがニーズであるとすれば，ウォンツはお茶やコーヒーやビールといった具体的な選択肢に対する欲求になる。ニーズからウォンツへの対応が，暗黙的なルールでなされ，それがわからないときに問題が起きるのである。

　第4章の図10に示したように，消費者の購買行動，すなわち選択と行為は文脈の中で決まってくる。場からアフォードされる情報から，自分の欲求を満たすことができる代替案を想起し，それらをその状況に適した評価モデルで評価し，最善の選択を考え，そしてそれが実際の行為へとつながっていく。このような概念的なモデルが説得力を持つとすれば，私たちがすでに実現した自己の購買行動を振り返り，その行為に至るプロセスを他人に説明するときには，自己の適切な判断でそうしたのか，あるいは，何らかの理由で自分の意思に反して強制的にそうさせられたかという説明をする以外にないからである。選択

したものがあるということは，選択されなかったものがあるということである。とりわけ重要な意思決定では，私たちはいつもこのようなジレンマに直面しているはずである。消費者の行為を理解するためには，消費者の文脈を理解しなければならない。そして，この文脈が文化に根差しているのである。

　ところが，この文脈についてあまり議論されることはない。それは，同じ場，同じ環境にあって，まったく異なる文脈を形成する可能性については通常あまり意識することがないからである。これは前章のホテルの事例で検討したように，文化という暗黙知を共有している場合は，他人の文脈を読むことがそれほど難しくない。以心伝心というが，相手の心の内がわかるためには相手の暗黙知を理解するための能力が身についている必要がある。同じ環境で生まれ育った人々は，このような暗黙的な社会規範を知らず知らずのうちに身につけているのである。裏を返せば，アイエンガーのエピソードのように，相手の気持ちがわかっているようで勘違いをしている可能性は大いにありうる。

　中国人消費者が日系ブランドに対して嫌いだと言いながら消費する行為は，まさに文化と文脈形成の関係を示しているが，このことを私が不思議に思うのは私たちが日本人だからである。中国の人にとっては日常的なルーティンであり違和感がないから，研究の対象になることがないのだろう。ただし，少し日常的な現象から距離を置いて俯瞰的に見れば，このような文化的な違和感は日本の中でも世代間や地域間において存在するのではないか。もし，世代間，地域間の文化の差異が，文脈生成に影響を及ぼしているならば，マーケティング・リサーチの精度を向上させるためには，たとえ困難であっても文脈の測定は不可欠なはずである。

◆ おわりに
　最後に，本章の内容を簡潔に確認しておきたい。
(1)　私たちの行為は，行為の結果がもたらす効用だけではなく，行為そのものを評価するルールに制約されている。
(2)　社会規範や文化の国際比較を科学的に行うことは難しいが，個人主義－集団主義といった観点からそれぞれの国の持つ特徴を整理し，仮説を構築することができる。
(3)　中国人消費者が重視しているメンツという社会規範は，購買行動に影響

する。

(4)　文化という暗黙のルールは，時代とともに変わりうるものであり，マーケティングが果たす役割も大きい。

(5)　代替案と評価ルールを内包する文脈は場の中で形成されるが，場は文化の中にあるので，結局，文脈は文化から生まれるということができる。

(6)　文脈の測定が重要である。

　次章では，本書のまとめとしてこれまで議論してきた内容を振り返り，消費者の意思決定の兆しを読むためのマーケティング・リサーチの可能性について考えていきたい。

第7章

兆しを読む

◈ はじめに

"マーケティングはマーケティング部門だけのものではない"といわれる。これは，顧客志向という共通の価値観で，企業の諸活動のベクトルを揃えるという意味が込められている。近年ますますこの言葉の重みが増してきているように思うが，それは，従来の企業活動のスコープが製品・サービスの開発・生産・販売に焦点を当ててきたのに対して，情報技術の革命的な発展によって消費者を含むより多くの人々や組織が価値共創の能動的な当事者として認識されるようになってきたからである。すなわち，ICT の飛躍的な発展の中で，顧客 1 人ひとりの好みに対応するようなマーケティングが行われるようになり，マス・カスタマイゼーションもさまざまな商品カテゴリーで普及するようになってきた。また，第 5 章で説明したようなサービス・ドミナント・ロジック（SD ロジック）といった新しいパラダイムの登場と相まって，つくり手とつかい手の協働による価値共創という概念がますます一般的に認識されるようになりつつある。

このようにマーケティングに対するパラダイムが，従来の生産されたものを販売することが中心であったグッズ・ドミナント・ロジック（GD ロジック）から，購買前後の消費者の体験まで視野に入れた SD ロジックに変わる中で，マーケティングに対する期待もますます大きくなってきているように思う。しかし，ビジネス環境がどのように変わろうとも，優れたマーケティング意思決定に寄与することがマーケティング・リサーチに課せられた使命であり，マー

ケティング・リサーチはマーケティングがあって初めて意味を持つという点については変わることはない。

　ただし，マーケティング・リサーチの役割は変わらないとしても，マーケティング活動の範囲が環境変化の中で拡大するにつれて，その守備範囲は広がりつつある。すなわち，パラダイムが変わる中でこれまでよりも多様で多くの人々の協働によって価値共創が行われるという文脈においては，マーケティング・リサーチの役割には，人々の協働作業がよりスムーズに行われるような仕組みづくりに寄与するというところまで求められつつある。

　このような観点に立つと，消費者の行動を高い精度で予測し，どうしてそのように予測したのか解釈し，さらに多くの人にとってその予想にどのように対応したらいいかをわかりやすい形で情報提供することが，ますますマーケティング・リサーチに求められるようになってきているといえよう。しかし残念ながら，現状ではビッグデータといわれ，データが個人別に量的には十分蓄積されていたとしても，マーケティング・プランを立てている人々の期待に十分応えられるようなレベルには達しているとは思えない。本書では，このような問題意識の中で，マーケティング・リサーチの限界と可能性について，さまざまな実証データに基づいて検討してきた。以下では，まずなぜ予測が難しいのかを再確認したうえで，これまでの議論を簡単に整理する。そのうえで，今後求められる将来の変化の兆しをどのようにして読むことができるかを考えていきたい。

1. 兆しを捉え対応することの難しさ

　需要の水準を自社にとって適切な水準に管理することも，マーケティングにとって重要な目的の1つである。過小な需要は企業の存立に関わるのはわかるが，ディマーケティング（demarketing）という言葉があるように，需要過多も製品・サービスを提供する企業の能力向上が伴わなければ，顧客からの評価が下がり，決して望ましいことではないからである。したがって，消費者の行動を操作することがマーケティングに課せられた役割ということになり，そのために，さまざまなマーケティング活動が行われるが，どのような活動が必要であり，効果的であるかに関する根拠を示すことが，一般的にマーケティン

グ・リサーチには求められている。

　すなわち，理想的には，「説得するための論理」に従ってわかりやすい物語をつくることを念頭に，消費者が思考する場における文脈の設定と行為との関係を理解し，そのうえで消費者の将来の行為の兆しを見つけ，その兆しに対応し，消費者の購買行動を管理することがマーケティングに期待されているといえよう。そのために必要な情報を提供することが，マーケティング・リサーチには求められているのである。しかし実際には以下のような点から，このような高度なマーケティング活動を展開することは現状では著しく困難である。

　第1に，消費者の文脈の観測が難しいことがある。文脈と行為との関係については第5章で詳細に検討した。文脈とは選択を行うための状況である。たとえば，なじみの精肉店でいつもは買わないような高価な肉を店の人とよくよく相談しながら購入したら，店の人もいつもとは異なる文脈だと気づくはずである。肉料理が好きな大事な客が家に来るので，ごちそうを作ってもてなそうと考えているのではないかと思うかもしれない。あるいは，何かの記念日にその人の好きな肉料理を友人や家族と一緒に楽しもうとしているのではないかと思うかもしれない。

　このように，顧客がいつもとは違う購買行動をとったことを認知したとしても，その理由はいくつもありうるので，正確な文脈を推し量るのは容易ではない。つまり，店の人にとっては顧客がいつもと違う文脈であることは察知できても，それがどのような文脈なのか，具体的にどのような代替案を考え，どのような評価ルールを適用して選択に至るかを推測することは，なじみの顧客であったとしてもそう簡単なものではない。ましてや，その人がいつもの店ではなく，高級食材を扱っているような専門店で買ったとしたら，文脈を察知することすら不可能である。

　スーパーで売られているような商品ではなく，もっと高価なクルマの販売などでは，昔から営業マンが個別に顧客に対応してきている。これは顧客の文脈を把握し，適切なマーケティング活動を行うためである。しかし実際に，ある文脈において，どのような欲求から，どのような代替案を評価の対象としたのかというデータを収集することは，ベテランの営業マンにとってもそれほど容易なことではない。クルマ，家，家族旅行のように，家族という単位で購入の意思決定がなされるような状況では，家族の構成員，それぞれの人の好みや特

徴など，顧客の属する内集団に密着し，情報を蓄積していなければならないからである。ある人があるブランドのクルマを購入したことは販売店にとっては自明であるが，それは，消費者が何らかの欲求を持ち特定のブランドを選択しているという事象が観測されたにすぎない。どの競合車や販売店と競争していたかということに関してすら，正確なデータを得るのは現状では新車購入の場合でさえ相当に難しい。中古車のオンライン売買ならば，なおさらである。

　この文脈は場において形成される。ここでいう場とは，それぞれの消費者を取り囲む環境であり，時間とともに変化するので，同じ人，同じニーズでも行為が異なることはよくあることである。これは，場からピックアップする情報が異なるからである。いわんや，その消費者が，いつどのような場においてどのような体験知を獲得したのか，そしておそらくはいくつもの異なった欲求を持ち，予算ばかりでなく家族や周囲の人たちの評価といったさまざまな制約条件の中で，代替案を比較検討するプロセスなど，そうそう簡単に観察できるものではない。自身を取り囲む環境，場の中で，意識的・無意識的にさまざまな情報をピックアップし思考するプロセスから，具体的な選択肢が絞り込まれていく。このような目に見えないプロセスでも，自分自身で長年車を所有し何度も買い替えをした経験がある，あるいは経験豊かなベテラン営業マンなら，観察されないデータをある程度主観的に補いつつ分析することができるだろう。しかし，頭の中にある主観的に補完したデータを使って現象を説明したとしても，説得する相手がどの程度信頼してくれるかはわからない。さらに，そのような優れた知識を組織に移転することは不可能に近い。

　ましてや，たとえ個人が識別できるパネル・データとしてこのような観察された購買データがビッグデータとしてデータベースに蓄積されていたとしても，どんなに優れたモデルであっても数量分析の結果からは文脈の効果は見えてこない。それでは，現在の分析において，このような測定されていない文脈はどのように取り扱われているのであろうか。これらは，結局モデルの誤差項に含まれて処理されているのが，数量的なマーケティング・リサーチの現状であろう。普段の購買行動と乖離していれば，異常値であると判断することはできても，その異常値をもたらした文脈がデータとして測定されていなければ，分析者としては手の打ちようがない。少しでもこのような問題を回避するために，適切な文脈を推し量り，データを補う必要があり，マーケティング・リサーチ

においては，そのために参与観察を含め多くの定性的な調査が定量的な調査と同時並行的に行われている。

　第2に，文脈が形成される場の社会的規範が，それぞれの社会で異なったり，時間の経過の中で変化したりすることが，予測力や解釈可能性を難しくしている。どの社会にも暗黙的なルールがある。観察対象者と同じ社会集団に属し，そのルールを身をもって経験し学んでいれば，たとえ文脈が観察できなくても行動から文脈を逆算して，ある程度その行為の理由を理解することは可能かもしれない。しかし，集団主義や個人主義といったように，集団を支えている社会的規範が国・地域により異なったり，あるいは世代により異なったりする場合は，見えない規範に悩まされることになる。この点については，第6章で詳しく検討した。

　また，そのような社会的規範は，時代の中で変わっていくものである。第6章で説明した事例である，古楽にしても，ヨガにしても，カジノにしても，そして美意識さえ時間の流れの中で，物事の評価基準である正当性自体が変化していく。このようなマクロの変化も，実際にはミクロ・レベルで起こっている。したがって，本来，変化の実態をミクロ・レベルで理解しようとすれば，個々人の意識がどのように変わっていくか，個々人の相互作用に注意して言説や行為に注目する必要がある。すなわち，個々人の意識の変化の兆しを察知し，そのダイナミズムを理解するためには，オピニオン・リーダー，インフルエンサーといった人々の影響を理解する必要がある。さらに，そのためには個人間の関係，すなわち社会的ネットワークの理解が前提になる。このような知識に対する関心は最近になってから比較的強くなってきているが，個人間の関係性や相互作用のデータは測定するのが難しいことはいうまでもない。したがって，現時点でビッグデータとして捕捉され蓄積されているデータに含まれているとはとても思えない。

　たとえば，第5章で検討したように，人間関係は文脈の性質を決める大きな要因であった。同じ「友人」という言葉でも，友人関係の濃淡により付き合い方が異なる。今回の実証研究のデータでは，2人で一緒に旅行に行けるかどうかで，友人関係を区別している人が多かった。このことは，お互いに知り合いである友人が，仮に何十人かいたとして，観察が容易なそれぞれの接触頻度でネットワーク図に濃淡をつけることはできても，共同社会的共有の関係か，権

威階層の関係か，平等な調和の関係か，マーケット・プライシングの関係かを
ネットワーク図に表し，ある人にとって重要な友人が誰なのかを表すことは難
しいことを意味している。近い将来，誰かと誰かが一緒にいることをコンピュ
ータが察知したときに，自動的に適切なマーケティング行動が発動するような
プログラムをつくろうとしても，データ収集に課題があり，現実にはそう簡単
にはいかないことが予想される。もっとも最近の中国の監視社会における AI
と IoT が実装された環境を考えれば，このようなデータを AI が自動的に収集
し学習するようになるのは，そう遠くない将来に実現しそうではある[1]。

　そして，これが最もハードルが高いが，仮に収集されたデータが分析された
としても，本書で見てきたように，分析結果の解釈は解釈する人の持っている
常識に左右されてしまう。アイエンガー（2010）が本当は飲みたかった砂糖を
入れた日本茶の提供を拒んだのは対応した日本人の常識であり，ニスベット
（2004）の実験で明らかにされたパターン認識の対象の分類が異なることも文
化の違いが原因であれば，相手の文化を理解し共感する以外に文脈の真の意味
を読み解く術はない。世代間，地域間の違いが，人々の選択という行為にどの
ように，どの程度影響しているかといった研究は多いが，文化の相違という観
点から，データ分析に裏づけられ，かつ集団間で比較可能な形式で検証されて
いる研究は必ずしも十分とはいえない。多くの研究は，それぞれが多様な問題
背景からスタートし，また経済学，社会学，心理学，マーケティングといった
ようにさまざまなアプローチから実証研究を行っている。また，これまで見て
きたように必ずしも研究者の意見が一致しているわけでもない。したがって，
マーケティング・リサーチの実務に役に立つようなハウ・ツーでは整理されて
いないのが現状である。

2. 道具主義的なアプローチの利点と限界

　このような議論がマーケティング・リサーチの可能性を考えるうえで必要で
あり，実務的にも重要であることを実証データに基づいて検討したのが，第3
章，第4章である。第3章では，標準的な手順に従って収集されたサーベイ・
データの分析を中心に，中国人消費者の特徴について検討した。そこでは，ブ
ランド認知，ブランド理解，ブランド選好の関連性の分析や，反日感情がブラ

ンド評価やブランド態度にどのように影響するかといったことを考えた。これらは，1つひとつの実証研究としては興味深い問題を提起しており，分析自体は統計的にも理論的にも破たんすることなく行われているにもかかわらず，全体として俯瞰して見れば，マクロの実態データとはまったく逆の結論になるという，きわめて興味深い現象が見られるのである。文脈が決まることで，発言内容が決まる。文脈が異なれば，言説や行為は文脈に依存するのであり，すなわち，中国人消費者が日系ブランドに対して答える，"嫌いだけれど買う"という言説と行為が矛盾したデータが広く一般的に観察されたのである。

　なぜ，このような現象が観察されるのかを探索するために，第4章ではフォーカス・グループ・インタビューで得られた言葉のデータをテキスト・マイニングにより可視化した。そして，中国人が社会生活において最も重視するといわれる社会的規範としてのメンツについて検討した。中国人のメンツの二面性はきわめて興味深く，社会的・経済的な成功を顕示することが重要であると同時に，外集団に対しては高潔であることを示すことが重要であり，言説と行為を厳しく律していることが明らかになったのである。すなわち，中国人は相手が自分の内集団の人か外集団の人かで設定する文脈を明確に区別しており，文脈に応じて態度や言説や行為が異なるということがわかった。これが，言説と行為の矛盾を理解する重要な鍵になることが，言葉の分析から浮かび上がってきたのである。この点は，人間関係の分類による文脈形成が行為に与える影響の問題として，第5章で実証的に検討した。

　そして，そもそもこのような矛盾を含むデータが観察される可能性について考えたのが，第2章である。マーケティング・リサーチにおいては，被験者が意図的に虚偽の回答を行うことを通常は前提としていない。しかし現実には，さまざまな状況下において，好きだから買うという直線的なつながりが必ずしも観察されるとは限らないことを，状況を分類することにより詳細に検討した。そして，消費者行動モデルは多少複雑になるけれども，社会的規範として虚偽データの影響についてまで考慮したTPBモデルによって分析した結果が解釈可能かどうかの検討を行った。その結果，嫌いだと言いながら買うという行為は，数量的なモデルの適合度が統計的に満足のいくものであっても，やはり従来の消費者行動論の理論からは合理的に解釈することが難しいことを確認した。

　そして第1章では，それにもかかわらず，「好きだから買う」という単純な

構造が，マーケティング活動を評価するために必須であることを述べた。もちろん，消費者の言説や行為の研究には，さまざまなアプローチがある。たとえば，本書で紹介した多くの研究では，ある特定の状況における変数と変数の関係性がグループ間で異なるかどうかといったことを実験により確かめるといった方法がとられている。このような方法なら，実験の条件を適切にコントロールすることで，再現性に課題があるという批判はあっても，科学的な手順に従って議論することが可能である。あるいは，1人ひとりの消費者にしばらく密着させてもらって，参与観察により詳細なデータが得られれば，その人の気持ちに寄り添うことができるようになるかもしれない。それにもかかわらず，マーケティング・リサーチが道具主義的なアプローチにならざるをえないのは，関係する多様な人々を説得する必要があるからである。

　阿部（2013）がいうように，道具主義は，なぜ消費者が特定の選択肢を選ぶのかといった心のメカニズムについて何かを述べるということを基本的に放棄した立場に立っているのにもかかわらず，次のような利点があるからマーケティング・リサーチで採用されているのである。第1章で詳しく述べたが，消費者の複雑な，それも現実には測定することすら難しい情報処理プロセスを正確に記述できるモデルがまだ存在しない以上，①マーケティング意思決定において，複数の選択肢の中からどれが優れているかを数量的に評価できるモデルが実務的に求められており，②関係する人たちを説得するためには，モデルが消費者行動理論，社会学，経済学といった関連領域で認められた理論に則っており，③そして，可能な限り理解しやすい物語でマーケティング施策が分析結果と矛盾なく語られなくてはならないという条件を満たすことが，マーケティング・リサーチに求められているのである。

　このようなマーケティング・リサーチのアプローチは，マーケティング理論や統計学といった共通言語で議論できる同じ土俵を構築することができる。それにより，主観的な水掛け論ではなく，集団において論理的な議論を活性化することができるという大きな利点がある。以下では，マーケティング・リサーチのこのような限界や制約を越え，その有効性を高める方法について少し考えてみたい。

3. 欠損値は補うしかない

　結局，道具主義的なマーケティング・リサーチの有効性を高めようとするならば，予測力，解釈可能性，コミュニケーションの容易さや理解のされやすさを，いかに高められるかを考えなくてはならない。つまり，道具を良くするか，あるいは道具を使いやすくするかである。すなわち，第1に，この道具箱の中身は常にアップデートしておかなくてはならない。道具箱には，マーケティング理論，消費者行動論，経済学，社会学，心理学，経営学，統計学，コンピュータ・サイエンス，生物学，その他の消費者の行動や企業活動に関連する多領域の知識やモデルが入っている。真理を理解するのではなく予測力を高めることや論理的に説明できることだけが重要なのであれば，理論と理論の間の整合性や，最先端の研究成果まで深く理解する必要はない。ただし，アップデートを怠ってはいけない。AIやIoTの社会への実装から目を背けてはならない。

　第2に，道具を使う素材を改良しなくてはならない。料理に限らず，素材が悪ければ，道具がいくら良くても，良いものはできない。もちろん，ここでいう素材とはデータのことである。データのクオリティが低ければ，分析結果のクオリティも低いものにならざるをえない。とくに重要なのは，これまでうまく測定できなかったデータが観察・測定できるような仕組みを考えることである。ここでは，データの測定量ではなく測定範囲が問われる。量ではなく，質の問題から目を背けてはならない。量も大事だが，質も大事である。

　そして第3に，マーケティング・リサーチを活用する人たちの常識の範囲を広げなくてはならない。道具や素材が不完全である以上，それらを上手に利用する術を身につけなければならない。予測や解釈がうまくいかないからといって，実証データに基づく議論そのものを放棄してしまったら，結局その場の暗黙的な空気が支配する状況に陥ってしまう。そうならないためには，なぜ予測がうまくいかなかったのか，なぜ論理的に解釈ができなかったのかについて，これまでの常識を疑ってみる必要がある。

　要するに，道具と素材と人のレベルを高めることができれば，マーケティング・リサーチの有効性を高めることができるのではないか。以下では，この中で，素材と人の問題についてもう少し考えてみよう。

まず，素材について考えてみよう。たとえば，嫌いだけれど買うというようなフェイク・データが測定される状況が何らかの原因で存在するとしたら，便宜的には競合ブランドとの相対比較のデータを時系列でとっておいて，実際の販売データと突き合わせて測定されたデータの一部を便宜的に適当に調整していくことが考えられる。しかし，統計学においてこのような研究が進んでいるとは思えない。本質的に状況を改善するためには，やはり測定できていないデータを欠損値として放置しておくのではなくて，欠損値を埋める努力をしなければならない。本書の事例でいえば，外集団に向けた公式見解ではなく，内集団における生々しい本音のデータを測定する必要がある。

　本書では，文脈が測定されていない問題点を繰り返し指摘してきた。測定されていないだけで，測定は可能である場合も多いはずである。測定が難しいと思われるデータについては，測定方法そのものを工夫し，新たな仕掛けをつくる必要があるのではないか。これまでの議論を踏まえれば，文脈という欠損値を補える場所は，現場以外にない。中国消費者の事例に戻れば，販売店がそれにあたる。10年ほど前に，『一橋ビジネスレビュー』で，"ブランディング・イン・チャイナ"というプロジェクトを立ち上げたときに，クルマが販売されているたくさんの現場を訪れることができた[2]。日系ブランドの販売店においてインタビューした店長からは，異口同音に"反日"の影響はまったくないという答えが返ってきた。この言葉にも店長のメンツが影響していることは否めないので，注意は必要だが，明らかに，サーベイ・データやインタビュー調査のデータとは異なる反応が見られたのである。現場に測定の専門家を潜り込ませておけば，興味深いデータが得られるはずである。

　ただし，現実には現場における定性的なデータの測定は難しい。販売店にとっては，データの測定は仕事ではないからである。クルマに限らず，多くの商品では，販売を統括する本部があり，販売店自体は現地の資本家が投資しマネジメントしていることが一般的である。もちろん，店舗デザインや陳列などに一定のルールはあるが，販売を統括する本部が末端の販売員を直接コントロールすることはない。中国でも成功を収めているヤクルトは，日本同様の販売組織（ヤクルトレディ）を自前でつくっているが，その場合でも中国人のヤクルトレディが顧客を観察して得られた，たとえば"食"に関する情報が，本部にシステマティックに蓄積されているといった話は聞こえてこない。すなわち，

図 1　MDSS

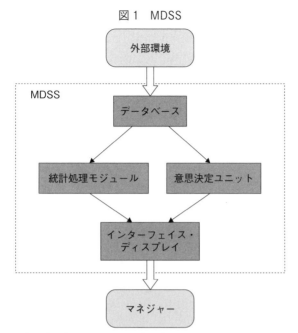

（出所）　古川・守口・阿部（2011）278 頁。

　どのような組織体であっても，営業や販売の現場と商品企画やマーケティング戦略を立てるマーケティング本部にはだいぶ距離がある。大変もったいないといえるが，顧客志向，あるいは市場志向で組織のベクトルを揃えることは簡単ではないことが，このような事例からもうかがい知れるのである。

　この点に関しては，半世紀ほど前に，マーケティング・マネジャーの主観的判断を数量的なモデルに組み込む，Decision Calculus というアイデアを提唱した Little（1970）の議論が参考になる。マーケティング・サイエンスの大家であるリトルは，BRANDAID といった具体的なモデルを提唱した。図 1 はその彼が提案したモデルである（Little（1970, 1975a, 1975b, 1979））。その先見性には驚かされるが，今日ではこのアイデアは広く認知されて実用化されている。リトルのアイデアにおいては，マーケティング活動に必要なさまざまなデータがデータベースに蓄積されていることが重要である。多くの研究者はモデルの開発に努めているが，結局，データベースにないデータからは，AI でも学習は不可能である。質の良いデータの蓄積が重要であることは明らかである。

しかし，現場における情報収集は，IoT と AI が急速に日常生活に実装される中で劇的に変わっていくだろう。たとえば，店内において，最終的に購入されたブランドと比較されたのがどのブランドだったのかは，すでに観察可能になってきている。価格帯の違う選択肢をポートフォリオとして提示することで文脈が形成されることは第5章で紹介したが，リアルタイムでブランド間の価格差を操作して利益を最大化するプライシングの実証実験も，はるかに容易になったはずである。このようなデータ収集は，AMAZON GO に限らず，人材確保が難しくなってきたことを背景とした店舗の省力化という文脈において，AI と画像処理や IC タグの技術を用いた実証実験の中で，日本でも試行錯誤が行われるようになってきている。質の良いデータが自働的に収集される環境を構築し，意思決定者の主観を柔軟に取り込めるようになれば，マーケティング意思決定をサポートするマーケティング・リサーチの役割はますます大きくなるだろう。

4. 問いを発見すること

　ここで視点を少し変えて，マーケティング・リサーチという道具をうまく使えるようになるには，何が必要なのだろうかということを考えてみよう。このテーマだけで本が一冊書けるように思うが，結局，問いを発見することこそ重要である。本書の例でいえば，嫌いだけれど買うという現象はなぜ起こるのかという問いであり，もう少し本質的な問題に掘り下げて言い換えれば，人々が強制されることなく集団的に虚偽の回答をする可能性があるのかという問いの発見により（このような現象を引き起こす理由が本当に解明されたかどうかは別として），少なくとも多くの研究領域にまたがる研究結果を一本の線，つまり共通の問いにつなげることができた。逆にいえば，研究領域を越えた新しい問いかけがなければ，どのような既存研究を調べたらいいかも，どのようなデータが必要かもわからないし，具体的な調査のデザインを考えることもできない。すなわち，問いがなければ，何も始まらないし，答えがそこにあっても気がつかない。ありきたりな平凡な問いからは平凡な答えしか出てこない。
　何かしらの興味深い問いを見つけることができれば，これまでにない答えが見つかる可能性が生まれてくる。このように，答えのクオリティは問いのクオ

リティに依存している。残念ながら，日本における学校教育では，与えられた問いに対してどのように効率的に適切に答えればいいかを教えることはできても，問いを発見する方法を教えることは少ない。マニュアルの学習からは，決して新しい問いは発見できない。

　そして残念ながら，マーケティング・リサーチの問いのクオリティを上げるのに決まった方法はない。しかし，マーケティング・リサーチの問いの幅を広げる方法は存在する。人々の想像力を刺激するという意味で興味深いのが，未来に対するシナリオ作成の研究である。当たるか外れるかは別として，未来に対するシナリオを考えることは重要である。それは，未来に対するシナリオが社会に大きな影響を与える場合があるからである。

　たとえば，ローマクラブの『成長の限界』(1972 年) は，社会変化が指数関数的に起こることと，資源量 (石油) に限界があることを示し，コンピュータ・シミュレーションの手法で成長神話や環境問題に対する当時の世界の人々の考え方に大きな衝撃を与え，各国の政策立案に影響を与えた。石油はいまだにすぐに枯渇するような状況にないので，その当時の予測自体は完全に外れているわけだが，新エネルギーの開発など多くのイノベーションが引き起こされる契機になった。トフラー (1980) の『第三の波』や，最近ではリフキン (2015) の『限界費用ゼロ社会』などもイノベーションの普及が私たちのライフスタイルを劇的に変えることをわかりやすく示すことで，ICT，AI，エネルギー，ロジスティクスの分野で起こりつつある新しい変化やその社会へのインパクトに対する人々の関心を高めることに成功している。このような未来のシナリオは，今すぐに私たちの生活に影響することはないが，人々の認知や考え方に影響しているのである。

　このような未来のシナリオをワークショップ形式で作成することで，人々のさまざまなフレーミング (認知枠組み) によるバイアスを低減し，意思決定の自信度を高め，戦略立案の質を高めることが期待されている。つまり，良いシナリオを考えるためには良い問いかけが重要なことを，体験的に学ぶことができるのである。このような試みとして最近注目されているものに，ホライゾン・スキャニングという考え方に則った未来洞察のワークショップがある (鷲田・七丈 (2017))。

　ホライゾン・スキャニングは，非線形の未来変化を考えるために考案されて

おり，現在進行形の変化を外挿しても無駄であるという前提に立つ。したがって，あえて現在進行形の強いシグナルを外して，水平線（ホライゾン）から見え始めているような弱いシグナルを大量に収集し，それを素材として参加者の議論を誘発し，参加者の対話を通じて来るべき未来のコンセプトを考え，合議によりシナリオとしてまとめていく。このような作業を通じて作成されたシナリオを科学的に検証することは不可能である。それは，未来のデータを測定することは不可能だからである。しかし，このような作業を通じて，思い込みや常識の呪縛から少しは自由になれるはずである。

　もちろん，科学的に検証不可能という以外にも，素材として与えられた情報の影響や参加者の違いにより作成されるシナリオが異なるといった点について，実証的な研究が遅れていることも事実である。新しい問いかけを見つけてイノベーションを誘発する方法については，多くの書籍や論文が出ている（たとえば，ケリーとリットマン（2006），フォン・ヒッペル（2005），野中・竹内（1996））。これらは，多様性，体験，対話といったキーワードは共通しているが，自分自身で問いを発見するという意識がなければ，このような研究により蓄積された知見も存在していないのと同様であることを認識する必要があるだろう。鷲田・七丈（2017）では，AI が人と寄り添いながら道具としてさまざまな場において実装されていくという未来が描かれている。道具との関連に戻れば，AI を携えてさらに道具のレベルが向上し使いやすくなれば，多様な人々との対話を通じて新たな問いを発見する力のほうが，道具の技術的な理解よりも重要になってくるのではないか。

5. 多型化する時代のマーケティングを考える

　ICT の発展が可能にした，one to one マーケティングやリレーションシップ・マーケティングといった新しいマーケティングの手法により，これまで無名だった消費者は名前のある消費者になった。これは，大量生産された同一の商品をマス・マーケットに向けて販売するというイメージを中心に展開されたマーケティングに対して，1 人ひとりの「個客」として対応するべきであるという考え方を生み出した。しかし，マス・マーケティングが行き詰ったことから提唱され体系化されたマーケティング・マネジメントの STP アプローチの

中で，このような新しいマーケティングの手法もターゲティングのより洗練されたものという位置づけになっているように思われる。すなわち，ここではマーケティング部門に集積されたデータを分析することで，より利益を高めるようなマーケティング施策を立案することが期待されているのである。

　近い将来，情報技術の飛躍的な革新とともに進展しているコミュニケーションのイノベーションが，消費者の文脈をリアルタイムで観察することをある程度可能にするだろう。すでに多くの人々は，日常的にインターネット上で情報探索を行っている。これからはモバイル・ペイメントで決済することが一般化するだろう。また，位置情報データで，すでに人々の行為の導線は把握されている。このように，消費者はデジタル上に行為の痕跡をたくさん残しているのである。そのすべてのデータが個人のIDで紐づけされれば，欲求や文脈に関して推測するためのデータは飛躍的に増えるはずである。すでに一部はビッグデータとして利用可能な状況にあり，じわじわとデータ分析の結果が現場に反映されるようになってきている。

　このような状況下にあっても，ターゲティングの前提となるセグメンテーションは，購買履歴の違い，性別や年齢，学歴，資産といった人口統計学的な変数の違い，ライフスタイルの違い，ライフステージの違い，使用場面の違い，ネット上のコミュニケーションの違いといった，観察可能な変数の違いに着目して，マーケティングの目的に即して検討される。この場合，あるセグメントに帰属させられた消費者は，複数のセグメントに確率的に帰属させられることはあっても，基本的にはセグメント自体は静的に固定されて考えられるのが普通である。

　しかし，時代はさらに変わってきている。最近ではSNS，オンライン・コミュニティといった新たなコミュニケーションの場が一般的になり，能動的な消費者はこれまで以上に積極的に共通の価値観によるつながりを模索するようになった。1人の消費者が，自分自身の多様な側面を多様な場に即して示すようになってきている。新たなコミュニティの生成や消滅は，セグメントの変化を動的に考えなければならないことを意味している。そして，間違いなくセグメントのスケールはより小さくなり，より多型化し，よりフラグメント化されていくだろう。状況に応じて，その時その時で適切に新しい集団が形成されるようになるのではないか。マーケティング・リサーチの道具の進化とともに考

えておかなければならないのは，このような消費者側の新しい変化である。受動的な消費者から能動的な消費者に変わっていくという新しい状況に即したマーケティング活動が，さらに消費者の変化を促進する。

　筆者は，これからの日本社会では多型性（ポリモルフィズム）がはっきりと表れてくるのではないかと考えている（古川（2017））。ポリモルフィズムという言葉は自然科学においては広く使われている。ポリは"多"であり，"モルフィズム"は型，すなわち，多型性，多様性，多態性などの意味で用いられる。生物学においては"多型"，化学においては"多形"などと訳され，コンピュータ・プログラミングの世界ではそのまま用いられているが，自然科学のさまざまな分野で広く受け入れられている。たとえば，生物の世界では多型は一般的な現象である。社会性昆虫のアリは同じアリの種であっても，あるアリは女王アリとなり生殖活動のみを行い，他のアリ，働きアリなどはまったく生殖機能を持たずにある決められた役割を果たす。私たちの30億対のDNAの塩基配列のごくごくわずかな相違が，発現する現象の大きな違い（病気を含む）をもたらすことなども現在の最先端の研究テーマであり，そこでもポリモルフィズムは中核的な概念である。元来，人間社会は多型・多様であり，きわめてポリモルフィックな世界であることに異論を唱える人はいないだろう。

　上原（2017）は，このようなポリモルフィックな状況をもたらすマーケティングについて，次の4つの特徴を挙げている。第1に，ネットワークにつながるコンテクストを生み出す多様な主体（人，モノ・組織，いま・ここ）に焦点を当てること。第2に，消費と同時に行われること。第3に，集権的ネットワークの全体最適ではなく，分散型の自律的なネットワークの中での局所最適であること。第4に，passiveかつresponsiveであること。これらの4つを本書に即して言い換えれば，価値が創発される現場（edge）において，感性を研ぎ澄ませて変化がスムーズに起こるように対応するということだろう。このポリモルフィック・マーケティングは，消費者の行為によって起動するマーケティングのシステムであるから，passiveかつresponsiveでなければならないという主張は，これまでの消費者の行為を先取りして引き起こすようなproactiveなマーケティングがもてはやされる中できわめて興味深い。

　また，酒井（2017）では，博報堂の生活総合研究所が行っているワークショップや膨大な調査データを活用しながら，2025年から2030年前後の生活者の

価値観変化およびそれに基づく街のシナリオと具体的な生活風景の導出を行っている。そこでは、「鍵のないまち」「住所のないまち」「壁のないまち」「窓のないまち」の4つの街の姿が描き出されている。実際にそうなるかどうかは別にして、生活空間や人間空間の変化を明示的、具体的に示すことで、リサーチャーの未来に対する意識を「自分事」とすることができる。そして、未来に対する好奇心を刺激することで、現在起こっている変化に対する問いかけの幅も質も向上することが期待できる。

今日では、人々は、スマートフォン以外にも日常的に多様なコンピュータ端末に接し、仕事以外にも、情報探索、コミュニケーション、ゲーム、ショッピングなど、多くの時間を過ごすようになってきている。メーカー・ムーブメント、クラウド・ファンディング、ビットコインに代表されるフィンテック、Uber、Airbnb などのシェアリング・エコノミーなど、これまでに見られなかった新しいビジネスモデルも次々と生まれてきている。このような現在進行形の大きな変化は、今後、社会の多型（ポリモルフィズム）をこれまでになく増加させていくだろう。街も多型化していくに違いない。

ただし、仮にこのような情報環境になったとしても、企業として現実的に顧客の兆しに対応することは、まだまだ至難の業である。少なくとも、カスタマー・ジャーニーといった新しいイメージを組織的に共有し、従来の GD ロジックから SD ロジックへと展開を図り、このような観点から組織構造を含めてマーケティング活動の見直しを求められなければならないからである。第5章で紹介したホテルの事例でもわかるように、顧客とのタッチ・ポイントがこれまで以上に重要になる。したがって、兆しを捉えて対応しようと思ったら、指示を待つのではなく情報武装した現場の人がその場で判断を下すことを標準にしなくてはならないだろう。

6. 変化は現場で起こる

まるで生き物が繁殖していくようにコンピュータはどんどん連結し、ネットワークが構築される中で、わずか半世紀前には SF の中だけに存在した知能を持ったロボットがにわかに現実のものとなりつつある。ロボカップは、1993年にロボット工学と人工知能の融合、発展のために、自律移動ロボットによる

サッカーを題材として日本の研究者らによって提唱された3。現在では，自律移動ロボットのサッカーばかりでなく，大規模災害のレスキュー・ロボットや人間とロボットの日常生活をテーマにしたプロジェクトなども行われている。2050年には「サッカーの世界チャンピオンチームに勝てる，自律型ロボットのチームを作る」という設立当初の夢に向かって，多くの国々のさまざまな分野の多くの研究者が，さまざまなプロジェクトを通じて協働している。彼らをサポートする企業も多い。

　2050年には，自分で考え何をすべきかを判断しチームとして協働し，ワールドカップの優勝チームに勝利する自律型ロボットが誕生していることを期待したいが，しばらく実現しそうもない。現在すでに，囲碁や将棋においてコンピュータが人間を上回ったことは，ある意味で象徴的である。消費者が変われば企業も変わる。企業が変われば消費者も変わる。技術の進展は，確実にこのような変化を求める。このような企業と消費者の相互依存的な関係から，企業の意識も消費者の意識も変わってくるはずである。この変化は消費活動にとどまることなく，地域における生活全般に影響するようになるのではないだろうか。10年スパンで考えたら，私たちの生活意識や社会環境は劇的に変わっているはずである。

　マス・マーケティングが行き詰まったとき，セグメンテーションにより最適な標的（ターゲット）を選択するという現在主流のマーケティングが生まれ，さらにICTの劇的な発展の中で，個別化マーケティングという発想が出てきた。これからは，能動的な消費者は単なる企業の獲物ではなく，協働により価値創造を目指す主体として存在感を増してくるはずである。企業活動も今まで以上に積極的に人々のコミュニティに関わっていくようになるだろう。さらに，コミュニティ自体が，金太郎あめのようなものではなくて，ゆるやかにコミュニティに帰属する人々の思いにより成立するので，きわめて多様性のあるものになってくるはずである。

　ただし，このような多様なコミュニティに対応するのは，これまで以上に困難であるといわざるをえない。この点は，グローバル・マーケティングで苦労している日系企業の悩みが国内でも発生すると考えればいいだろう。これまで以上にコミュニケーションが重要になってきており，マーケティング・リサーチにもこのような多様性への対応が求められるようになるだろう。本書で展開

された議論に従えば，現場の声に耳を澄ますということが必要になる。

　現在，少子高齢化，人口減少社会，地域コミュニティの崩壊など，多くの社会的課題の解決の見通しがなかなか立たない。そしてこれらの社会的課題は，経済学や中央集権的な官僚制度だけでは克服することはできないことが明らかになりつつあり，コモンズ（社会的共通資本）の新たな活用に可能性を見出す人々も多い（宇沢（2000），リフキン（2015））。このまま問題を先送りしてもいっそう深刻化するのを避けられない状況下で，さまざまな新たな取り組みがいろいろな地域コミュニティやビジネス領域で始まっている。とくに，現在起こりつつある新しい技術の体系の中では，ローカルのコミュニティの意味が大きくなってくる。未来を先取りする小さな変化は，辺境ですでに起こっているのではないか。

　一例を挙げると，「葉っぱビジネス」がある。これは，少子高齢化の中で過疎化が進み消滅の危機にあった四国の山奥にある町が，何もない地域の地形を逆手にとった葉っぱのビジネスを町を挙げて推進することで元気を取り戻していく事例である４。和食において，つまものは料理に添えられる葉っぱであるが，これは季節を先取りする美しいイメージづくりに使われる。それまで料理人が自分で山に入って採ってこなければならなかったものが，市場で取引される野菜と同様に購入できるようになったのである。地域の経営資源（ただの葉っぱ）を発見することで，みごとに新市場の創造に成功したのである。自律的に仕事に取り組む女性の高齢者が，地域の生産者の中心として活躍している。市場価格をいち早く知るために情報武装した彼女たちの仕事ぶりは，高齢社会の新しい生き方を示唆しているようにも見える。

　B級グルメの祭典として注目を集めたB1グランプリ５や，日本全国で1000カ所を超えた道の駅など，地域地域の特徴を生かして地域の活性化につなげていこうとする試みは，地域ブランドに対する関心を高め，地域ブランドを高めるためのマーケティング活動もますます重要性を増しつつある６。地域，ローカル，コミュニティがキーワードとして注目されるようになったのである。

　地域創生も，高度成長期のように全国一律の方法で実現できるはずがないことを，多くの人が認識し始めている。各地域にはそれぞれ固有の価値があり，歴史があり，文化があり，文脈も異なる。文脈が異なれば，未来のための選択が異なってくるのは必然である。各地域には，それぞれの未来を構想する必要

があり，まさにポリモルフィックな状況が生まれてくるのではないか。ただし，ポリモルフィックな新たな構造が形成されるためには，関連する主体が協力して価値共創に努めなくてはならない。

　3.11の東日本大震災以前には，まったく文脈が異なり重なり合うことのなかった地域の人々が，災害復旧の過程の中で交流し文脈がシンクロすることで，これまでまったく存在しなかったような新たな価値共創が行われるようになった。遠く離れた東北の生産者と大都会の消費者が出会い，両者に生まれた絆がお互いに価値を生む状況を構築できれば，日常的な関係が生まれることもある（たとえば，古川（2012），須田（2018））。まさに，地域創生という文脈において，問題解決のためのポリモルフィックな構造が誕生したのである。しかし，このような先端的な現場のシグナルは弱いので，データとしては微弱である。AIがマーケティングの現場に広く普及するようになっても，先端的なエッジから発信される微弱なシグナルを捉え，増幅し，具体的なマーケティング施策に落とし込むのは，まだ当分の間は人間の持つ問いを考える能力に依存するように思う。

　本書では，嫌いだけれど買うという言説と行為の矛盾に注目し，測定データと予測モデルの対応を考え，嫌いだけれど買うという現象は合理的に説明することが困難であることを示した。結局，意思決定にとって最も重要な変数である文脈が測定されていないことが，このような齟齬を引き起こすということを述べたが，もしお互いに微弱なシグナルから相手の文脈が推定できるようになれば，マーケティングは変わるはずである。異なる文脈を持つ主体が関わり合い，寄り添うことで，新しい価値を共創することができる。そのためには，エッジにおいて文脈をシンクロさせることが必要であり，文脈のシンクロができるような場のデザインが求められる。そのような場において，マーケティング・リサーチに寄せられる期待はますます大きくなるだろう。その内容もポリモルフィックな状況に即応できる情報提供まで求められるのではないか。これまでの限界を打ち破るようなデータの測定技法の登場が待たれる。

補論 ①

　ベイズの定理については統計学の教科書を見てもらいたいが，ウとエは以下のように計算される。図1の四角形の面積は，全体で1になるように書かれているが（これはすべての事象の確率の合計は1になるからである），薄いアミの部分は，調査会社が市場環境は良好であるという調査結果を提示する確率であり，濃いアミの部分は，市場環境は不良であるという調査結果を示す確率である。したがって，ウとエは以下のように計算される。

　　ノード（ウ）の計算：

$$P(良好 \mid 調査結果：良好) = \frac{P(調査結果：良好 \mid 良好)\, P(良好)}{P(調査結果：良好)}$$

$$= \frac{0.8 \times 0.4}{0.4 \times 0.8 + 0.6 \times 0.1} = \frac{32}{38}$$

図1　条件確率

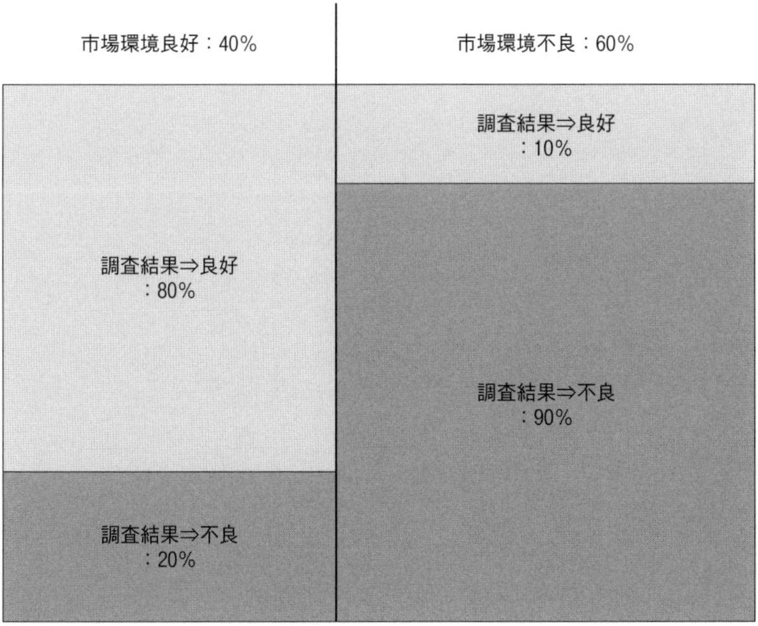

市場環境良好：40%　　　　　　　市場環境不良：60%

調査結果⇒良好
：10%

調査結果⇒良好
：80%

調査結果⇒不良
：90%

調査結果⇒不良
：20%

ノード（エ）の計算：

$$P(\text{良好} \mid \text{調査結果：不良}) = \frac{P(\text{調査結果：不良} \mid \text{良好})\ P(\text{良好})}{P(\text{調査結果：不良})}$$

$$= \frac{0.2 \times 0.4}{0.4 \times 0.2 + 0.6 \times 0.9} = \frac{8}{62}$$

補 論 ②

グループ・インタビューの内容は以下である。

日時・場所：2008年3月2日，中山大学

質問要項

1. 被験者の自家用車の所有状況，購入プロセスについて
2. 情報源について
3. 昨年10月に中山大学のMBAの学生に対して行った調査結果についての反応
4. 外資系に対する全体的な態度とイメージについて
5. 周りの人や友だちとの車の情報交換について
6. 日本車について

グループ・インタビューの被験者の属性

グループ1

	A（女性）	B（男性）	C（男性）	D（女性）
現勤務先	国営企業	外資企業（台湾）	民営企業	民営企業
卒業大学	広州	広州	佛山	佛山
過去の仕事経験	広州	惠州中山	佛山	広州
現在所有している車	TOYOTA Camry2.2	金杯 ワゴン車	MAZDA M6	NISSAN TIIDA
所有期間	10年	3年	3年	1年
取得方法	もらった	購入	もらった	購入
次回購入希望の価格帯	20万〜40万元	20万〜40万元	20万〜40万元	20万〜40万元
今後買いたい車	フォルクスワーゲン	ドイツ車	トヨタの高級車	ドイツ車
見た目と雰囲気	30代，静か，ゆっくり話している，声が小さい	30代，地味な実用性を大事に	30代，礼儀正しい	20代，根気がない，攻撃的，自信たっぷり，声が大きい

グループ2

	A（男性）	B（男性）	C（男性）	D（男性）
現勤務先	国営企業	国営企業（本田4S店）	外資企業（日本）	外資企業（アメリカ）
過去の勤務先	外資企業（アメリカ，ヨーロッパ）	民営企業	外資企業（アメリカ）	

卒業大学	長春	広州	武漢	広州
過去の仕事経験	北京3年	江西2年	西安, 北京, 杭州, 上海	四川6年
現在所有している車	FORD	HONDA：FIT	TOYOTA：VIZ	MAZDA：M6
所有期間	2年	1年	3年	3年
次回購入希望の価格帯	30万元ぐらい	20万元ぐらい		30万元以下
今後買いたい車	欧米車	日本車	BMW	日本車
見た目と雰囲気	30代, 慎重な態度, ゆっくりで, 小さな声で話している	30代, 自信家, 大きな声で話している	30代, 考えがしっかりしている	40代, 内向的な性格, 無口

グループ3

	A（男性）	B（女性）	C（男性）	D（男性）	E（女性）
勤務先	外資企業（マカオ総合メーカー）	民営企業（不動産）	国営企業	外資企業（ドイツ製薬業）	民営企業（不動産）
卒業大学の場所	広州	天津	杭州	杭州	武漢
過去の仕事経験	江西	天津, 北京, 武漢, 深圳	東莞, 深圳, 香港	杭州, 広州	広州
現在所有している車	フォルクスワーゲンサンタナ	MAZDA	LEXUS	BUICKのExcelle, 凱越2台	TOYATAプリウス
所有期間	4年	1年		6年	2年
取得方法	購入	購入	会社の車	購入	購入
次回購入希望の価格帯	15〜20万元	40〜50万元			
今後買いたい車	Nissan TEANA	Audi	TOYOTA	BMW	TOYOTA SUVプラド
見た目と雰囲気	30代, 実用性重視, 穏やか, 控え目, 周りに影響されやすいほうではない	30代, 実用性重視, 控え目, 周りに影響されやすい	50代, 実用性重視, 堅実, 主張ははっきり述べるが攻撃的ではない	30代, やや野心的, 周囲の目を気にする	30代, 冷静, 知的, 人に影響されない, 主張ははっきり述べるが攻撃的ではない

注————————————

◎ 第1章

1　以下の URL を参照されたい。https://archive.ama.org/archive/AboutAMA/Documents/American%20Marketing%20Association%20Releases%20New%20Definition%20for%20Marketing.pdf

2　この決定木の数値例は，古川・守口・阿部（2011）によっている。

◎ 第2章

1　コンジョイント分析などについては，古川・守口・阿部（2011）などを参照されたい。

2　たとえば，Amemiya（1985），McFadden（1974）。

3　先駆的な研究には，Guadagni and Little（1983）などがある。

4　http://www.mext.go.jp/b_menu/houdou/24/12/1328789.htm

◎ 第3章

1　たとえば，田中（2017）を参照されたい。

2　Akerlof（1970）アカロフのレモンの概要は，たとえば，ヴァリアン（2015）などを参照されたい。

3　Dorfman and Steiner（1954）参照。

4　和田（2015）参照。

5　本節は，古川（2004）を大幅に加筆修正したものである。

6　18のキーワードは，次のようなものである。素直な，気さくな，気配りのある，信頼できる，良心的な，まじめな，たくましい，ワクワクする，生き生きした，独創的な，個性のある，先進的な，繊細な，上品な，成熟した，知的な，評判のよい，主張のある。

7　本節は，古川・上原・金（2006）を大幅に加筆修正したものである。

◎ 第4章

1　株式会社 J. D. パワー アジア・パシフィックが行った，2007年中国自動車初期品質調査（Initial Quality Study，略称 IQS）の結果。「外装分野」，「走行性能分野」，「装備品／コントロール／ディスプレイ分野」，「オーディオ／エンターテイメント／ナビゲーション分野」，「シート分野」，「空調分野」，「内装分野」，「エンジン／トランスミッション分野」の8つのカテゴリーの不具合率を，2006年10月から2007年6月の間に新車を購入した所有者を対象として調査したもの。中国の主要24都市において2007年4月から8月にかけて面接調査を実施し，9720人から回答を得ている。調査対象車は41メーカーの93モデル。

2　本節は，金・古川・施（2010）によっている。

3　Leibenstein（1950）参照。

◎ 第5章

1　この事例については，常盤・片平・古川（2007）を参照されたい。

2　佐々木（2015）参照。

3 Lemon and Verhoef (2016) 参照。

4 ここでの記述は，Furukawa (2016) によっている。

5 園田 (2001) では，さまざまな事例とともに自連人といった中国人の特徴について説明されている。

6 本節は，Furukawa et al. (2014) を加筆修正したものである。

◎ 第6章

1 メンツ意識と購買意識の関連性を調査した方法は，以下の通り。

・調査時期：2010 年 1 月 15～26 日
・調査方法：インターネット調査（ビデオリサーチ協力）
・地域：北京，上海，広州，成都，瀋陽，西安

		北京	上海	広州	成都	瀋陽	西安	合計
男	男計（人）	146	185	184	176	134	158	983
	（%）	43.5	54.7	58.4	51.5	42.1	47.0	49.5
	22～29 歳	47	52	52	59	39	52	301
	30～39 歳	50	60	77	79	51	65	382
	40 歳以上	49	73	55	38	44	41	300
女	女計（人）	190	153	131	166	184	178	1002
	（%）	56.5	45.3	41.6	48.5	57.9	53.0	50.5
	22～29 歳	63	62	47	54	65	55	346
	30～39 歳	61	51	39	39	53	46	289
	40 歳以上	66	40	45	73	66	77	367
合計	男女計	336	338	315	342	318	336	1985
	22～29 歳	110	114	99	113	104	107	647
	30～39 歳	111	111	116	118	104	111	671
	40 歳以上	115	113	100	111	110	118	667

2 古楽が意味を確立していった様子について，『音楽の友』の特集記事から分析したのが以下の表である。

発行年（月）	記事タイトル
1975 年（11 月）	特集 本誌が選ぶ 世界の名演奏家 333 人 クラシック音楽は，はたして変わりつつあるのか？
1982 年（6 月，7 月）	（6 月）特集 世代別便覧・世界の名演奏家たち（上），特集〔座談会〕演奏家世代論 現代は演奏家の時代 （7 月）世代別便覧・世界の名演奏家たち（下）
1993 年（1 月）	特集 いま聴きたい！ 旬の演奏家 100 人
2005 年（5 月）	特集 これだけは押さえておきたい クラシック界の「今」が分かる基礎知識

（出所） 飯島・古川 (2017)。

◎ 第 7 章
1 BBC ニュースの，以下の YouTube 動画を参照されたい。https://www.youtube.com/
watch?v=pNf4-d6fDoY
2 古川（2004）参照。
3 http://www.robocup.or.jp/original/about.html 参照。
4 古川・蘭部（2011）参照。
5 関・古川（2008）参照。
6 小林（2016）参照。

参考文献一覧

アイエンガー，シーナ（櫻井祐子訳）（2010）『選択の科学』文藝春秋

青木幸弘・新倉貴士・佐々木壮太郎・松下光司（2012）『消費者行動論——マーケティングとブランド構築への応用』有斐閣

阿部周造（2013）『消費者行動研究と方法』千倉書房

天野祐吉（2003）『私説 広告五千年史』新潮社（新潮選書）

アリエリー，ダン（熊谷淳子訳）（2013）『予想どおりに不合理——行動経済学が明かす「あなたがそれを選ぶわけ」』早川書房（ハヤカワ・ノンフィクション文庫）

飯島聡太朗（2016）「新製品の正当化——古楽を事例として」（一橋大学学位論文）

飯島聡太朗・古川一郎（2017）「製品の正当性のダイナミクス——古楽を事例として」『マーケティングジャーナル』第 37 巻第 1 号，60-79 頁

池尾恭一（1999）『日本型マーケティングの革新』有斐閣

石井淳蔵（1993）『マーケティングの神話』日本経済新聞社（岩波現代文庫，2004 年）

岩井克人（1998）『貨幣論』筑摩書房（ちくま学芸文庫）

ヴァリアン，ハル・R.（佐藤隆三監訳）（2015）『入門ミクロ経済学（原書第 9 版）』勁草書房

ウィリアムソン，オリヴァー.E.（浅沼万里・岩崎晃訳）（1980）『市場と企業組織』日本評論社

上原渉（2017）「ポリモルフィック・マーケティング——情報通信技術による価値創造へのアプローチ」『マーケティングジャーナル』第 37 巻第 1 号，5-21 頁

宇沢弘文（2000）『社会的共通資本』岩波書店（岩波新書）

大澤幸生（2006）『チャンス発見のデータ分析』東京電機大学出版局

大平健（1990）『豊かさの精神病理』岩波書店（岩波新書）

片平秀貴（1991）『新しい消費者分析——LOGMAP の理論と応用』東京大学出版会

片平秀貴・古川一郎（1995）「カテゴリー効果と動態的な効果を考慮した広告カテゴリー効果の分析」（吉田秀雄記念財団助成研究報告書）

片平秀貴・古川一郎・阿部誠（2003）『超顧客主義——顧客を超える経営者たちに学ぶ』東洋経済新報社

兼子良久・上田隆穂（2007）「中国小型自動車市場における消費者の価格意識——企業と消費者間の価格意識ギャップの測定」『学習院大学 経済論集』第 44 巻第 1 号，1-18 頁

カーネマン，ダニエル（村井章子訳）（2012）『ファスト＆スロー（上）（下）——あなたの意思はどのように決まるか？』早川書房

姜彩芬（2008）『面子と消費 社会学の視点から——広州地域の実証研究に基づいて』（中山大学博士学位論文）

北山忍（1998）『自己と感情——文化心理学による問いかけ』共立出版

金春姫（2007）「中国における日系製品に対する消費者購買意図の形成——対日感情が消費者行動に与える影響を中心にして」（一橋大学博士学位論文）

金春姫・古川一郎・施卓敏（2010）「中国市場における面子と消費者行動に関する考察——既存研究のレビューに基づいて」成城大学『経済研究』第 188 号，159-175 頁

ケラー，ケビン・レーン（恩藏直人・亀井昭宏訳）（2000）『戦略的ブランド・マネジメント』東急エージェンシー（第 3 版，2010 年）

ケリー，トム，ジョナサン・リットマン（鈴木主税訳）（2006）『イノベーションの達人！——発想する会社をつくる 10 の人材』早川書房

コトラー，フィリップ（木村達也訳）（2000）『コトラーの戦略的マーケティング——いかに市場を創造し，攻略し，支配するか』ダイヤモンド社

コトラー，フィリップ，ケビン・レーン・ケラー（恩藏直人監修，月谷真紀訳）（2014）『コトラー & ケラーのマーケティング・マネジメント基本編 第 3 版』丸善出版

小林哲（2016）『地域ブランディングの論理——食文化資源を活用した地域多様性の創出』有斐閣

酒井崇匡（2017）「生活者の価値観変化から導く未来の街の 4 シナリオ」『マーケティングジャーナル』第 37 巻第 1 号，22-41 頁

佐々木正人（2015）『新版 アフォーダンス』岩波書店（岩波科学ライブラリー）

佐藤郁哉（2002）『フィールドワークの技法——問いを育てる，仮説をきたえる』新曜社

ザルトマン，ジェラルド（藤川佳則・阿久津聡訳）（2005）『心脳マーケティング——顧客の無意識を解き明かす』ダイヤモンド社

清水聰（1999）『新しい消費者行動』千倉書房

須田泰成（2018）『蘇るサバ缶——震災と希望と人情商店街』廣済堂出版

スミス，アダム（大河内一男訳）（1978）『国富論』中央公論新社（中公文庫）

関満博・古川一郎編著（2008）『「B 級グルメ」の地域ブランド戦略』新評論

園田茂人（2001）『中国人の心理と行動』NHK 出版（NHK ブックス）

ソロモン，マイケル・R.（松井剛・大竹光寿・北村真琴・鈴木智子・西川英彦・朴宰佑・水越康介訳）（2015）『ソロモン 消費者行動論』丸善出版

高野陽太郎（2008）『「集団主義」という錯覚——日本人論の思い違いとその由来』新曜社

田中洋（2017）『ブランド戦略論』有斐閣

デューイ，ジョン（市村尚久訳）（2004）『経験と教育』講談社（講談社学術文庫）

土居健郎（1971）『「甘え」の構造』弘文館

常盤文克・片平秀貴・古川一郎（2007）『反経営学の経営』東洋経済新報社

トフラー，A.（徳山次郎監修，鈴木健次他訳）（1980）『第三の波』日本放送出版協会

ドラッカー，ピーター・F.（上田惇生訳）（2001）『ドラッカー マネジメント（エッセンシャル版）——基本と原則』ダイヤモンド社

トリアンディス，H.C.（神山貴弥・藤原武弘訳）（2002）『個人主義と集団主義——2 つのレンズを通して読み解く文化』北大路書房

豊田秀樹（1998）『共分散構造分析 入門編——構造方程式モデリング』朝倉書店

中西正雄編著（1984）『消費者行動分析のニュー・フロンティア——多属性分析を中心に』誠文堂新光社

中根千枝（1967）『タテ社会の人間関係』講談社（講談社現代新書）

ニスベット，リチャード・E.（村本由紀子訳）（2004）『木を見る西洋人　森を見る東洋人
　　──思考の違いはいかにして生まれるか』ダイヤモンド社

野沢慎司編・監訳（2006）『リーディングス　ネットワーク論──家族・コミュニティ・社会
　　関係資本』勁草書房

野中郁次郎・竹内弘高（梅本勝博訳）（1996）『知識創造企業』東洋経済新報社

朴正洙（2012）『消費者行動の多国間分析』千倉書房

バラバシ，アルバート・ラズロ（青木薫訳）（2002）『新ネットワーク思考──世界のしくみ
　　を読み解く』NHK 出版

ハラリ，ユヴァル・ノア（柴田裕之訳）（2016）『サピエンス全史（下）──文明の構造と人
　　類の幸福』河出書房新社

ヒース，ジョセフ（瀧澤弘和訳）（2013）『ルールに従う──社会科学の規範理論序説』
　　NTT 出版

フォン・ヒッペル，エリック（サイコム・インターナショナル訳）（2005）『民主化するイノ
　　ベーションの時代』ファーストプレス

藤川佳則（2010）「サービス・マネジメントのフロンティア──価値共創者としての顧客」
　　『一橋ビジネスレビュー』第 58 巻第 3 号，160-166 頁

藤本隆宏（2003）『能力構築競争──日本の自動車産業はなぜ強いのか』中央公論新社（中
　　公新書）

古川一郎（1993）「プライシング研究の進展」『マーケティングジャーナル』第 49 号，92-97
　　頁

古川一郎（2004）「ブランディング・イン・チャイナ Part1 総論：ブランディング・イン・
　　チャイナ」『一橋ビジネスレビュー』第 51 巻第 4 号，108-118 頁

古川一郎（2006）「花都区のマーケティング戦略」関満博編『中国自動車タウンの形成』新
　　評論

古川一郎（2012）「草の根復興支援のソーシャル・マーケティング」関満博編『震災復興と
　　地域産業 1』新評論

古川一郎（2013a）「マーケティング革新とブランド力，企業価値の関係」一橋大学日本企業
　　研究センター編『日本企業研究のフロンティア⑨』一橋大学日本企業研究センター，
　　1-13 頁

古川一郎（2013b）「嫌いだけど買う人達の研究」『マーケティングジャーナル』第 33 巻第 1
　　号，99-115 頁

古川一郎（2017）「巻頭言──多型化する時代のマーケティングを考える」『マーケティング
　　ジャーナル』第 37 巻第 1 号，2-4 頁

古川一郎・上原渉・金春姫（2006）「アジアの自動車データを用いたブランド選好形成プロ
　　セスに関する一考察」『マーケティング・サイエンス』第 14 巻第 2 号，55-72 頁

古川一郎・金春姫（2008）「反日感情下の消費者行動モデル（その 1）（その 2）」『一橋商学
　　論叢』第 3 巻第 1 号，35-47 頁，第 3 巻第 2 号，14-29 頁

古川一郎・白井美由里（1994）「プライシングと競争の非対称性」『マーケティング・サイエ
　　ンス』第 37 巻第 1・2 号，53-76 頁

古川一郎・薗部靖史（2011）「いろどり――過疎地発の葉っぱビジネス」古川一郎編『地域活性化のマーケティング』有斐閣

古川一郎・守口剛・阿部誠（2011）『マーケティング・サイエンス入門――市場対応の科学的マネジメント（新版）』有斐閣

ホフステード，G.（萬成博・安藤文四郎監訳）（1984）『経営文化の国際比較』産業能率大学出版部

ホフステード，G., G. J. ホフステード，M. ミンコフ（岩井八郎・岩井紀子訳）（2013）『多文化世界――違いを学び未来への道を探る（原書第3版）』有斐閣

正高信男（1998）『いじめを許す心理』岩波書店

松井剛（2013）『ことばとマーケティング――「癒し」ブームの消費社会史』碩学社

マルクス，カール（岡崎次郎訳）（1972）『資本論』大月書店（国民文庫）

南知惠子（1998）『ギフト・マーケティング――儀礼的消費における象徴と互酬性』千倉書房

ムーア，ジェフリー（川又政治訳）（2002）『キャズム』翔泳社

メドウズ，D. H., D. L. メドウズ，J. ランダース，W. W. ベアランズ三世（大来佐武郎監訳）（1972）『成長の限界』ダイヤモンド社

山岸俊男（2002）『心でっかちな日本人』日本経済新聞社

山口勧（2003）「文化とコントロール志向」山口勧編『社会心理学――アジアからのアプローチ』東京大学出版会

山下裕子・福冨言・福地宏之・上原渉・佐々木将人（2012）『日本企業のマーケティング力』（一橋大学日本企業研究センター研究叢書）有斐閣

山本七平（1983）『「空気」の研究』文藝春秋（文春文庫）

山本晶・松村真宏（2017）「顧客のエンゲージメント価値の測定」『マーケティングジャーナル』第36巻第4号，76-93頁

ユーウェン，スチュアート（平野秀秋・中江桂子訳）（1990）『浪費の政治学――商品としてのスタイル』晶文社

リフキン，ジェレミー（柴田裕之訳）（2015）『限界費用ゼロ社会――〈モノのインターネット〉と共有型経済の台頭』NHK出版

梁覚・井上ゆみ（2003）「中国人の社会的行動――中国文化におけるグループ・ダイナミクス」山口勧編『社会心理学――アジアからのアプローチ』東京大学出版会

鷲田祐一・七丈直弘（2017）「モザイク型 AI 普及社会への『備え』の必要性」『マーケティングジャーナル』第37巻第1号，42-59頁

和田充夫編（2015）『宝塚ファンから読み解く 超高関与消費者へのマーケティング』有斐閣

ワッツ，ダンカン（辻竜平・友知政樹訳）（2004）『スモールワールド・ネットワーク――世界を知るための新科学的思考法』阪急コミュニケーションズ（ちくま学芸文庫，2016年）

Aaker, D. (1994). *Managing Brand Equity: Capitalizing on the Value of a Brand Name*. The Free Press.

Aaker, D. A. (1991). *Managing Brand Equity*. The Free Press.

Aaker, D. A. (1996). Measuring brand equity across products and markets. *California Management Review*, 38(3), 102-120.

Aaker, D. A., & Bruzzone, D. E. (1981). Viewer perceptions of prime-time television advertising. *Journal of Advertising Research*, 21(5), 15-23.

Aaker, D. A., & Stayman, D. M. (1990). Measuring audience perceptions of commercials and relating them to ad impact. *Journal of Advertising Research*, 30(4), 7-17.

Aaker, J. L. (1997). Dimensions of brand personality. *Journal of Marketing Research*, 34(3), 347-356.

Ajzen, I. (1991). The theory of planned behavior. *Organizational Behavior and Human Decision Processes*, 50(2), 179-211.

Ajzen, I., & Fishbein, M. (1977). Attitude-behavior relations: A theoretical analysis and review of empirical research. *Psychological Bulletin*, 84(5), 888-918.

Ajzen, I., & Fishbein, M. (2005). The influence of attitudes on behavior. In Albarracin, D., Johnson, B. T., & Zanna, M. P. eds., *The Handbook of Attitudes*, Lawrence Erlbaum Associates, 173-221.

Akerlof, G. A. (1970). The market for "lemons": Quality uncertainty and the market mechanism. *Quarterly Journal of Economics*, 84(3), 488-500.

Amemiya, Takeshi (1985). *Advanced Econometrics*. Harvard University Press.

Barnes, J. A. (1954). Class and Committees in a Norwegian Island Parish. *Human Relations*, 7, 39-58.

Barnes, J. A. (1969). Networks and political process. In Mitchell, J. C. ed., *Social Networks in Urban Situations: Analyses of Personal Relationships in Central Africans Towns*, Manchester University Press, 51-76.

Bott, E. (1955). Urban families: Conjugal roles and social networks. *Human Relations*, 8, 345-384.

Burt, R. (2001). Structural holes versus network closure as social capital. In Nan Lin, Karen Cook, & Ronald Burt eds., *Social Capital: Theory and Research*. Aldine de Gruyter, 31-56.

Coase, H. (1937). The nature of the firm, *Economica*, New Series, 4(16), 386-405.

Coleman, J. (1988). Social capital in the creation of human capital. *American Journal of Sociology*, 94, S95-S120.

Darby, M. R., & Karni, E. (1973). Free competition and the optimal amount of fraud. *Journal of Law and Economics*, 16(1), 67-88.

Dorfman, R., & Steiner, P. O. (1954). Optimal advertising and optimal quality. *American Economic Review*, 44(5), 826-836.

Ertimur, B., & Coskuner-Balli, G. (2015). Navigating the institutional logics of markets: Implications for strategic brand management. *Journal of Marketing*, 79(2), 40-61.

Festinger, L. (1957). *A Theory of Cognitive Dissonance*. Stanford University Press.

Fiske, A. P. (1992). The four elementary forms of sociality: Framework for a unified theory of social relations. *Psychological Review*, 99(4), 689-723.

Furukawa, I. (2016). Empirical study of personal relationship classification effect among group-oriented countries. *Hitotsubashi Journal of Commerce and Management*, 50(1), 47-60.

Furukawa, I., Chungji Jin, Assarut Nuttapol, Donghu Hahna, Ming-Hung Kao & Zhuomin Shi (2014). Why we buy what we do not want to buy? effect of filed pressure on willingness to buy in face to face service encounter. *Journal of Marketing Thought*, 1(1), 1-11.

Goffman, Erving (1967). *Interaction Ritual: Essays in Face-to-face Behavior*. New York: Pantheon Books.

Granovetter, M. S. (1973). The strength of weak ties. *American Journal of Sociology*, 78(6), 1360-1380.

Guadagni, P. M., & Little, J. D. (1983). A logit model of brand choice calibrated on scanner data. *Marketing Science*, 2(3), 203-238.

Heider, F. (1946). Attitudes and Cognitive Organization. *Journal of Psychology*, 21, 107-122.

Herzberg, F. (1968). One more time: How do you motivate employees? *Harvard Business Review*, 46 (1), 53-62.

Ho, D. Y. F. (1976). On the concept of face. *American Journal of Sociology*, 81, 867-884.

Hu Hsien Chin (1944). The Chinese concepts of 'face'. *American Anthropologist*, 46(1), 45-64.

Huber, J., Payne, J. W., & Puto, C. (1982). Adding asymmetrically dominated alternatives: Violations of regularity and the similarity hypothesis. *Journal of Consumer Research*, 9 (1), 90-98.

Humphreys, A. (2010). Semiotic structure and the legitimation of consumption practices: The case of casino gambling. *Journal of Consumer Research*, 37(3), 490-510.

Kahneman, D., & Tversky, A. (1979). Prospect theory: An analysis of decision under risk. *Econometrica*, 47(2), 263-292.

Klein, B., & Leffler, K. B. (1981) The role of market forces in assuring contractual performance. *Journal of Political Economy*, 89(4), 615-641.

Klein, J. G. (2002). Us versus them, or us versus everyone? Delineating consumer aversion to foreign goods. *Journal of International Business Studies*, 33(2), 345-363.

Klein, J. G., Ettenson, R., & Morris, M. D. (1998). The animosity model of foreign product purchase: An empirical test in the People's Republic of China. *Journal of Marketing*, 62 (1), 89-100.

Lancaster, Kelvin (1972) *Consumer Demand: A New Approach*. Columbia University Press.

Leibenstein, H. (1950). Bandwagon, snob, and veblen effects in the theory of consumer's demand. *Quarterly Journal of Economics*, 64(2), 183-207.

Lemon, K. & Verhoef, P. C. (2016). Understanding customer experience throughout the customer journey. *Journal of Marketing*, 80, 69–96.

Li, Julie Juan & Su, Chenting (2007). How face influences consumption. *International Journal of Market Research*, 49(2), 237–256.

Lin, Yu-tang (林語堂) (1935). *My Country and My People*. New York: Reynal & Hitchcock.

Little, J. D. (1970). Models and managers: The concept of a decision calculus. *Management Science*, 16(8), B–466.

Little, J. D. (1975a). BRANDAID: A marketing-mix model, part 1: Structure. *Operations Research*, 23(4), 628–655.

Little, J. D. (1975b). BRANDAID: A marketing-mix model, part 2: Implementation, calibration, and case study. *Operations Research*, 23(4), 656–673.

Little, J. D. (1979). Decision support systems for marketing managers. *Journal of Marketing*, 43(3), 9–26.

Lu, Hsun (魯迅) (1934). On *"Face"*. Translated by Hsien-yi yang and Gladys Yang. Selected works of Lu Hsun, Vol. 4, Peking: Foreign Language Press, 1960, 129–132.

Mao, Luming Robert (1994). Beyond politeness theory: 'face' revisited and renewed. *Journal of Pragmatics*, 21, 451–486.

Markus, H. R., & Kitayama, S. (1991). Culture and the self: Implications for cognition, emotion, and motivation. *Psychological Review*, 98(2), 224–253.

McFadden, D. (1974). Conditional Logit Analysis of Qualitative Choice Behavior. In Aremvka, P. ed., *Frontiers in Econometrics*, Academic Press, 105-142.

Milgram, S. (1967). The small-world problem. *Psychology Today*, 1(1), 61–67.

Moldovan, S. E. (1984). Copy factors related to persuasion scores. *Journal of Advertising Research*, 24(6), 16–22.

Nagle, T. (1984). Economic foundations for pricing. *Journal of Business*, 57(1), S3–S26.

Nelson, P. (1970). Information and consumer behavior. *Journal of Political Economy*, 78(2), 311–329.

Nijssen, E. J., & Douglas, S. P. (2004). Examining the animosity model in a country with a high level of foreign trade. *International Journal of Research in Marketing*, 21(1), 23–38.

Oxenfeldt, A. R. (1950). Consumer knowledge: Its measurement and extent. *The Review of Economics and Statistics*, 32(4), 300–314.

Petty, R. E., & Cacioppo, J. T. (1986). The elaboration likelihood model of persuasion. In *Communication and Persuasion* (pp. 1–24). Springer.

Rao, V. R. (1984). Pricing research in marketing: The state of the art. *Journal of Business*, 57(1), S39–S60.

Rao, V. R. (1993). Pricing models in marketing. In Eliashberg, J., & Lilien, G. L. eds., *Handbooks in Operations Research and Management Science*, 5, North-Holland, 517–552.

Rogers, E. M. (1983). *Diffusion of Innovations*, 3rd Edition, The Free Press.

Shi, Z., Furukawa, I., & Jin, C. (2011). Cognitive discrepancy in Chinese "face": Mian and lian, and their impact on cognition of country-of-origin image. *Frontiers of Business Research in China*, 5(2), 163-178.

Shimp, T. A., Dunn, T. H., & Klein, J. G. (2004). Remnants of the US civil war and modern consumer behavior. *Psychology & Marketing*, 21(2), 75-91.

Shin, M. (2001). The animosity model of foreign product purchase revisited: does it work in Korea? *Journal of Empirical Generalisations in Marketing Science*, 6(1), 6-14.

Shoham, A., Davidow, M., Klein, J. G., & Ruvio, A. (2006). Animosity on the home front: The Intifada in Israel and its impact on consumer behavior. *Journal of International Marketing*, 14(3), 92-114.

Simonson, I., & Tversky, A. (1992). Choice in context: Tradeoff contrast and extremeness aversion. *Journal of Marketing Research*, 29(3), 281-295.

Sirgy, M. J. (1982). Self-concept in consumer behavior: A critical review. *Journal of Consumer Research*, 9(3), 287-300.

Sirgy, M. J. (1985). Using self-congruity and ideal congruity to predict purchase motivation. *Journal of Business Research*, 13(3), 195-206.

Smith, Arthur (1894). *Chinese Characteristics*. Fleming H. Revell.

Tellis, G. J., & Wernerfelt, B. (1987). Competitive price and quality under asymmetric information. *Marketing Science*, 6(3), 240-253.

Thaler, R. (1985). Mental accounting and consumer choice. *Marketing Science*, 4(3), 199-214.

Tversky, A., & Kahneman, D. (1981). The framing of decisions and the psychology of choice. *Science*, 211(4481), 453-458.

Vargo, S. L., & Lusch, R. F. (2004). Evolving to a new dominant logic for marketing. *Journal of Marketing*, 68(1), 1-17.

Wellman, B. (1979). The community question: The intimate network of east Yorkers. *American Journal of Sociology*, 84(5), 1201-1231.

あ と が き

　本書は，私の一橋大学における研究成果の一部をまとめたものである。いま
振り返ってみればこんなものかと思うが，それは私の力量不足が原因であり，
本書ができるまでには実に多くの方々のお世話になってきた。1人ひとりのお
名前を挙げることはできないが，この場を借りて，感謝申し上げたい。

　とくに，成城大学の金春姫さん，一橋大学の上原渉さん，中山大学の施卓敏
さん，チュラロンコン大学の Nuttapol　Assarat さん，東洋大学の薗部靖史さ
ん，伊藤忠商事（台湾）の高銘鴻さん，永進専門大学の韓東后さん，共立女子
大学の飯島聡太朗さんには，本書の実証部分の多くで大変お世話になっている。
彼らが一橋大学の大学院生，客員研究員のころから，中国消費者の購買行動に
ついて議論を続けている。また，ブランディング・イン・チャイナ・プロジェ
クトに関わってくれた山下裕子さん，松井剛さん，そしてマーケティング・エ
リアの鷲田祐一さん，神岡太郎さん，鎌田裕美さんら，一橋大学で同僚だった
みなさんとの議論にも大いに触発された。深く感謝したい。

　さらに，一橋大学では毎年多数の大変に優秀な留学生を受け入れている。中
国からの留学生も多い。いずれも中国のトップ・スクールを卒業した俊才であ
る。私も毎年数名の修士課程の学生を受け入れていたので，おそらく100名近
い中国人の学生と付き合ってきたことになる。本書の2相モデルや，そのもと
になったメンツや人間関係の特徴などは，このような身近な人たちとの対話か
らも多くの示唆を得ている。また，一橋大学で同僚だった関満博さんの中国地
域産業の研究に同行し，中国各地に行く機会に恵まれた。北はロシア国境に近
いチチハルから南はベトナム国境に接する東興，内陸部の銀川から，沿海部の
大連，瀋陽，北京，上海，蘇州，そして深圳，広州，東莞などの珠江周辺の諸
都市まで，日本企業の集積が見られる多くの地域を訪れることができた。その
ほとんどで現地の政府関係者の宴席に招かれたが，そうした場において本書で
分析の対象とした"面子"を身近に体験できたことも，中国人のメンツと言説
や行為との関係を強く意識するきっかけとなった。

　このように，一橋大学において領域をまたがる自由闊達な議論が楽しめる研

究環境がなければ，本書は生まれなかっただろう。

　また，編集者の柴田守さんにも感謝したい。柴田さんがいなければ本書は完成しなかったはずである。何かがわかれば，何かがわからなくなるという連続で，最初に企画を認めていただいてから10年以上の歳月が過ぎてしまった。まさに，光陰矢の如しである。

　最後に，家族にも感謝したい。一貫して自由に研究を進めることができたのは，家族の理解のおかげである。妻も大学で教鞭をとり，UC バークレーの体験型科学教育プログラムの日本への普及に尽力するなど，教育に対する関心が高い。体験学習やその基盤となるデューイの哲学などに関心を持ったのは妻のおかげである。

　私は今年，一橋大学から武蔵野大学へと職場が変わったが，引き続き多様な人々との対話を楽しみながらゆっくりと研究を進めていきたい。

　　　2018 年 11 月

古川　一郎

本書は，これまでに受けた以下の交付による研究の成果の一部である。
科学研究費　基盤研究（C）研究課題番号［16K03927］，2016 年度-2018 年度「中国消費者の購買行動における不確実性解消プロセスの研究」
科学研究費　基盤研究（C）研究課題番号［24530520］，2012 年度-2014 年度「中国消費者の日系ブランドに対する言説と行為の乖離の解明」

索　引

【事項索引】

【人名索引】

■ 著者紹介

古川　一郎（ふるかわ　いちろう）

武蔵野大学経済学部教授，日本マーケティング学会副会長，公益財団法
人吉田秀雄記念事業財団評議員

東北大学助教授，大阪大学助教授，一橋大学大学院商学研究科教授等を
経て，現職

主要著作

『出会いの「場」の構想力』有斐閣，1999 年

『デジタルライフ革命』（共編）東洋経済新報社，2001 年

『マーケティング・サイエンス入門』（共著）有斐閣，2003 年（新版，
2011 年）

『超顧客主義』（共著）東洋経済新報社，2003 年

『ブランディング・イン・チャイナ』（共著）東洋経済新報社，2006 年

『反経営学の経営』（共著）東洋経済新報社，2007 年

『「B 級グルメ」の地域ブランド戦略』（共編）新評論，2008 年

『中小都市の「B 級グルメ」戦略』（共編）新評論，2008 年

『「ご当地ラーメン」の地域ブランド戦略』（共編）新評論，2009 年

『いま・ここ経営論』（共著）東洋経済新報社，2010 年

『地域活性化のマーケティング』（編）有斐閣，2011 年

『モノづくり原論』（共著）東洋経済新報社，2012 年

マーケティング・リサーチのわな――嫌いだけれど買う人たちの研究
Traps of Marketing Research

2018 年 12 月 25 日　初版第 1 刷発行

著　者	古 川 一 郎	
発 行 者	江 草 貞 治	
発 行 所	株式会社 有 斐 閣	

郵便番号 101-0051
東京都千代田区神田神保町 2-17
電話　(03)3264-1315〔編集〕
　　　(03)3265-6811〔営業〕
http://www.yuhikaku.co.jp/

印刷・株式会社精興社／製本・大口製本印刷株式会社

★定価はカバーに表示してあります。

ISBN 978-4-641-16536-6